市场调查分析与预测

李晓梅 傅书勇 主 编

清华大学出版社

北 京

内 容 简 介

本书在遵循教育教学规律和人才培养规律的前提下，按照高素质技能型人才培养要求，以现实的工作任务及工作过程为依据，通过对课程内容进行调整、优化、整合，实现了理论与实践的有机结合，完成了教、学、做一体化的课程设计。全书包括市场调查概述、市场调查方法、市场调查设计、调查资料整理分析、消费者调研、竞争者调研、市场预测7个模块。

本书以规范、系统、实用、创新为准则，内容全面、精练，既有系统的理论介绍，又突出了理论与实践相结合的实用性特点，符合当前国家教育部在质量工程文件中强调的重视实践教学的精神。

本书可作为统计、经济管理和财经等专业的学习教材，也可作为市场研究人员、营销人员、经营管理人员的工具书。

图书在版编目(CIP)数据

市场调查分析与预测/李晓梅，傅书勇主编. —北京：清华大学出版社，2020.7（2024.8重印）
ISBN 978-7-302-55714-2

Ⅰ. ①市… Ⅱ. ①李… ②傅… Ⅲ. ①市场调查—市场分析—教材 ②市场预测—教材 Ⅳ. ①F713.52

中国版本图书馆 CIP 数据核字(2020)第 103264 号

责任编辑：陈冬梅
装帧设计：杨玉兰
责任校对：吴春华
责任印制：刘　菲

出版发行：清华大学出版社
　　　　　网　　　址：https://www.tup.com.cn，https://www.wqxuetang.com
　　　　　地　　　址：北京清华大学学研大厦 A 座　　　邮　　编：100084
　　　　　社 总 机：010-83470000　　　　　　　　　邮　　购：010-62786544
　　　　　投稿与读者服务：010-62776969, c-service@tup.tsinghua.edu.cn
　　　　　质量反馈：010-62772015, zhiliang@tup.tsinghua.edu.cn
　　　　　课件下载：https://www.tup.com.cn, 010-62791865
印 装 者：三河市人民印务有限公司
经　 销：全国新华书店
开　 本：185mm×260mm　　印　张：13.5　　字　数：328 千字
版　 次：2020 年 7 月第 1 版　　　　　印　次：2024 年 8 月第 7 次印刷
定　 价：42.00 元

产品编号：081587-01

前　言

大数据时代，越来越多的企业开始意识到数据正在成为组织最重要的资产，数据分析能力正在成为组织的核心竞争力。市场调查是市场营销的出发点，是提高市场营销效果的一种管理方法，旨在通过调查分析提出解决问题的办法，为公司制订产品计划、确定营销目标、分销渠道、营销价格、销售策略和检查经营成果提供科学依据；在营销决策的贯彻执行中，为调整计划提供依据，起到检验和矫正的作用。市场调查是培养学生市场调研设计能力、数据获取与处理能力、市场分析能力与建模能力以及市场调研报告写作能力等的基础，是学生走向社会参加企业实际管理工作必要的知识储备和能力储备。

本书共有七大模块十五章，第一至第六模块由李晓梅教授编写，第七模块由傅书勇博士编写。

第一模块为市场调查概述，包含第一章和第二章，介绍了市场调查的功能和作用、类型和原则以及市场调查的历史沿革与现状，并对市场调查的准备阶段、组织实施阶段以及数据处理阶段做了阐述。

第二模块为市场调查方法，包含第三至第六章，介绍了四种调查方法，对每一种调查方法的含义、功能、应用以及优缺点等做了介绍。

第三模块为市场调查设计，包含第七章和第八章。第七章主要叙述了问卷设计的含义、作用和类型，对问卷设计的结构和流程以及问卷问题和答题设计技巧等进行了阐述。第八章主要对抽样调查的含义、特点、程序、分类、误差问题和样本量的确定等进行了叙述。

第四模块为调查资料整理分析，包含第九章和第十章。第九章对市场资料整理的意义和步骤、调查资料的审核和分组以及调查问卷的编码和录入进行了阐述。第十章介绍了描述统计分析、交叉列联分析、多选项分析、相关与回归分析等多种统计方法。

第五模块为专题调研——消费者调研，包含第十一章和第十二章，阐述了消费者购买行为调研和消费者满意度调查。

第六模块为专题调研——竞争者调研，主要是第十三章。

第七模块为市场预测，包含第十四章和第十五章。

本书包括系统的理论知识，使学生掌握调查方案的设计、市场调查的实施、专题调研和市场调查的预测以及市场调查报告形成的全过程。每章开始设有引导案例，课后设有本章小结、思考讨论题。本书得到了辽宁省普通高等教育本科教学改革研究项目(项目编号：2018330)和辽宁省普通高等教育本科教学改革研究项目立项优质教学资源建设项目(项目编号：2018228)的支持。

尽管我们做了最大努力，期望能奉献出一本令人满意的教材，但书中仍会有一些缺陷，欢迎读者和同行提出宝贵意见。

编　者

目 录

第一章 导 论

学习要点

1. 了解市场调查的含义、功能、特点和作用。
2. 理解市场调查的类型和原则，了解市场调查的历史沿革和现状。

核心概念 ▼

市场 市场调查 市场调查作用 市场调查类型 市场调查原则

引导案例

麦当劳选址的市场调查

1990 年，美国最大的快餐连锁店麦当劳进驻中国内地市场，于深圳开设首家分店。直至今天，麦当劳在中国内地的门店已逾 600 家，仅北京就有 93 家。

麦当劳的选址市场调查包括以下方面。

1. 建设密集网址

在选址上，人潮聚集是其最主要的考虑因素。例如，购物中心的儿童用品或者青少年运动连锁店附近，地铁站周边。

2. 对地区作评估

麦当劳会在进驻地进行为期 3～6 个月的严密考察，包括进驻城市的规划与发展，人口变动，消费水平等。如避开饱和城市，将兴建中的住宅区、学校和商场等纳入选址范围。

3. 不打进退牌

虽然不少品牌都希望抢得黄金铺位，但昂贵的租金往往在运营成本上占据很大比重。麦当劳在中国内地的对策是不打进退牌。例如，在上海松江区和金山区，先发展二线据点，在打响知名度并凝聚人气后，吸引代理高价铺位的地产商，最后做出议价行动，从而获得投资回报。

4. 优势互补

在知名度较高的品牌店旁边开店，如家乐福超市等，可以达到优势互补的效果。

第一节　市场调查的功能和作用

一、市场调查的含义

美国著名的营销大师菲利普·科特勒认为在营销界中并不缺少优秀的营销人员和营销机构，缺的是企业对市场调查的重视和大量优秀的市场调研人员。什么是市场调查呢？首先来了解市场的含义，一般人所说的市场，是指买卖双方聚集在一起进行交换活动的场所，如菜市场、超级市场、小商品市场等。经济学中的市场概念则是指一切交换关系的总和，如房地产市场、人力资源市场、资本市场等。而市场营销中的市场既不是一般人所说的市场，也不同于经济学中的市场，而是指由一切具有特定需求或欲求并且愿意和可能进行交换来使需求和欲求得到满足的潜在顾客所组成的消费者总体。

市场调查有狭义和广义两种理解。狭义的市场调查主要针对消费者进行，即以购买商品、接受服务的个人、家庭或组织为对象，收集其消费动机、事实、意见等资料，同时进行分析研究，最后得出结论的过程。广义的市场调查不仅包含对消费者和市场的调研，还包括对市场运营每个阶段及其所有功能和作用等的调研。

美国市场营销协会(American Marketing Association，AMA)给出的市场调查定义是：市场调查是指系统地收集、记录和分析与产品和服务的市场营销问题有关的资料。市场调查为企业的决策提供依据，用系统化的信息指导企业行为，是现代企业进行市场营销活动的客观需要。市场调查是营销活动的重要职能，即通过信息的运用，把消费者、公众和营销者联系在一起的一种职能，是为了识别和确定营销机会和问题，通过对营销活动进行策划、研究和评价，控制营销活动，加深人们对营销活动理解的一个过程。

综上所述，市场调查就是以科学的方法收集市场资料，并运用统计分析的方法对所收集的资料进行分析研究，进而发现市场机会，为市场预测和营销决策提供客观的、正确的资料，为企业管理者提供科学决策所必需的信息依据的一系列过程。

二、市场调查的功能和特点

(一)市场调查的功能

1. 描述功能(descriptive function)

描述功能是指收集并陈述事实，如某个行业的历史销售趋势是什么样的，消费者对某产品及其广告的态度如何。

2. 诊断功能(diagnostic function)

诊断功能指解释信息或活动，如改变包装对销售会产生什么影响。换句话说，为了更好地服务顾客和潜在顾客，应如何对产品或服务进行调整。

3. 预测功能(predictive function)

预测功能是对信息或活动的预测，如通过过去市场信息推测可能的市场发展变化。

(二)市场调查的特点

1. 全过程性(whole process)

市场调查包括调查设计、搜集资料、整理资料、分析资料和提出调查报告的全过程。

2. 社会性(sociality)

市场调查研究的内容和应用范围涉及社会经济生活的各个领域。

3. 目的性(purposeful)

市场调查的最终目的是为有关部门和企业进行预测和决策提供科学依据。

4. 科学性(scientificity)

市场调查要使用科学的方法，而不是主观臆测。

三、市场调查的作用

企业只有通过市场调查，分析产品处在生命周期的哪个阶段，并分析市场空缺，才能确定在什么时候开发、研制、生产和销售新产品，以满足消费者的需求，把握市场机会，使企业在市场竞争中处于不败之地。从一定意义上说，市场调查是经营决策过程中必不可少的一部分，是企业经营决策的前提。其作用包括以下几个方面，如图 1-1 所示。

(一)为企业经营决策提供依据

任何一个企业只有在对市场有了实际了解的情况下，才能有针对性地确定市场营销策略和企业经营发展策略。在制定产品策略、价格策略、分销策略、广告和促销策略时，需要了解的情况和考虑的问题主要有：本企业产品在什么市场销售中有潜力；预期可销售数量是多少；如何才能扩大产品的销售量；如何确定产品价格；怎样组织产品推销，销售费用是多少等。只有通过具体的市场调查，这些问题才能得到具体答案，而且只有通过市场调查得来的具体答案才能作为企业决策的依据。否则，就会形成盲目的和脱离实际的决策，而盲目则往往意味着失败和损失。

(二)有利于企业发现市场机会

当今世界，科技发展迅速，新发明、新创造、新技术和新产品层出不穷，这种技术的进步自然会在商品市场上通过产品反映出来。通过市场调查，可以得到有助于及时地了解市场经济动态和科技信息的资料，有利于企业发现市场机会，更好地吸收国内外先进经验和最新技术，改进企业的生产技术，提高管理水平，使企业在竞争中处于有利地位。市场调查能够为企业提供最新的市场情报和技术生产情报，以便更好地学习和吸取同行业的先进经验和最新技术，改进企业的生产技术，提高工作人员的技术水平和企业的管理水平，从而提高产品质量，加速产品的更新换代，增强产品和企业的竞争力，保障企业的生存和发展。

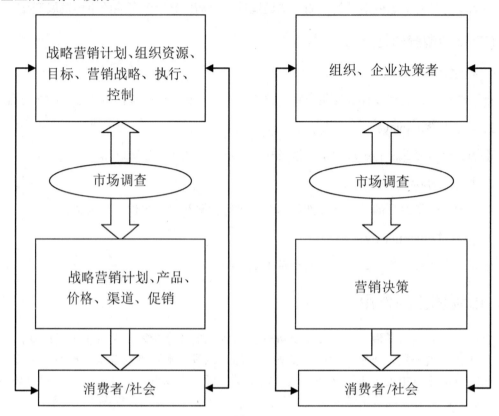

图 1-1　市场调查的作用

(三)有利于企业进行准确的市场定位

对于企业来说，市场的变化是不可预测的，所以一直需要通过各种方法了解市场的基本情况，了解企业生产的产品是否符合消费者的消费愿望，或者说消费者对企业的产品有无购买动机。市场调查就是企业常用的对市场进行了解的方法，它可以帮助企业进行准确的市场定位，满足顾客的需要，增强企业竞争力。

(四)有利于提高企业的市场竞争力

由于现代化社会大生产的发展和技术的进步，商品市场的竞争日趋激烈。市场在不断地发生变化，而促使市场发生变化的原因主要包括产品、价格、分销、广告、推销等市场因素和有关政治、经济、文化、地理条件等环境因素。这两种因素往往是相互联系和相互影响的，且不断发生变化。因此，企业为适应这种变化，就必须通过广泛的市场调查，及时地了解各种市场因素和环境因素的变化，从而有针对性地采取措施，通过对市场因素，如价格、产品结构、广告等的调整，去应对市场竞争。对于企业来说，及时了解市场变化情况，并适时适当地采取应变措施，是企业取胜的关键。

第二节 市场调查的类型和原则

一、市场调查的类型

(一)探测性调查

探测性调查，即指出问题在哪，一般是在调研专题的内容与性质不太明确时，为了了解问题的性质，确定调研的方向与范围而进行的资料的初步搜集与调查。通过这种调查，可以了解情况，发现问题，从而得到关于调研项目的某些假定或新设想，以供进一步调查研究。小米手机市场份额下降了，为什么？对此，公司方面也不能确定。是受经济衰退的影响，广告支出的减少，销售代理效率低，还是消费者的习惯改变了?显然，可能的原因很多，公司无法一一查知，只好用探索性调查来寻求最可能的原因，如从一些用户及代理商处收集资料，从中发掘问题。

(二)描述性调查

描述性调查，即指出是什么，通常是在对调查对象有了一定了解的情况下，要回答怎么样、是什么等问题时进行的调查。对所研究的问题作出尽可能准确的结论性描述，其资料数据的采集和记录，着重于客观事实的静态描述。例如，经常光顾某家大型超市的顾客67%是年龄在 18～44 岁的女性，并且她们经常带着家人、朋友一起来购物，这种描述性调研提供了一个重要信息，它使商店直接面向妇女开展促销活动。

(三)因果性调查

因果性调查，即指出为什么，为了研究某种市场现象与各种因素之间客观存在的关系而进行的市场调查，旨在确定有关事物之间的因果联系，如新上市的某款品牌汽车预期价格、包装、广告花费等对销售额的影响。

(四)预测性调查

预测性调查，即指出将来如何，是专门为了预测未来一定时期内某一环节因素的变动趋势及其对企业市场营销活动的影响而进行的市场调查。它收集研究对象过去和现在的各种市场情报资料，推算其发展变化的规律，运用科学的方法估计未来一定时期内市场对某种商品的需求量及其变化趋势，如消费者对某种产品的需求量变化趋势调研，某产品供给变化趋势调研等。这类调研就是对事物未来发展变化的一种预测。

二、市场调查的原则

市场调查既然是通过收集、分类、筛选资料，为企业生产经营提供正确依据的活动，它就需要遵循以下几个原则。

(一)时效性原则

市场调查的时效性表现为应及时捕捉和抓住市场上任何有用的情报、信息，及时分析、及时反馈，为企业在经营过程中适时地制定和调整策略创造条件。

(二)准确性原则

市场调查收集资料，必须体现准确性原则，对调查资料的分析必须实事求是，尊重客观实际，切忌以主观臆造代替科学的分析。同时，以偏概全也是不可取的。要使企业的经营活动在正确的轨道上运行，就必须有准确的信息作为依据，才能瞄准市场，看清问题，抓住时机。

(三)系统性原则

市场调查的系统性表现为应全面收集有关企业生产和经营方面的信息资料。市场调查既要了解企业的生产和经营实际，又要了解竞争对手的有关情况；既要认识到其内部机构设置、人员配备、管理素质和方式等对经营的影响，也要调查社会环境的各方面对企业和消费者的影响。

(四)经济性原则

市场调查是一件费时费力费财的活动。它不仅需要人的体力和脑力支出，同时要利用一定的物质手段，以确保调查工作顺利进行和调查结果的准确性。市场调查要讲求经济效益，力争以较少的投入取得最好的效果。

(五)科学性原则

市场调查不是简单地搜集情报、信息的活动，为了在时间和经费有限的情况下，获得更多、更准确的资料和信息，就必须对调查的过程进行科学的安排。采用什么样的调查方式、选择谁作为调查对象，问卷如何拟订才能达到既明确表达意图又能让被调查者易于答复的效果，这些都需要进行认真研究。同时运用社会学和心理学等方面的知识，以便与被调查者更好地交流；在汇集调查资料的过程中，要使用计算机这种高科技产品代替手工操作，对大量信息进行准确严格的分类和统计；对资料的分析应由具有一定专业知识的人员进行，以便对汇总的资料和信息作出更深入的分析；分析人员还要掌握和运用相关数学模型和公式，从而将汇总的资料以理性化的数据表示出来，精确地反映调查结果。

(六)保密性原则

市场调查的保密性原则体现在两个方面。第一是为客户保密。许多市场调查是由客户委托市场调查公司进行的。因此市场调查公司及从事市场调查的人员必须对调查获得的信息保密，不能将信息泄露给第三者。在激烈的市场竞争中，信息是非常重要的，不管是有意还是无意泄露，也不管将信息泄露给谁，只要将信息泄露出去就有可能损害客户的利益，也会损害市场调查公司的信誉。所以市场调查人员必须特别谨慎。第二是对被调查者提供的信息保密。不管被调查者提供的是什么样的信息，也不管被调查者提供信息的重要性程度如何，如果被调查者提供的信息被泄露，一方面可能给他们带来某种程度的伤害，另一方面会使他们失去对市场调查的信任。如果市场调查不能得到被调查者的信任和配合，那么整个市场调查行业的前景是堪忧的。

第三节 市场调查的历史沿革与现状

市场调查经历了 20 世纪前的萌芽阶段、20 世纪初至 30 年代的建立阶段、20 世纪 30 年代末到 50 年代初的巩固提高阶段和 20 世纪 50 年代末到今天的大发展阶段。

一、20 世纪前的萌芽阶段

在此阶段，市场调查作为一个行业在各个领域开始发展。美国多所大学创建了所属的市场调查所，有关市场调查的学术专著、手册和教材开始陆续出版，并产生了一批有影响力的著作。美国的一些企业也开始成立市场调研部并应用市场调查技术为企业营销服务，获得了成功。在市场调查的建立阶段，陆续确立了实地调查法、观察法和实验法，并发展了调查表法和抽样理论。最早有记载的市场调研活动是 1824 年 8 月由美国《宾夕法尼亚人报》进行的一次选举投票调研。最早有记载的以营销为目的的市场调研活动是 1879 年由 N.W.Ayer 广告公司进行的。此次调研活动的主要对象是本地官员，内容是了解他们对谷物生产的期望水平，调研目的是为农业设备生产者制订一项广告计划。第二次系统的调研可能是在 20 世纪初由杜邦公司发起的，它对销售人员提交的有关顾客特征调研资料进行了系统的整理和分析。大约在 1895 年，学术研究领域开始关注市场调研，当时的美国明尼苏达大学的心理学教授哈洛·盖尔将邮寄调查引入广告研究领域。

二、20 世纪初至 30 年代的建立阶段

1907—1912 年，美国的哈佛商务学校创建了市场调查所。1911 年，美国纽约的柯蒂斯出版公司聘请了佩林任经理，他编写了《销售机会》一书，这是第一本有关市场研究的专著，内容包括美国各大城市的人口分布、人口密度、收入水平及相关资料，佩林也被推崇为市场调查学科的先驱。1915 年，美国的橡胶公司成立了商业调研部。1917 年斯威夫特公司也成立了商业调研部。1919 年，美国芝加哥大学教授邓肯发表了《商业调研》，这是市场调研方面的第一本学术专著。1921 年，怀特发表了《市场分析》，这是第一本调研手册。1929 年在美国政府的主持下，全美展开了一项分销调查，内容涉及市场结构、商品销售通道、中间商和分配渠道、中间商的经营成本等，为企业提供了较为系统和准确的市场活动资料，这次调查被视为美国市场调查史上的里程碑。1937 年，美国市场营销协会资助的出版物《市场调查技术》问世，该书汇集了有关市场调查理论和实践方面的知识，市场调查正式成为大学商学院的课程之一。同年，布朗的《市场调查与分析》出版，该书一经推出就作为有关市场调查方面的教材被广泛使用。

三、20 世纪 30 年代末到 50 年代初的巩固提高阶段

在这一阶段，市场调查方法得到创新。20 世纪 30 年代末至 40 年代初，样本设计技术获得很大进展，抽样调查开始兴起。随着调查方法的革新，市场调查方法应用更加广泛；20 世纪 40 年代，在 Robert Merton 的领导下，"焦点小组"方法诞生，使得抽样技术和调查方法取得较大进展。

1946 年，著名社会学家莫顿和邓德尔在《美国社会学杂志》上发表专文，对"焦点小组"方法进行了系统论述，该方法在其后几十年里应用于商业性的市场调查。20 世纪 40 年代末，有关市场调查的书籍陆续出版，越来越多的大学商学院开设了市场调研课程，教科书也不断翻新。在此期间，配额抽样、随机抽样、消费者固定样本调查、问卷访问、统计推断、回归分析、简单相关分析、趋势分析等理论也得到了广泛应用和发展。

四、20 世纪 50 年代末到今天的大发展阶段

20 世纪 50 年代末市场调查进入了一个大发展的阶段，主要是调查方法的创新、分析方法的发展和电脑技术的应用。第二次世界大战结束后，西方资本主义国家进入了经济迅速发展阶段，市场经济空前繁荣，企业竞争激烈，使企业经营理念由生产导向转变为市场消费需求导向。市场消费需求导向要求企业更加重视对市场的调查研究和市场情报的搜集工作。市场调查业进入了迅速发展阶段。在西方国家，大约有 73%的公司都设立了市场调查和研究部门，市场调查的结果在企业的决策中起着举足轻重的作用。社会和企业对市场调查的普遍重视和广泛应用，反过来又促进了学科的发展。很多大学已经把市场调查作为重要课程，有关市场调查的书籍、教材、报刊大量出版发行。市场调查的理论、方法、技术越来越高级化、系统化、实用化。

中国的市场调研业产生于 20 世纪 80 年代初期，并随着市场经济的确立而逐步成长起来。1984 年，民办的北京社会与经济发展研究所在内部成立了社会调查中心，这是较早的有案可查的民办调研机构。1986 年，北京社会调查所(后改称中国社会调查所、中国市场调查所)和北京社会调查事务所(后改称中国社会调查事务所)建立，最早将民意调查结果推向媒体。1987 年 7 月，广州市场研究公司正式注册成立，这是中国第一家有偿服务的以"公司"命名的专业市场调研机构。1991 年下半年，在北京、广州又出现了数家调研机构，但真正有较多调研机构成立的时间是 1992—1993 年。按照执业主体的不同，中国的市场调研机构可分为民营机构、政府机关主办机构、合资机构、学术研究和新闻单位创办机构四种类型。民营机构又称民办机构，它是由个人独资或数人合资创办的私营或股份制市场调查机构，目前主要分布在北京、上海、广州三地，如"零点""大正"等；政府机关主办机构主要指国务院各部、委、局及地方政府部门和国有企业创办的市场调研公司，如全国各级统计部门创办的各类信息咨询中心、调研中心等；合资机构主要指中外合资、中外合作等联合创办的市场调研机构；学术研究和新闻单位创办机构，则指一些大专院校、科研院所和广播、电视等媒体单位创办的调研机构，如一些大学创办的统计调查所、市场调研中心和北京的央视调查咨询中心等。

总起来说，调研公司可以分为两种，一种是国际性的调研公司，另一种是国内的调研公司。国际性的调研公司于 20 世纪 80 年代末进入我国，使国内的企业认识到科学方法的决策比经验的决策更实用。国际性调研公司的优势在于其管理体系规范，还有各种数据的累积。而国内的调研公司虽然起步较晚，但对于国内的市场了解更多一些，且费用更低，具有发展前景。

市场调查就是以科学的方法收集市场资料，并运用统计分析的方法对所收集的资料进行分析研究，发现市场机会，为市场预测和营销决策提供客观的、准确的资料，为企业管理者提供科学决策所必需的信息依据的一系列过程。马云说过：在创业之前，创业者必须明白自己究竟干什么行业，生产什么产品，只有精确地定位，创业者才能走得更快更远。可见市场调查非常重要。

市场调查的类型包括探测性调查、描述性调查、因果性调查和预测性调查。市场调查是为企业生产经营提供正确依据的活动，需要遵循时效性原则、准确性原则、系统性原则、经济性原则、科学性原则和保密性原则。

市场调查经历了 20 世纪前的萌芽阶段、20 世纪初至 30 年代的建立阶段、20 世纪 30 年代末到 50 年代初的巩固提高阶段和 20 世纪 50 年代末到今天的大发展阶段。

思考讨论题

1. 简述市场调查的含义。
2. 市场调查有哪些功能和作用？
3. 简述市场调查的类型和原则。
4. 论述市场调查的历史沿革与现状。

市场调查总论.mp4

市场调查概述.mp4

导论.ppt

第二章　市场调查过程

引导案例

雀巢推销速溶咖啡的市场调查过程

20 世纪 40 年代，雀巢为了推销速溶咖啡，第一步就在广告上着力宣传它的味道和营养成分与豆制咖啡相同并且饮用方便。第二步厂家请调研专家进行研究，先是用访问问卷直接询问，很多被访的消费者表示，不愿选购速溶咖啡是因为不喜欢速溶咖啡的味道。调研的新问题出现了：速溶咖啡的味道与豆制咖啡的味道有什么不同？第三步调研专家实施了口味测试，试饮中，消费者大多辨认不出速溶咖啡和豆制咖啡的味道有什么不同。这说明，消费者不选购速溶咖啡的原因不是味道问题而是心理因素。为了找出这个心理因素，第四步调研专家改用了间接的方法对消费者的真实动机进行了调查和研究。他们编制了两种购物单，这两种购物单上除速溶咖啡和新鲜咖啡这一项不同之外，其他各项均相同。然后把清单分给两组有可比性的妇女，请她们描述按购物单买东西的家庭主妇是什么样的妇女。结果看速溶咖啡购货单的那组妇女几乎有一半人说，按这张购货单购物的家庭主妇是懒惰的、邋遢的、生活没有计划的女人；另一组妇女则把按新鲜咖啡购货单购物的妇女，描述成勤俭的、讲究生活的、有经验的和喜欢烹调的主妇。这说明速溶咖啡广告强调的省时、省力的特点，并没有给人好的印象，反而被理解为纵容了懒人。

由此可见，速溶咖啡被人们拒绝，并不是由于它本身的因素，而是由于人们的动机，即都希望当勤劳的家庭主妇。最后，厂家对产品的包装作了相应的修改。广告不再宣传又快又方便的特点，而是宣传它具有新鲜咖啡的美味、芳香和质地醇厚等特点；在包装上进行设计，使产品密封十分牢固，结果，速溶咖啡的销量大增，很快成为西方世界最受欢迎的咖啡。

案例启示：科学合理的设计市场调查过程对调研结果的可靠性非常重要。

市场调查是一种有目的、有计划的调查研究活动，是正确认识市场本质和规律的过

程。"凡事预则立,不预则废",科学的市场调查必须按照一定的步骤进行,才能保证市场调查的顺利进行和达到预期的目的。

市场调查包含若干个既相对独立又相互联系的工作阶段,如图 2-1 所示。具体来说,按工作内容的不同,整个市场调查过程可以分为三个阶段:第一阶段是调查准备阶段,包括确定调查问题、设计市场调查方案、组建市场调查队伍,是定性认识阶段;第二阶段是组织实施阶段,包括正式调查、资料收集,是定量认识阶段;第三阶段是数据处理阶段,包括数据整理分析、编写调查报告,是从定量认识到更高的定性认识阶段。

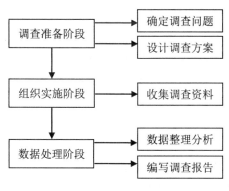

图 2-1 市场调查的一般过程

第一节 市场调查的准备阶段

一、市场调查准备阶段的意义

市场调查的准备阶段是市场调查的决策、设计、筹划阶段。这一阶段的具体工作包括确定调查问题、设计市场调查方案、组建市场调查队伍。合理确定调查问题是做好市场调查的前提;科学设计调查方案是保证市场调查取得成功的关键;认真组建调查队伍是顺利完成调查任务的基本保证。准备阶段对市场调查具有重要意义,它是整个调查过程的起点。市场调查的领导和组织者必须花相当大力气做好这一阶段的各项工作。

二、确定市场调查的问题

市场调查问题是指某项市场调查项目所面临和要解决的核心的、关键性的问题。确定市场调查问题是市场调查的第一步,也是一项关键性的工作,只有对市场调查问题有清晰的认识和准确的定义,市场调查项目才能有效实施。市场调查问题应当包括经营管理决策问题和具体的市场调查问题这两个层面的内容。

经营管理决策问题,是决策者需要做什么的问题。它涉及决策者采取什么行动,主要解决三个问题。

(一)为什么要开展调研

这就是管理层对调研目的的看法,这要求相关人员了解要制定的决策和要诊断的问题。

(二)应该进行怎样的调研

调研目标确定以后，管理者根据调研目的，充分了解相关调研问题的背景，进行调研方案的设计和问卷设计。

(三)是否值得调研

必须评估从调研中得到的信息的价值是否大于收集这些信息的成本。

具体的市场调查问题，是为了回答企业需要什么信息以及如何获得有效信息的问题，它涉及回答管理决策问题的信息依据及其获取途径，以信息为导向。例如，对于"是否需要利用广告进行促销"这个经营决策问题，确定市场调查问题就要考虑广告的方式，消费者接触不同广告方式的频率，消费者对广告的信任程度和偏好，广告对购买行为的具体影响等。从市场调查的研究性质来看，市场调查的问题可以分为三种类型：探索性研究、描述性研究、因果关系研究。此三种调查问题的比较如表 2-1 所示。

表 2-1 市场调查问题的三种类型

项 目	探索性研究	描述性研究	因果关系研究
目的	对问题进一步了解 产生想法和思路	描述总体的特征或功能	确定因果之间的关系
特征	小样本 不具总体推断意义 定性分析 常常是全部方案设计的前端部分	有事先提出的具体假设 大样本 定量分析 结果用作决策参考	研究独立变量 控制中间变量 多为大样本 侧重定量分析 结果说明决策问题
办法	专家咨询 座谈会 二手资料分析	二手资料分析 抽样调查 观察法	实验法 二手资料分析 抽样调查

资料来源：简明，金勇进，蒋妍.市场调查方法与技术［M］.第 3 版.北京：中国人民大学出版社，2012.

在确定市场调查问题后，首先应该分析问题的背景。任何问题的产生或机会的出现，都存在于一定的背景之中。了解这些背景有助于对问题和机会的认识与把握，这要求掌握与企业所属行业相关的各种历史资料和发展趋势，这些资料包括销售量、市场份额、利润状况、技术水平、人口统计等。然后，要分析决策者的目标，明确调查问题，确定决策问题。例如，近一段时期某企业的产品系列在市场份额中呈逐渐下降趋势，此时，经营管理决策问题是如何阻止下降趋势，恢复失去的市场份额。针对这个问题可以有多种方案，如改进现有的产品质量、推出新产品系列、改变营销组合和营销策略、进一步细分市场等。假设经过与决策者交流和向专家咨询等一系列工作，了解到不适合的市场细分是失去市场份额的主要原因，则可以将"针对该系列产品，为进行有效的市场细分提供有关信息"确定为调查主题。确定市场调查问题的步骤如图 2-2 所示。

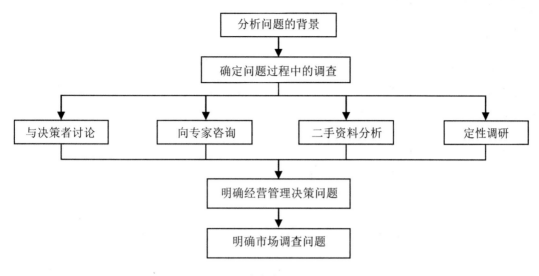

图 2-2　确定市场调查问题

三、设计市场调查方案

市场调查是一项有计划的调查研究工作，其计划性是通过市场调查方案具体表现出来的。市场调查方案是整个市场调查工作的行动纲领，对保证市场调查工作顺利进行有着重要作用。设计市场调查方案，就是对市场调查的计划。市场调查的总体方案，一般包括以下方面，如图 2-3 所示。

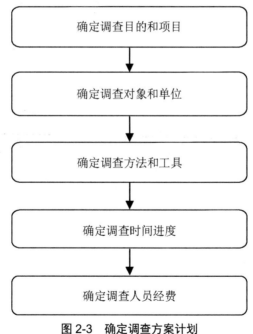

图 2-3　确定调查方案计划

(一)明确市场调查目的和项目

明确调查目的是进行市场调查首先应解决的问题，它必须说明为什么要做此项调查，通过市场调查要解决哪些问题，通过调查要达到什么目标，即调查的经济价值和社会价值是什么。对于市场调查的目的，要明确地提出，不可含糊其词，阐述不清，因为调查目的直接决定着方案中的其他内容，如果目的不具体、不明确，就无法设计调查方案的其他内容。市场调查的项目是市场调查方案的核心部分，也是设计调查方案时应着重考虑的。市场调查的内容是通过调查项目反映出来的。调查项目是调查过程中用来反映市场现象的类别、状态、规模、水平、速度等特征的统称。在设计调查项目时，要注意各种项目的结合应用，用相互联系的体系反映和研究复杂的市场现象。在调查项目设计中，必须坚持科学性、完整性、准确性、简明性四项原则；同时要将调查项目的抽象定义与操作定义都设计出来。总之，科学地设计市场调查体系，是取得有价值的市场资料的前提和基础。

(二)确定市场调查对象和单位

市场调查对象是指市场调查的总体，市场调查对象的确定决定着市场调查范围的大小，它由调查目的、调查空间、调查方式、调查时间等共同决定。调查单位是指组成总体的个体，每一个调查单位都是调查项目的承担者。确定调查对象和调查单位，必须对总体单位数量、调查单位的选择方法和数量做出具体的设计和安排。不论在全面调查还是非全面调查中，调查对象和调查单位的确定都有重要意义。它决定着调查的工作量大小，调查结论的推广范围，调查费用的高低，调查方法的选择等具体问题。尤其是在定量分析中，对调查对象和调查单位的确定更是必不可少。

(三)确定市场调查方法和工具

确定市场调查的方法，包括选择适当的组织调查方式和搜集资料的方法，也包括整理和分析市场资料的方法。调查方法的选择既要符合市场调查的目的、内容，也要符合一定时间、地点、条件下市场的客观实际状况。由于同一市场调查课题可以采用的方法不止一种，同一调查方法又能够用于不同的调查课题，因此调查者必须进行认真比较，选择最适合、最有效的方法。作为某项市场调查最终采用的方法，要做到既节省调查费用又能实现调查目的。

市场调查工具是指调查指标的物质载体，如调查提纲、调查表、调查卡片、调查问卷等。设计出的调查项目最后都必须通过调查工具表现出来。在设计调查项目之后，必须进一步设计反映这些项目的调查工具。设计调查工具时，必须考虑到调查项目的多少、调查者和被调查者是否方便、对资料进行整理分析时的注意事项等。科学的调查项目还必须以科学的形式加以表现，才能使调查过程顺利，调查结果令人满意。

(四)规定市场调查的空间与时间

调查空间是指市场调查在什么地区进行，在多大范围内进行。调查空间的选择要有利于达到调查目的，有利于搜集资料工作的进行，有利于节省人力、财力和物力。调查时间是指市场调查在什么时间进行，需用多少时间完成，调查时间的选择，要有利于对市场实际情况的了解。调查时间的长短与调查的方法和规模有关，必须根据具体的调查内容和方法，合理计算市场调查的起止时间。

(五)落实调查人员、经费和工作量安排

市场调查方案中，要计算最终的调查人员数量与经费的多少，并落到实处。这是市场调查顺利进行的基础和条件，也是设计调查方案时不容忽视的内容。此外，还应对市场调查人员的工作量进行合理安排，使市场调查工作有条不紊地进行。在计划这些内容时，必须从经济的角度出发，并留有一定余地。

对于设计好的市场调查方案，必须进行充分的可行性研究，通过小样本试用或专家评定等方法，发现问题，反复修改，使之具有高度的科学性。

四、组建市场调查队伍

(一)调查员的挑选

在调查项目的实施中，调查员是一个必不可少的重要因素。在进行调查员的挑选时需要考虑以下几个因素。

第一，调查人员的特征。尽量选择与调查对象相匹配的调查人员。一般来说，调查员与被调查者所具有的共同特征越多，越有利于调查的实施。例如，进行全国性的电话调查，对有不同口音和方言地区的调查，最好招聘该地区或熟悉该地区的人员作为调查员，这样可以让调查对象感到亲切，有助于提高调查速度。对于入户调查，男性调查员的成功率不如女性调查员的成功率高，因为从被调查者的角度来看，陌生男性具有威胁性，不敢轻易放其入户。在这种情况下，居委会成员是不错的人选。

第二，调查人员的职业道德水平。应聘人员之所以应聘，在很大程度上是想通过调查活动得到一定的经济收入，这是无可厚非的。通常调查人员的经济收入是与调查的工作量(如完成有效问卷的份数)联系在一起的，因此作弊的可能性很大。例如，有些调查员在现场调查中只是挑很容易的题项问，越过复杂的题项，或者冒充被调查者填答，以增加完成问卷的份数。还有些人不按采访地址，将问卷交给自己的亲朋好友代答，或索性坐在屋里自己填答。对作弊行为的监测和监控成本都是比较高的。所以一开始就要注意调查员的职业道德水平。挑选一位尽管在其他能力方面稍差一些，但诚实、可以信赖的调查员要远远胜过选择一位有才无德的人员。

第三，调查人员的语言交流能力。调查员的任务就是与被调查者进行交流，因此，吐字清楚，注意说话的节奏，能细心聆听别人说话，正确领会被调查者的意思等，都是一名合格调查员所应具备的素质。

(二)调查员的培训

对调查员的培训是调查实施过程中一项重要的工作，它对调查数据的质量起着关键作用。一个优秀的调查员，是经过培训、实践、再培训、再实践的过程不断磨炼成长起来

的。培训的内容可以分为基础培训和项目培训。

1. 基础培训

基础培训主要是对新招聘的调查员进行的。培训的内容主要包括三个方面。

一是责任心教育。调查员的职责是利用合法的手段，以严谨的态度去采集市场信息，在这里职业道德十分重要。要坚决杜绝弄虚作假和作弊行为，以健康和积极的心态面对访问工作，同时要为受访者和客户保密。

二是行为规范。按调查项目的要求，规范其行为。例如，严格按照项目要求确定被访者，在需要使用随机表确定用户中受访者时，不要轻易被周围环境(如受访者推脱)所影响；严格按照规范进行操作，包括提问、记录答案、使用卡片等；调查中保持中立态度，不能以自己的观点和意见来影响被访者。

三是调查技巧。在培训中不仅要告诉调查员怎么做，同时要解释为什么这样做。获得数据可以有不同的途径，但通常要求调查员走一条比较困难的路。在这种情况下，解释必须这样做的原因以及如果不这样做可能带来什么样的后果，就显得十分重要。

2. 项目培训

项目培训面对所有的调查员，其目的在于让所有的调查员了解项目的有关要求和标准做法，使所有调查员都能以统一的口径和标准进行访问，同时进一步明确调查纪律和操作规范。项目培训的内容通常如下。

第一，行业背景简介。市场调查项目会涉及不同的行业，每个行业都有不同的情况和专业知识，而调查员对此未必都了解。适当介绍一些行业背景和与调查内容有关的专业知识，有助于调查员了解调查问题的含义，更好地理解受访者回答的内容。

第二，讲解问卷内容。向调查员解释调查问卷中每一个问题的含义，以及问题之间的逻辑关系。在问卷讲解中，特别要注意对复杂问题的分析，包括一般的情况、可能出现的特殊情况，以及处理特殊情况时所应掌握的原则。

第三，其他内容的介绍。例如，受访者的条件(筛选)、需要完成的样本量和时间进度的要求、所需要的调查工具(胸卡、照片、调查介绍信等)。

第二节　市场调查的组织实施阶段

在确定了调查课题，设计好了市场调查方案，组建起调查队伍之后，就进入市场资料搜集、整理和分析阶段(详细内容见第九章调查资料的整理)。搜集资料阶段的主要任务是，运用各种调查方法，按照调查方案的要求，搜集市场调查资料。在整个市场调查工作中，搜集资料阶段是唯一的现场实施阶段，是取得市场第一手资料的关键阶段。在此阶段，调查人员的接触面很广，工作量很大，所遇到的情况比较复杂，出现的问题也较多。市场调查的组织者必须集中精力做好外部协调工作和内部指导工作，力求以最少的人力、最短的时间、最高的质量完成搜集资料的任务。市场调查的资料是分析研究市场的依据，就像生产产品必须有原材料一样。市场调查搜集的资料，必须真实准确、全面系统，否则准备阶段的工作和研究阶段的工作都会失去意义。

数据采集是按照调查设计的要求，对被选中的调查单位收集信息的过程。数据采集有两种模式：一种是纸张式，即将调查结果记录在用纸印刷的问卷上；另一种是采用计算机辅助方式，将答案直接输入计算机。

纸张式是传统的数据采集模式，目前在我国的市场调查中仍占据主导地位。这种模式的特点是：投资比较小，所需费用主要是印刷问卷的费用，如果是邮寄调查，再加上邮寄费用，开发所需的时间少。其缺点是不便于市场调查中的质量控制，数据采集以后的工作量大，需要对数据进行审核、编码、录入等，延长了整个调查时间。

计算机辅助方式是现代的数据采集模式，目前在发达国家的调查中已经占据主导地位。计算机辅助方式有许多优点。第一，由于问卷是程序化的，调查的问题能按合适的顺序出现在计算机屏幕上，并通过事先确定的程序(如"跳转"方式)引导访问员或被调查者，对各个答案之间的逻辑关系进行审核，并及时将发现的问题提出，供访问员或被调查者核对、改正，而且在重复性调查中，可以利用被调查者在以前调查中所提供的信息进行提示、对比。这些功能有效地减小了现场调查中的回答误差，提高了原始数据的质量。第二，由于数据的收集、审核和录入是同时进行的，因而大大缩短了整个调查流程。第三，调查结果的传递十分快捷，调查管理人员可以随时得到即时的调查情况，这些情况包括回答率、完成的访问数、未完成的访问数、配额的实现情况、每次访问所耗费的时间等，这些信息对于调查过程的现场监督和管理是十分重要的。第四，从费用方面考虑，虽然购置设备、进行程序的开发和设计是一笔昂贵的开支，但是使用计算机辅助方式可以大大减少数据录入和审核的费用，节省问卷的印刷费用，而且程序一经开发出来，就可以长期使用。采用计算机辅助方式收集数据，要求填写问卷的人是经过培训的，熟悉计算机操作。应用程序要经过严格测试，在调查中如果出现技术故障，需要计算机专家处理。

第三节　市场调查的数据处理阶段

一、数据整理

(一)数据整理的含义

它是根据调查研究的目的与任务，对搜集到的各种数据采用科学的方法，进行审核汇总与初步加工，使之条理化、系统化，并以图表的方式显示数据特征，以满足数据分析需要的工作过程，是整个调查过程中的一个重要环节。

(二)数据整理的作用

数据整理能全面检查数据的质量，保证数据的有用性；数据整理是数据分析的基础；数据整理是积累及保存资料的客观要求。

(三)数据整理应遵循的原则

一是真实性原则。既要认真审核原始数据的真实性，又要注意在整理的各个环节，合理地选择整理方法和技术，保障原始数据的真实性不受损害。二是准确性原则。三是科学性原则。四是目的性原则。

(四)数据整理的一般步骤

(1) 初步审核。对收集到的数据是否真实可靠，应进行审核。一般从准确性、完整性两方面进行。准确性是关键，主要是检查数据是否存在差错，有无异常值。检查的方法有逻辑检查与计算检查。审核数据的完整性是检查应调查的个体是否存在遗漏，所要求调查的项目是否齐全、有无缺项等。对不符合调查要求的数据，则应进行筛选。筛选有两方面的内容：一是对不符合要求或确认有错误的数据予以剔除，保留可靠的数据；二是过滤，将符合某种特定条件的数据选取出来，不符合条件的数据予以剔除。

(2) 编码。它是给每一个问题的每一种答案赋予一个数值代码，即把填写的文字信息转化为可机读形式的数字代码，以便于数据的录入、处理和制表。

(3) 录入。在采用计算机辅助调查时，数据的采集过程和录入过程是同时完成的。

(4) 再次审核。检查和修改录入的错误，检查是否有缺失值和离群值。

(5) 插补。解决审核过程中辨别出来的数据缺失、无效和不一致等问题。

(6) 权属调整。获得目标量的无偏估计，处理调查过程中的无回答。

(7) 创建数据库。用于对数据的长久保存和提取。

二、数据分析

调查数据的分析方法有多种，但从方法论的角度看，有定性分析方法和定量分析方法两大类。

(一)定性分析方法

定性分析方法是人们根据事实，运用经验和判断能力、逻辑思维方法、哲学方法和相关专业理论，对现象进行判断、归纳、推理和概括，得出对事物的本质和规律的认识的方法体系。具体包括归纳分析法、演绎分析法、比较分析法、因果分析法、结构与功能分析法等。

(二)定量分析方法

定量分析方法是对调查数据进行数学和统计处理分析的方法体系的总称。调查数据分析中所运用的定量分析方法主要是统计分析方法。统计分析方法分为描述统计分析方法和推断统计分析方法。描述统计分析方法是指对调查数据进行综合整理和计算综合指标等加工处理，用来描述总体特征的统计方法；推断统计分析方法是指根据调查的样本数据去推断总体数量特征的方法。

在数据分析过程中，应正确地选择分析方法。数据分析方法的选择，主要是定量分析方法的选择，而定量分析方法主要是统计分析方法。统计分析方法主要是依据研究假设、调查方式、变量多少、数据类型来确定。统计分析方法有很多，在市场调查中经常用到的统计分析方法主要有以下几种。

1. 描述统计

描述统计是最常用的统计分析方法，也是其他统计方法的基础，是对数据资料进行的概括，主要是描述现象的集中趋势和离散趋势。

2. 参数估计

参数估计是利用概率样本中的信息，在一定的信度下，推断总体参数的置信区间。

3. 列联分析

列联分析是将两个或多个变量的观察值按一定的设计要求对应排列在一张表上，从中分析变量之间的相互关系，并对某种假设进行检验。

4. 相关和回归分析

相关分析是通过相关系数揭示变量之间关系的密切程度，回归分析是描述变量间平均变动关系的统计分析方法。

5. 多元统计分析

多元统计分析是对多个变量进行分析的技术。

调查数据的分析不是一项简单的工作，也不是一项孤立的工作，要做好这项工作，必须具备一定的条件。①对调查数据质量的要求，包括真实性要求、准确性要求和完整性要求。②对分析方案的完备性要求，即要求在数据分析开始之前，必须充分考虑各方面因素，制定出详细、可行的分析方案。③对分析人员素质的要求，要求分析人员具有系统的统计学功底和熟练的操作技能。

三、编写调查报告

正式的调查报告应包括主报告以及数据报告、数据质量报告、调查方法论报告等。以主报告为例，其包含的内容有以下几点。

(一)标题页

对标题的技术要求是简单明了，高度概括，具有较强的吸引力。内容应包括项目名称、单位、团队名称、团队成员。如果是承接实际部门或科研课题，可以写上项目编号等信息。

(二)目录

目录应有助于阅读者找到所需要的信息。

(三)表格和插图清单

将调查结果用图表之类可视化形式来表示,以便与其他来源的数据资料进行比较,方便查询。

(四)要点或概要

概要通常不超过 3 页,它揭示调查中最重要的调查结果和主要结论。对于没有时间研究主报告的所有细节而又想知道调查结果要点的人来说,这是一份简单且重要的参考材料。它非常简要地描述了调查目标、调查时间、调查地点及调查包含的主题。在简短的段落中描述最有价值的调查结果,从整体结果开始,到一些较为具体、需要强调的未曾预料的结果。

(五)引言

主报告正文开始处应当有引言。引言部分给出开展调查的背景信息,如项目来源、主办单位、研究目标、方法简述以及本报告的目的等,有时还给出一个项目纲要,说明已经做了什么,以及研究了什么,但这些仅需要做一般性的描述,因为详细的结果将会在随后的章节中给出。引言还需对后面章节的内容及它们之间的联系作简单介绍。

(六)报告主体

报告主体中应当包括的内容主要有:与本次调查有关的概念及重要指标的定义;对调查使用的方法的说明;调查对象基本情况数据汇总;调查数据质量的说明;调查结果等。每个章节主题要突出,语言应尽可能简洁明了。

(七)结论和建议

结论是必须要有的,而建议并不是必需的。要特别注意结论和建议要来自本队的调查数据及对数据的分析,而不是从其他文献或资料中得出的。

(八)参考文献

所有的参考文献都应按引用的杂志类、图书类等标准格式要求清楚地撰写。

(九)附录

附录要对调查专题以及所用调查方法、统计软件、数据处理方法等一些在主报告中没有涉及的内容进行补充说明,以免正文过于冗长。

　　市场调查的准备阶段是市场调查的决策、设计、筹划阶段。这个阶段的具体工作包括确定调查问题、设计调查方案、组建调查队伍。合理确定调查问题是做好市场调查的前提，科学设计调查方案是保证市场调查取得成功的关键，认真组建调查队伍是顺利完成调查任务的基本保证。准备阶段对市场调查具有重要意义，它是整个调查过程的起点。市场调查的领导和组织者，必须花相当大力气做好这一阶段的各项工作。

　　在整个市场调查工作中，搜集资料阶段是唯一的现场组织实施阶段，是取得市场第一手资料的关键阶段。市场调查的资料是分析研究市场的依据，就像生产产品必须要有原材料一样。市场调查搜集的资料，必须真实准确、全面系统，否则准备阶段的工作和研究阶段的工作都会失去意义。

　　数据整理是根据调查研究的目的与任务，对搜集到的各种数据，采用科学的方法进行审核汇总与初步加工，使之条理化、系统化，并以图表的方式显示数据特征，以满足数据分析需要的工作过程，数据整理是整个调查过程中的一个重要环节。

思考讨论题

1. 市场调查的过程包括哪几个阶段？
2. 如何确定市场调查的问题？
3. 调查方案的设计流程是什么？
4. 简述数据处理的过程。
5. 调查报告的一般内容包括哪些？
6. 简述如何对调查员进行培训。

市场调查过程.ppt

第三章 文案调查法

 引导案例

日本如何发现中国大庆油田

我国最著名的"照片泄密案"，就是 1964 年《中国画报》封面刊出的一张照片。大庆油田"铁人"王进喜头戴狗皮帽，身穿厚棉袄，顶着鹅毛大雪，握着钻机手柄眺望远方，在他身后散布着星星点点的高大井架。日本情报专家据此解开了大庆油田的秘密，他们根据照片上王进喜的衣着判断，只有在北纬 46 度至 48 度的区域内，冬季才有可能穿这样的衣服，因此推断大庆油田位于齐齐哈尔与哈尔滨之间；并通过照片中王进喜所握手柄的架势，推断出油井的直径；从王进喜所站的钻井与背后油田间的距离和井架密度，推断出油田的大致储量和产量。有了如此多的准确情报，日商推断：中国将在最近几年感到炼油设备不足，买日本的轻油裂解设备是完全有可能的。中国当时的产油能力远远超过炼油能力，要解决这个矛盾有两个方案：一是出口原油；二是进口炼油设备。日本资源贫乏，正愁找不到原油，而一衣带水的中国生产原油过剩，正好可以出口到日本。日本工业发达，产品急需寻找市场，有人要买其炼油设备，那是最好不过的事。日本人迅速设计出适合大庆油田开采用的石油设备。当我国政府向世界各国征集开采大庆油田的设计方案时，日本人一举中标。于是，日本很快就派出两个代表团到中国进行经济贸易洽谈，一个是购买我国原油的经贸代表团，另一个是向我国出口炼油设备的经贸代表团。不出所料，洽谈一举成功，日本从中获得了很高的经济利益。(摘自《文汇报》)

第一节　文案调查法的含义和特点

一、文案调查法的含义

文案调查法又叫文献调查法、资料查阅寻找法、间接调查法、资料分析法、室内研究法、桌面调查法及室内调研法等，是一种获取二手资料的调查研究方法，即根据一定的研究目的，通过对收集到的与调查课题相关的各种信息和情报资料等进行分析、研究，获得调研成果的一种调研方法。

企业在经营过程中常常需要了解市场行情、国民经济发展情况等信息，这些信息很难从消费者那里得到，文案调查法能很好地帮助企业获取这方面的信息。所以文案调查法也是利用企业内部和外部现有的各种信息、情报，对已有的文案资料进行整理、综合、分析等，从而最终达到研究目的。它是一种间接的非介入式的市场调查方法。

二、文案调查法的优点

各种调查方法都有利有弊，只有了解各种方法，才能正确选择和应用。与实地调查相比，文案调查是收集已经加工过的二手资料，而不是对原始资料的搜集；文案调查以收集文献性信息为主，即收集各种文案资料；文案调查所收集的资料包括动态和静态两个方面，即侧重收集反映市场变化趋势的历史及现实资料。其优点具体包括以下几个方面。

(一)有助于调研项目信息资料收集

查阅文献有助于对调研项目信息背景的掌握和了解，如表 3-1 所示。

表 3-1　信息调研概况

信息调研主题		
项目背景	研究目的	
	研究内容	
信息收集	参考书	
	收集到的信息类型	(必含类型)图书、标准、专利、期刊论文、网络信息；(可选类型)其他
	使用过的检索工具	
人员分工	图书：　　标准：　　专利：　　期刊：　　网络：　　其他：	
调研结果简单总结		

(二)研究过程的真实性强

一般文献并不是为了研究目的而留下的，它多是在事件发生时，真实自然地记录下来的，因此信息真实度很高。而且研究者在收集资料的过程中，一般不会使被收集的资料本身发生变化，也不会受留下文案资料者言行的直接影响，从而避免了对象反应性的干扰。而这种干扰在访谈、实验等方法中很难避免，这样就会影响研究结果的真实性。

(三)研究简便易行、费用较低

与实地调查法、访谈调查法等直接接触法相比，文案调查法具有方便、自由、费用低等优点。只要查到文献，随时随地就能进行研究，不受研究对象、研究场所和研究情境等因素的限制。

(四)便于对调查对象作纵向分析

文案调查法适合对研究对象在一段时期的发展变化展开研究。研究角度往往是探寻一种趋势，或弄清一个演变过程。例如，要研究改革开放以来我国师范教育和师资培养的发展，不可能倒退到 1997 年去调查师范院校的情况，或用调查法来请当事人回忆情况，因为这种回忆会由于主观误差太大而失去意义，这时，就应该依靠多年积累的与师范教育有关的各种文案资料进行研究。

三、文案调查法的局限性

(1) 较依赖历史资料，难以适应和反映现实中正在发生的新情况、新问题。

(2) 搜集的资料与调查目的往往不能很好地吻合，数据对解决问题不能完全适用。

(3) 要求调查人员具有较广泛的理论知识、较深厚的专业知识和技能，否则将感到无能为力。

(4) 难以把握所搜集的资料的准确程度、明确资料的来源和评价其可用性。

第二节　文案调查法的功能和应用

一、文案调查法的功能

在调查中，文案调查有着特殊的地位。它作为收集信息的重要手段，一直被世界各国重视，文案调查的功能体现在以下四个方面。

(一)发现问题并提供重要参考

根据调查的实践经验，文案调查常作为调查的首选方式。所有的调查都始于收集现有资料，只有当现有资料不能为调查提供足够证据时，才进行实地调查。因此，文案调查可以作为一种独立的调查方法加以采用。

(二)为实地调查创造条件

文案调查可为实地调查提供经验和大量背景资料，具体表现在：通过文案调查，可以初步了解调查对象的性质、范围、内容和重点等，并能提供实地调查无法或难以取得的各方面的宏观资料，便于进一步开展和组织实地调查。文案调查所收集的资料可用来证实各种调查假设，即可通过对以往类似调查资料的研究来指导实地调查的设计，用文案调查资料与实地调查资料进行对比，鉴别和证明实地调查结果的准确性和可靠性。利用文案资料并经实地调查，可以推算所需掌握的数据，帮助探讨现象发生的各种原因并进行说明。

(三)可用于经常性调查

实地调查费时费力，操作起来比较困难，而文案调查具有较强的机动灵活性，能随时根据需要，收集、整理和分析各种调查信息。

(四)不受时空限制

从时间上看，文案调查不仅可以掌握现实资料，还可以获得实地调查无法取得的历史资料。从空间上看，文案调查既能收集内部资料，也能收集外部环境方面的资料，尤其是对于因地域遥远，采用实地调查需要更多时间和经费不足的情况，显示出明显的优势。

二、文案调查法的步骤和应用

(一)文案调查法的步骤

文案调研过程实际上也是资料的筛选和归纳过程。为了使文案调研具有较高的效率，调研人员应结合调研的内容将文案调研分成若干步骤。一般来说，文案调研分为以下几步。

第一步：明确所需信息。这些信息可能是初步的、一般性质的(如咽喉类药品的年销售量)，也可能是具体的(如天津市场咽喉类药品的年销售额和数量)。不过，当市场调研者对研究的主题不太熟悉时，确定的信息可能是比较粗浅的，只有对主题进一步了解后，才能详细辨别出符合调研目的的信息。

第二步：寻找信息源。文案调研者应尽可能地有效使用各种检索工具，如索引、指南、摘要等，以发现与研究和主题有关的信息源和信息资料，减少寻找的时间并扩大信息量。

第三步：收集二手资料。在弄清具体的信息源后，调研者就要开始收集所需资料。一方面尽可能多地收集丰富的资料，另一方面一定要记录下这些资料的详细情况(作者、文献名、刊名或出版商、刊号、出版时间、页码等)，以便在后面检查辨别资料的正确性时，能准确地查到其来源。

第四步：编排整理并过滤资料。收集到的二手资料，要真正做到"为我所用"，必须先"去伪存真"，摒除一些虚伪的或不能反映事物本质的信息，然后再将零乱的资料加以分类整理，或者制成图表，以便分析和比较。

第五步：补充、完善所需资料。通过对已收集的资料作进一步加工整理，针对市场调查所需信息的要求，明确欠缺资料或不完整信息，并分析其对预测决策的影响程度，必要时再补充二手资料或收集原始资料来满足所需。

第六步：分析信息，提出调研报告。收集到较完整的二手资料后，采用科学的方法加以分析，提出恰如其分的意见或建议，并通过调查报告或其他形式反馈到策划人手中。

(二)文案调查法的应用

1. 相关和回归分析

它是指收集一系列相互联系的现有资料，对这些资料进行相关和回归分析，以确定现象之间相互影响的方向和程度，并在此基础上进行预测。

2. 市场供求趋势分析

它是指先收集各种市场动态资料，然后分析对比，以观察市场发展方向。

3. 市场占有率分析

它是指根据各方面资料，估算本企业某种产品的销售量占该产品市场销售总量的比例。

4. 市场覆盖率分析

市场覆盖率分析是估算本企业某种商品的投放点占该商品全国投放点总数的份额，反映企业商品销售的广度和宽度。

第三节 文案调查法资料的来源、文案资料的类型及其评估标准

一、文案调查法资料的来源

文案调研应围绕调查目的，收集一切可以利用的现有资料。文案调研资料的来源有企业内部资料和企业外部资料两种。

(一)企业内部资料

企业内部资料是指那些源自机构内部的数据，或者是由本机构记录的数据，主要指企业经济活动的各种记录，包括以下几种。

(1) 工商企业内部资料，如销售记录、进货单、各种统计报表、财务报表等。

(2) 统计资料，包括各类统计报表和统计分析资料。

(3) 财务资料，指由企业财务部门提供的各种财务、会计核算和分析资料，包括生产成本、销售成本、商品价格及经营利润等。

(4) 企业积累的其他资料，如日常简报、经验总结、顾客建议和意见、各种调研报

告、同业卷宗及有关照片和录像等。

(二)企业外部资料

企业外部资料是指其他机构而非调研人员所在机构收集或记录的资料,主要有以下来源。

(1) 国家统计局和各级地方统计部门定期发布的统计公报、定期出版的各类统计年鉴,这些都是权威性的一般综合性资料文献。

(2) 各种经济信息部门、各行业协会和联合会提供的定期或不定期信息公报。这类文献或数据定向性较强,是市场调查中文献的重要来源。

(3) 国内外有关报刊、电视等大众传播媒介。这些传媒提供种类繁多、形式多样的各种直接或间接的市场信息,它们是文献调查中主要的查找对象。

(4) 有关生产和经营机构提供的信息和资料。

(5) 各种国际组织、外国驻华使馆、国外商会等提供的定期或不定期统计公告或交流信息。

(6) 国内外各种博览会、交易会、展销订货会等营销性会议,以及专业性、学术性会议上所发放的文件和资料。

(7) 研究机构、高等院校发表的学术论文和调查报告等。

(8) 互联网各数据库网站。例如:

中华人民共和国国家统计局网站(www.stats.gov.cn)

中华人民共和国商务部网站(www.mofcom.gov.cn)

零点指标数据网站(www.horizonkey.com)

世界贸易组织网站(www.wto.org)

国际货币基金组织网站(www.imf.org)

世界银行网站(www.worldbank.org)

经济合作与发展组织网站(www.oecd.org)

欧盟统计局网站(epp.eurostat.cec.eu.int)

美国商务部经济分析局网站(www.bea.gov)

美国商务部普查局网站(www.census.gov)

二、文案资料的类型

文案资料的类型主要从三个角度划分。第一,从文案资料的性质划分,有原始资料和第二手资料。原始资料是指第一手资料,它是由社会事件或行为的直接参与者和接触者亲手记述撰写的,是未经他人整理的原始文本。第二手资料又称次级资料,是经过他人整理、改编、总结、归纳之后的转手资料,即间接文献。一般来说,原始资料要比间接资料可信度高。第二,从文案资料的来源划分,有组织公务文献、社会宣传文献和私人性文献。组织公务文献有各级政府和行业管理部门的文件、会议记录、工作总结、业务报表、各种档案等;社会宣传文献有报刊、宣传片、广告等;私人性文献有组织领导人或工作人员的日记、著作、书信等。第三,从文案资料的形式划分,有文字材料、数字材料、音像材料。

三、文案调查法的评估标准

(一)数据的准确性

文案调研资料的准确性至关重要，否则会使整个调查的可信度降低。研究人员必须判断数据对于目前的研究目的是否足够准确。二手数据有许多误差，包括在研究方法、研究设计、抽样、数据收集、分析和报告等方面的误差。但是，评价二手数据的准确性存有一定难度，因为研究人员并没有参与相关的研究。如果可能，对同种资料应从多种信息源取得，以便相互印证、核实。

(二)数据的及时性

二手数据可能不是当前数据，数据收集和公布之间的时滞较长，而这种数据在普查中经常出现。另外，随着信息时代的到来，知识更新的速度加快，市场活动的节奏也越来越快，资料适用的时间在缩短，因此，只有反映最新市场活动情况的资料才是价值最高的。

(三)数据的可靠性

通过检验二手数据的来源水平、可信度和声誉，可以获得对数据可靠性的总体认识。应该用怀疑的眼光去看待为了促销、吸引消费者或进行宣传而公布的数据，对于匿名的或者以一种隐蔽方法收集的数据和未公布程序细节的数据，也应采取同样的态度。另外，有必要检验二手数据的来源。

本章小结

文案调查法又叫文献调查法、资料查阅寻找法、间接调查法、资料分析法、室内研究法、桌面调查法及室内调研法等，是一种获取二手资料的调查研究方法，即根据一定的研究目的，通过对收集到的与调查课题相关的各种信息和情报资料等进行分析、研究，获得调研成果的一种调研方法。

文案调查法的优点：有助于研究人员选定课题；研究过程的真实性强；研究简便易行、费用较低；便于对调查对象作纵向分析。

文案调查法的功能：发现问题并提供重要参考；为实地调查创造条件；可用于经常性调查；不受时空限制。

文案调查法的应用：相关和回归分析；市场供求趋势分析；市场占有率分析；市场覆盖率分析。

文案调研应围绕调查目的，收集一切可以利用的现有资料。文案调研资料的来源有企业内部资料和企业外部资料。

文案调查法的评估标准：数据的准确性、及时性和可靠性。

思考讨论题

1. 什么是文案调查法？
2. 简述文案调查法的优点和局限性。
3. 简述文案调查法的功能和应用。
4. 说明文案调查法资料的来源。
5. 文案调查法的评估标准是什么？

文案调查法.mp4

文案调查法.ppt

第四章　定性调查法

引导案例

美国肯德基在开拓中国市场时采用的定性调查法

美国肯德基在开拓中国市场时，在公园和其他公共旅游景点，向旅游者提供休息场所。其一边免费向潜在的消费者提供已经烹调好的炸鸡鸡块，一边征询消费者的意见，以便对肯德基炸鸡的味道进行改良。他们会在消费者做了初步品尝后，与调查对象坐在一起，亲切地询问味道是否合适、盐放得多还是少、烤制得是否过火、皮是否够脆、肉是否够嫩等问题，内容详细周到。消费者在感谢的同时，并不觉得自己已成为被调查的对象，会将自己的真实意见毫无保留地说出来。肯德基由此找到了符合中国消费者口味的生鸡来源、炸鸡配方，为肯德基连锁店在中国的迅速发展奠定了基础。

第一节　定性调查法的含义和特点

一、定性调查法的含义

定性调查法是对研究对象进行科学抽象和理论分析的一种方法，它意味着调研结果并没有经过量化或者定量分析。这种方法一般选定较小的样本对象进行深度的、非正规性的访谈，以进一步弄清问题背后的原因。

二、定性调查与定量调查的区别

在一个研究中通常定性调查与定量调查两种方法结合使用,以发挥两种研究方法的各自优势。定性调查法与定量调查法有很大不同,通常定性研究在先,可以帮助研究者更加明确研究的问题,辨识问题的影响因素及可能原因;定量研究的问卷设计可以为消费者提供具体的语言描述,还可以为定量研究提供研究的内容及框架。定性研究有时也会在定量研究之后运用,这主要是为了进一步验证定量研究的结论,或更好地解释定量研究所得的结果。定性调查与定量调查的比较如表 4-1 所示。

表 4-1 定性调查与定量调查的比较

方 法	目 的	样 本	数据收集	数据分析	结 果
定性调查	对潜在的理由和动机求得一个定性的理解	由无代表性的个案组成的小样本	无结构的	非统计的方法	获取理解,共同形成决策方案
定量调查	将数据定量表示,并将结果从样本推广到所有的研究总体	由有代表性的个案组成的大样本	有结构的	统计的方法	建议最后的行动路线

定量调查法是将数据量化表示以便进行研究,并采用一些统计分析的形式。常用的定量研究方法,包括电话访问、面对面访问、神秘顾客研究、市场普查、产品留置访问等。

定性调查法对于调查设计的问题是非格式化的,多为开放式问题;数据收集执行的过程是非标准化的,一般都只是针对小样本的研究。研究的价值不在于得到精确的某一类群体的需求现状和趋势,更多的是探索消费需求的深层心理原因。常用的定性研究方法,包括深度访谈、小组座谈会、专家意见法等。

举例来说,定量调查研究能够揭示大量饮用可口可乐的人和不常饮用可口可乐的人之间的区别,一项定量研究可能发现大量饮用可口可乐的人,年龄在 21～35 岁。相反,定性调查研究用来考察大量饮用可口可乐的人的态度、感觉和动机。一个策划可口可乐促销活动的广告代理商会通过定性调查研究了解大量饮用者的感受。这就是定量与定性的明显区别。

三、定性调查法的优点和局限性

(一)定性调查法的优点

第一,在了解消费者的态度、感觉、动机、反应等方面,其作用无可替代。以最常见的定性调查方式——配有单向镜的座谈会为例,坐在单向镜后的客户研究人员发现,消费者的很多反应都是问卷上看不到的。

第二,可以有效配合定量调查。为了使搜集的资料在广度和深度上更具扩展性,定性调查既是准备,又是补充。

第三,定性调查时间短、成本低。由于定性调查的"样本规模"较小,在某些消费者认同度较高(如手机功能)的问题研究中,定性调查的这一优势往往有助于企业抢夺市场先机。

(二)定性调查法的局限性

第一，不能反映细微的差别。

第二，样本的代表性较弱。定性调查的样本量一般较小，对总体的代表性较弱。

第三，对调查员的要求较高。调查员需具备心理学、社会学等多方面的知识储备，才能胜任定性调查工作。

四、定性调查法的应用范围

近年来，定性调查越来越受到人们的关注，并且出现了专门从事定性调查的市场调查公司。定性调查主要应用于探索性调查，应用领域十分广泛。例如，政府可以通过定性调查讨论公共政策的实施；工会可以通过定性调查了解员工的福利待遇情况；社会学家可以通过定性调查了解留守儿童的心理状态；公共卫生部门可以通过定性调查了解流动人口中妇女的生育问题；电脑软硬件设计、网络站点的开发也可以采用定性调查发现灵感等。调查的目的是考察消费者的态度、感觉、动机、反应等。在定性调查中，调查员根据讨论提纲或讨论指南进行调查，所收集的数据大多是难以量化的定性数据。

第二节　焦点小组访谈法

一、焦点小组访谈法的含义

焦点小组访谈法也叫座谈法或小组讨论法，是挑选一组具有代表性的被调查者，在一个装有单向镜或录音、录像设备的房间中，采用小型会议的形式，由主持人引导对研究主题进行讨论，从而获得信息的一种调查方法。

焦点小组访谈法是近几年用来进行定性研究的重要手段。目的在于了解消费者或客户的想法。调研的关键是，让参与者对主题进行充分讨论。意义在于了解他们对一种产品、观念、想法或组织的看法，了解所调研的事物与他们生活的契合程度，以及在感情上的融合程度。做法是选取一组(8～12人)具有代表性的消费者和客户，在一个装有单向镜或录音录像设备的房间里，在主持人的组织下，就某个专题进行讨论，从而了解消费者的消费需求、心理和行为等重要特征，为进一步的定量调查奠定基础。

二、焦点小组访谈法的特点

焦点小组访谈法源于精神病医生所用的群体疗法。焦点小组访谈法不是单独访问一名被调查者，而是同时访问若干名被调查者，是主持人与多个被调查者相互影响、相互作用的过程，其中"群体动力"在访谈过程中起关键作用。

(一)焦点小组访谈法的优点

第一，参与者之间的互动作用可以激发新的思考和想法，这是一对一面谈所达不到的。且群体的压力可以使激进者的想法更现实些。

第二，资料收集快、效率高。

第三，可以在单向镜后观察被调查者，在一间会议室风格房间的墙上装有一大面单向镜，在不引人注目的地方装有话筒，来记录整个讨论过程，使调查者亲眼见到被调查者。

第四，结构灵活，覆盖的主题及深度也是灵活的。

(二)焦点小组访谈法的缺点

第一，对主持人要求较高。主持人是整个互动过程的一部分，主持人不要带有偏见，且主持人的个人风格可能导致访谈结果产生偏差。比如，一种进攻性、逼迫式的风格通常使得受访者说一些他们认为主持人想说的话；如果主持人玩深沉，受访者又会觉得主持人是一个不可揣测的人，从而却步。

第二，小组成员选择不当会影响调查结果的准确性。有些人内向，不喜欢当众发言，而有的人又想独占话筒，总是第一个回答问题，而且不给别人说话的机会，一个专横的组员可能会影响其他成员。

第三，因回答结果散乱，后期对资料的分析和说明都比较困难。

第四，有些涉及隐私、保密的问题，很难在会上讨论。

三、实施焦点小组访谈法的步骤

(一)选择访谈设施

一般有一个焦点小组测试室，主要设备包括话筒、单向镜、室温控制、摄像机。对调研者来说，焦点小组访谈法是一种了解消费者动机的理想方法。

(二)确定被调查者

被调查者的人数取决于讨论主题、类型、主持人驾驭会议的能力，可以根据访谈要求采用多种方法甄选被调查者，如在城市繁华区随机拦截、根据街区随机选择住户、随机拨打电话号码或者从以前使用过的随机样本中挑选被调查者等。为了保证访谈的顺利进行，避免讨论过程中的沟通障碍，不要把不同社会层次、不同消费水平、不同生活方式的人放在一组。一般是在商业街上随机拦住一些人或是随机选择一些电话号码。征选时应尽量避免在小组中出现重复的或"职业"性受访者。一个小组一般包括 8 名参与者，并不存在理想的参与人数，这应根据小组的类型而定，经历性的小组比分析性的小组所需的受访者要多。

(三)选择主持人

合格的受访者和优秀的主持人是焦点小组访谈法成功的关键因素。焦点小组访谈法对主持人的要求如下。第一，主持人必须能恰当地组织一个小组，能够控制大局，把握讨论的方向和进程，善于调动被调查者的积极性，鼓励被调查者积极发言。第二，主持人必须具有良好的商务技巧，以便有效地与委托商进行互动。第三，主持人应具有良好的理解能力、观察能力、广博的知识和广泛的兴趣，具备关于调查、营销和广告方面的基础知识。

(四)编制小组讨论指南

讨论指南由调查组织者、委托方与主持人三者共同研究确定，是焦点小组访谈讨论内容的概要。

四、焦点小组访谈法的应用范围

焦点小组访谈法的应用范围包括消费者使用态度测试、产品测试、概念测试、媒体研究等。了解消费者对某类产品的认识、偏好及行为，产生对老产品的新想法，获取对新产品概念的印象，研究广告创意，获取消费者对具体市场营销计划的初步反应。

五、焦点小组访谈法的分类

(一)电话焦点小组访谈法

电话焦点小组访谈法优点是被调查者不用到测试室就可以进行调查，时间安排比较灵活，从而使一些在传统焦点小组访谈中很难征集到的被调查者(如医生、律师等)能够参加访谈。

(二)电视会议焦点小组访谈法

电视会议焦点小组访谈法优点是观察访谈的人员不用在现场就可以进行观察，可以允许大量的观察人员对访谈过程进行观察。

(三)在线焦点小组访谈法

在线焦点小组访谈法优点是减少了调查成本，便于甄选到合适的被调查者，委托方和主持人可以实现双向的充分沟通。其不足之处是缺乏群体动力、无法获得非言语信息、被调查者的可靠性较低、被调查者的注意力容易受到干扰等。

第三节　深层访谈法

一、深层访谈法的含义和特点

深层访谈法是指调查员和一名受访者在轻松自然的气氛中围绕某一问题进行深入的讨论，其目的是让受访者自由发言，充分表达自己的观点和情感，以揭示潜隐的关于特定行为、动机、目的、态度、感受的特点并发现其内在的联系。

深层访谈法与焦点小组访谈法的区别在于，深层访谈是一对一进行的，而焦点小组访谈是一对多进行的。深层访谈是一种无结构的、直接的、一对一的访问，虽然调查员在访问前会准备一个粗略的调查提纲，并试图按提纲来访问，但提问时的具体措辞和顺序可以根据访谈的具体情况进行调整。

深度访谈的关键是要通过访谈，找出潜隐的、内在的关系，因此称为"深度访谈"。"深"应具有以下几个特点。

(一)访问员与被访者的交谈要"深入"

深度访谈一般没有标准程序，调查者往往事先只有一个比较简略的问题大纲，大致明确研究目的以及访谈所希望得到的结果。即使有一个较为确定的访问提纲，访问员也不能机械地按照提纲向被访者提问，因为深度访谈的核心是访谈双方的交流是自由的、轻松的，甚至是无障碍的，并且被访者在访谈中敞开心扉，全面、深入地提供调查者想要获得的信息，而不是仅仅给出类似"是"与"否"、"好"与"不好"的回答。要从中获得大量与研究问题有关的丰富的背景材料，以及访谈对象在这一背景中的所思、所言、所为的依据，这些看似无用的信息常常会给研究带来重大突破，促进调查者更好地挖掘深层次的关系。

(二)访问员对被访者提供的信息要"深解"

在深度访谈过程中，访问员要面对的研究对象是多样化的，要与不同类型的被访者进行交谈，而他们的谈话习惯、交流方式、理解能力、表达能力等都是不一样的，这就要求访问员在进行访谈时要充分考虑被访者的情况，合理安排访谈内容以及提问方式等，对被访者提供的信息能够正确领会，不曲解对方的真实想法。还有一种情况是，一些被访者对访问员的采访目的可能持有一定的怀疑态度，因而在与访问员交谈时往往会模糊地表达。因此，对被访者提供的信息的理解不能只停留在表面，而应"深解"其中是否还有更深层的意思。

(三)访问员对关键问题要"深究"

在服务行业顾客满意度调查中，往往会询问调查对象是否有过投诉经历，若被访者回答没有投诉经历，但是在与访问员交谈中又透露出对某项服务的不满，在这种情况下，访问员就不能简单地得出调查对象没有投诉经历的结论，而需要通过追问的方式对被访者的真实想法进行"深究"，透过被访者的陈述材料，探索其中折射出来的对某些活动、事件、现象的多元观点。

二、深层访谈法的优缺点

深层访谈法是无结构的、直接的、一对一的访问。在访问过程中，受访者有很多说话机会，能够把自己的观点淋漓尽致地表达出来。

(一)深层访谈法的优点

(1) 探讨的话题较有深度，访谈的内容相对较多，能够探索被访者的内心思想及看法。

(2) 能避免公开讨论敏感性的话题或可能引起尴尬的情况。

(3) 深度访问是一对一的，可以将反应与被访者直接联系起来，不像焦点小组座谈会，难以确定哪个反应是来自哪个被访者。

(4) 深度访问可以消除群体压力，受访者不必只说最容易被群体接受的话，因而能更自由地交换信息，提供更真实的信息。

(5) 不需要保持群体秩序，个人会谈更容易激发出偶然的灵感，能为主要问题提供重要思路。

(6) 一对一的交流使得被访者感到自己是被关注的焦点，从而认为自己的感受和想法是重要的。

(二)深层访谈法的缺点

(1) 高素质、高层次的人群较难预约成功。

(2) 不能确定所选取的被访者是否具有典型意义。

(3) 深度访谈通常比焦点小组访谈的成本高，尤其是在被访者人数多的时候。

(4) 能够做深度访问的、有技巧的访问员是很昂贵的，且很难找到。

(5) 由于调查无结构，十分容易受访问员自身的影响，调查结果的完整性也十分依赖于访问员的技巧。

(6) 由于占用的时间和花费的经费较多，尤其当受访人数很多时，它在实际中的使用受到一定限制。

三、深层访谈法的筹划和实施

(一)深层访谈的准备阶段

1. 做好访谈计划，制作问卷、表格和大纲

确认被访者条件；预先拟定好访谈提纲，提纲内容包括访谈目的、访谈步骤和访谈问题等；确认问卷；制定劳务费标准(约人、礼金等)；购买礼品、准备礼金。

2. 选择好访谈的对象并作必要了解

为避免预约到有重大变故的被访者，访问员要在约定的时间内将被访者的情况及时反馈给公司。

3. 访谈员的选择和培训

选择的访谈员要善于挖掘受访者的内心感受，能够掌控局面。访谈员访谈前应有一个防止偏离访谈目标的访谈提纲，可以根据受访者回答的情况适当调整访谈方向。

4. 计划好访谈的时间、地点和场合

由于深层访谈的时间都比较长，而且受访者常常是身居要职的人，因此最好进行电话预约，在受访者方便的时候进行访问。

5. 访谈工具的准备

访谈前，调查员必须准备好能够证明自己身份的文件，如工作证、记录本、录音机、摄像机等访谈必需的物品，要给受访者的一些馈赠物品或宣传资料也应准备齐全。

(二)深层访谈的实施阶段

在上述准备工作就绪后，深层访谈就可以进入正式实施阶段，在这个阶段，调查员应注意以下几点。

(1) 对访谈对象的称呼要准确，以体现尊重的原则；进行自我介绍，或让被访谈者的领导或其他人引荐，热情有礼貌，有必要的寒暄和真挚的感谢。简单介绍访谈的相关事宜，并设法制造友好氛围。

(2) 在必要或时间允许的情况下，可从受访者关心的话题开始，逐步缩小访谈范围，最后提出事先计划好的问题。

(3) 在访谈中，要把握住方向及主体，能避免的题外话尽量避免，必须抓紧一切时间和机会随时记录。如果事先向被访问者说明，则名正言顺，可用录音或照相设备当面记录；如果没有事先说明，则应事后抓紧时间追记。

(4) 在受访者回答问题或陈述观点时，访谈员要表示出兴趣，认真倾听，使其愿意多说。

(三)深层访谈的结束阶段

结束阶段是整个深层访谈的最后一个环节，这个环节很重要，不能忽视。

第一，访谈员应迅速重温一下访谈的结果或检查一遍访谈提纲，以免遗漏重要项目。第二，应再次征求受访者的意见，了解他们还有什么想法、要求等，不要在受访者回答完提纲中的问题马上离去，以便掌握更多的信息。第三，要真诚感谢对方对本次工作的支持与合作。

四、深层访谈法的应用范围

深层访谈法适合应用于实地研究，通过深入细致的访谈，获得丰富生动的定性资料，了解复杂、抽象的问题。这类问题往往不是三言两语可以说清楚的，只有通过自由交谈，对所关心的主题深入探讨，才能从中概括出所要了解的信息，这种方法可以详细了解一些复杂行为，讨论某些保密、敏感的话题，访问竞争对手、专业人员或高层领导，调查比较特殊的商品等，适用面较广。与焦点小组访谈法一样，深层访谈法主要也是用于对问题的理解的探索性研究。比如，为发掘目标顾客对某产品的深层动机时，可采用深层访谈法；在这个过程中，研究者为消除受访者的自我防卫心理，可以采用各种技巧如文字联想法、

语句完成法、角色扮演法等对顾客进行访问。

比较常用的深层访谈技术主要有三种：阶梯前进、隐蔽问题探寻、象征性分析。阶梯前进是顺着一定的问题线探索，如从产品的特点一直到使用者的特点，使得访谈员有机会了解被访者思想的脉络。隐蔽问题探寻是将重点放在个人的"痛点"而不是社会的共同价值观上；放在与个人深切相关的问题而不是一般的生活方式上。象征性分析是通过反面比较分析对象的含义，要想知道"是什么"，就要先知道"不是什么"。

第四节　德　尔　菲　法

一、德尔菲法的含义

德尔菲法(Delphi Method)是美国兰德公司在 20 世纪 60 年代首创和使用的一种特殊的调查方法，是采用背对背的通信方式征询专家小组成员的预测意见，经过几轮征询，使专家小组的预测意见趋于集中，最后得出符合市场未来发展趋势的预测结论。德尔菲法又名专家意见法或专家函询调查法，是依据系统的程序，采用匿名发表意见的方式，即团队成员之间不得互相讨论，不发生横向联系，只能与调查人员发生联系，以反复填写问卷，以集结问卷填写人的共识及搜集各方意见，可用来构造团队沟通流程，应对复杂任务难题的管理技术。

该方法主要是由调查者拟定调查表，按照既定程序，以函件的方式分别向专家组成员进行征询；而专家组成员又以匿名的方式(函件)提交意见。经过几次反复征询和反馈，专家组成员的意见逐步趋于集中，最后获得具有很高准确率的集体判断结果。

二、德尔菲法的特点

德尔菲法本质上是一种反馈匿名函询法。其大致流程是：在对所要预测的问题征得专家的意见之后，进行整理、归纳、统计，再匿名反馈给各专家，再次征求意见，再集中，再反馈，直至得到一致的意见。由此可见，德尔菲法是一种利用函询形式进行的集体匿名思想交流过程。因此它有三个明显区别于其他专家预测方法的特点，即匿名性、多次反馈、小组的统计回答。

(一)德尔菲法的优点

1. 匿名性

匿名是德尔菲法极其重要的特点，从事预测的专家彼此互不知道有哪些人参加预测，他们是在完全匿名的情况下交流思想的。因为采用这种方法时所有专家组成员不直接见面，只是通过函件交流，这样就可以消除权威的影响。后来改进的德尔菲法允许专家开会进行专题讨论。

2. 反馈性

该方法需要经过 3～4 轮的信息反馈，在每次反馈中，调查组和专家组都可以进行深入研究，使得最终结果能够反映专家的基本想法和对信息的认识，所以结果较为客观、可信。小组成员的交流是通过回答组织者的问题实现的。它一般要经过若干轮反馈才能完成预测。

3. 统计性

最典型的小组预测结果是反映多数人的观点，少数派的观点至多概括地提及一下。而统计回答却不是这样，它报告 1 个中位数和两个四分点，其中一半落在两个四分点之内，一半落在两个四分点之外。这样，每种观点都包括在统计中，避免了专家会议法只反映多数人观点的弊端。

(二)德尔菲法的缺点

(1) 调查结果主要凭专家判断，缺乏客观标准，因此这种方法主要适用于缺乏历史资料或未来不确定因素较多的场合。

(2) 在得到调查组织者汇总的反馈资料后，有的专家由于水平不够可能得出趋近中位数或算术平均数的结论。

(3) 由于德尔菲法调查反馈次数较多，持续时间较长，有的专家可能因为工作忙或其他原因中途退出，影响调查的准确性。

为了避免上述不足，可以采取以下措施。

第一，向专家说明德尔菲法的原理，让他们了解这种方法的特点。

第二，向专家提供尽可能详细的与调查项目有关的背景资料。

第三，请专家为自己的判断给出最高值、一般值和最低值，并分别估计其概率，以保证整个判断的可靠性，减少轮回次数。

第四，在第二轮反馈后，只给出专家意见的极差值，而不反馈中位数或算术平均数，以免发生简单求同的现象。

三、德尔菲法的实施步骤

在德尔菲法的实施过程中，始终有两方面的人在活动，一是预测的组织者，二是被选出来的专家。首先应注意的是德尔菲法中的调查表与通常的调查表有所不同，它除了有通常调查表向被调查者提出的问题和要求回答的内容外，还兼有向被调查者提供信息的责任。德尔菲法的工作流程大致可以分为四个步骤，在每一步中，组织者与专家都有各自不同的任务。

第一步：

(1) 由组织者发给专家不带任何附加条件，只提出预测问题的开放式调查表，请专家围绕预测主题提出预测事件。

(2) 组织者汇总整理专家调查表，归并同类事件，排除次要事件，用准确术语制作一张预测事件一览表，并作为第二步的调查表发给专家。

第二步：

(1) 专家对第二步调查表所列的每个事件作出评价。例如，说明事件发生的时间、争论的问题和事件或迟或早发生的理由。

(2) 组织者统计处理第二步专家意见，整理出第三张调查表。第三张调查表包括事件、事件发生的中位数和上下四分点，以及事件发生时间在四分点外的理由。

第三步：

(1) 发放第三张调查表，请专家重审争论。

(2) 对上下四分点外的对立意见作一个评价。

(3) 给出自己新的评价(尤其是在上下四分点外的专家，应重述自己的理由)。

(4) 如果修正自己的观点，也请叙述理由。

(5) 组织者回收专家们的新评论和新争论，与第二步类似，统计中位数和上下四分点。

(6) 总结专家观点，重点在于争论双方的意见，形成第四张调查表。

第四步：

(1) 发放第四张调查表，专家再次评价和权衡，作出新的预测。是否要求作出新的论证与评价，取决于组织者的要求。

(2) 回收第四张调查表并计算每个事件的中位数和上下四分点，归纳总结各种意见的理由以及争论点。

注意：

(1) 并不是所有被预测的事件都要经过四步，可能有的事件在第二步就达到统一。

(2) 在第四步结束后，专家对各事件的预测也不一定都达到统一。不统一也可以用中位数和上下四分点作结论。事实上，会有许多事件的预测结果不统一。

四、德尔菲法的应用范围

德尔菲法最初产生于科技领域，后来逐渐被应用于任何领域的预测，如军事预测、人口预测、医疗保健预测、经营和需求预测、教育预测等。此外，还用来进行评价、决策、管理沟通和规划工作。

例如，某书刊经销商采用德尔菲法对某一专著的销售量进行预测，该经销商首先选择若干书店经理、书评家、读者、编审、销售代表和海外公司经理组成专家小组，将该专著和一些相应的背景材料发给各位专家，要求大家给出该专著最低销售量、最可能销售量和最高销售量三个数字，同时说明自己作出判断的主要理由。将专家们的意见收集起来，归纳整理后返回给各位专家，然后要求专家们参考他人的意见对自己的预测重新考虑。专家们完成第一次预测并得到第一次预测的汇总结果以后，除书店经理，其他专家在第二次预测中都做了不同程度的修正。重复进行，在第三次预测中，大多数专家又一次修改了自己的看法。第四次预测时，所有专家都不再修改自己的意见。因此，专家意见收集过程在第四次以后停止。最终预测结果为最低销售量 26 万册，最高销售量 60 万册，最可能销售量 46 万册。

德尔菲法作为一种主观、定性的方法，不仅可以应用于预测领域，还可以应用于各种评价指标体系的建立和具体指标的确定过程。

例如，在考虑一项投资项目时，需要对该项目的市场吸引力作出评价。我们可以列出同市场吸引力有关的若干因素，包括整体市场规模、年市场增长率、历史毛利率、竞争强度、对技术的要求、对能源的要求、对环境的影响等。市场吸引力这一综合指标就等于上述因素的加权求和。每一个因素在构成市场吸引力时的重要性即权重和该因素的得分，需要由管理人员的主观判断来确定。这时，可以采用德尔菲法。

本章小结

定性调查法是对研究对象进行科学抽象和理论分析的方法，它意味着调研结果并没有经过量化或者定量分析。这种方法一般选定较小的样本对象进行深度的、非正规性的访谈，以进一步弄清问题背后的原因。定性调查法与定量调查法有很大不同，在一个研究中，往往两种方法结合应用，从而发挥两种研究方法的各自优势。定性调查法的优点：第一，在了解消费者的态度、感觉、动机、反应等方面，其作用无可替代；第二，可以有效配合定量调查；第三，定性调查时间短、成本低。定性调查法的局限性：第一，不能反映细微的差别；第二，样本的代表性较低；第三，对调查员的要求较高。定性调查主要应用于探索性调查，且应用领域十分广泛。

焦点小组访谈法是挑选一组具有代表性的被调查者，在一个装有单向镜或录音、录像设备的房间中，采用小型会议的形式，由主持人引导对研究主题进行讨论，从而获得信息的一种调查方法。其特点在于：焦点小组访谈法不是单独访问一名被调查者，而是同时访问若干名被调查者。焦点小组访谈法的优点：参与者之间的互动作用可以激发新的思考和想法、资料收集效率高、可以在单向镜后观察被调查者。焦点小组访谈法的缺点：对主持人要求较高，小组成员选择不当会影响调查结果的准确性，资料分析和说明比较困难，隐私的问题很难在会上讨论。实施焦点小组访谈法的步骤：选择访谈设施——确定被调查者——选择主持人——编制小组讨论指南。焦点小组访谈法的应用范围：了解消费者对某类产品的认识、偏好及行为，产生对老产品的新想法，获取对新产品概念的印象，研究广告创意，获取消费者对具体市场营销计划的初步反应。焦点小组访谈法的分类：电话焦点小组访谈法、电视会议焦点小组访谈法、在线焦点小组访谈法。

深层访谈法是指调查员和一名受访者在轻松自然的气氛中围绕某一问题进行深入的讨论，其目的是让受访者自由发言，充分表达自己的观点和情感，以揭示潜隐的关于特定行为、动机、目的、态度、感受的特点并发现其内在的关联。深层访谈法的优点：消除了群体压力，一对一的交流使受访者感到自己是被关注的焦点，便于对一些保密敏感问题进行调查，对非语言的反馈更加敏感。深层访谈法的缺点：高素质、高层次的人群比较难成功预约；不能确定所选取的被访者是否具有典型意义；深度访谈通常比小组的成本高，尤其是被访者人数多的时候；能够做深度访问的、有技巧的访问员是很昂贵的，也难以找到；

由于调查无结构，十分容易受访问员自身的影响，调查结果的完整性也十分依赖访问员的技巧；由于占用的时间和花费的经费较多，尤其当受访人数很多时，它在实际中的使用受到一定限制。实施阶段：接近受访者—营造一种热情、友好、轻松的气氛—根据受访者的回答情况适当调整访谈的方向—提出问题—调查员应始终保持中立的态度—调查员要礼貌且巧妙地加以引导—调查员要认真倾听。结束阶段：调查员重温访谈结果—再次征求受访者的意见—真诚感谢对方对本次工作的支持与合作。深层访谈法的应用范围：深层访谈法适合应用于实地研究，通过深入细致的访谈，获得丰富生动的定性资料，了解复杂、抽象的问题。

德尔菲法是采用背对背的通信方式征询专家小组成员的预测意见，经过几轮征询，使专家小组的预测意见趋于集中，最后得出符合市场未来发展趋势的预测结论。德尔菲法的优点：匿名性、反馈性和统计性。德尔菲法的缺点：调查结果主要凭专家判断，缺乏客观标准，结论可能趋近中位数或算术平均数，反馈次数较多、持续时间较长。德尔菲法的实施步骤：拟定意见征询表—选择征询专家—轮回反复征询专家意见—作出调查结论。

思考讨论题

1. 什么是定性调查法？
2. 简述焦点小组访谈法的含义和特点。
3. 简述实施焦点小组访谈法的步骤。
4. 简述焦点小组访谈法的应用范围。
5. 简述深层访谈法的含义和优缺点。
6. 简述实施深层访谈法的步骤。
7. 简述深层访谈法的应用范围。
8. 说明德尔菲法的含义和优缺点。
9. 简述实施德尔菲法的步骤。
10. 简述德尔菲法的应用范围。
11. 采用焦点小组访谈法，编写关于大学生手机偏好的研究报告。

定性调查法.mp4

定性调查法.ppt

第五章　询问调查法

学习要点

1. 了解询问调查法的含义、特点。
2. 理解询问调查法的类型。
3. 掌握面访调查、电话调查、邮寄调查和媒体调查的含义、优缺点和应用范围。

核心概念　∨

询问调查法　面访调查　电话调查　邮寄调查　媒体调查

询问调查法案例

　　富都大酒店是一家投资几千万元的新建大酒店，开业初期生意很不景气。公司经理为了寻找症结，分别从大中型企业、大专院校、机关团体、街道居民中邀请代表参加座谈会，并亲自走访了东、西、南、北四区的部分居民，还在旅游景点拦截了一些外地游客进行询问调查。结果发现，本酒店没有停车场，顾客来往很不方便；本市居民及外地游客对本酒店的知晓率很低，更谈不上满意度；本酒店与其他酒店相比，经营特色是什么，大部分居民也不清楚。为此，酒店作出了兴建停车场、在电视上做广告、开展公益及社区赞助活动、突出经营特色、开展多样化服务等决策。富都大酒店的经理为寻找症结，选用了入户面访和街头/商城拦截的调查方式，从部分居民和外地游客那里了解到酒店生意不景气的原因，并采取积极正确的改进措施，使酒店的生意日渐红火。

第一节　询问调查法的含义和特点

一、询问调查法的含义

　　询问调查法在西方的起源可以追溯到 19 世纪末兴起的社会改革运动。在这场运动中，许多社会学者试图系统地描述城市贫民的生活状况，以便改善其生活条件。早在 2000多年前，我国著名史学家司马迁就曾把通过调查曲阜、淮阴收集到的关于孔子、韩信的故事写进皇皇巨著《史记》中去。

　　询问调查法是收集第一手资料最常见的方法之一，是调查人员以询问为手段向被调查者询问各种各样的涉及他们行为、意向、态度、感知、动机以及生活方式的问题，从其回答中获取信息资料的方法的统称。具体包括以下几个方面。

(一)了解"为什么"

在市场调查中，了解人们为什么做或不做一些事的原因是十分重要的，如为什么消费者买或不买我们的品牌，他们喜欢或不喜欢哪些方面，哪些因素能影响他们的购买行为等。

(二)了解"如何做"

市场调查人员发现有必要在消费者行动前了解他们的决策程序。消费者的购买决策行为发生要经历哪些阶段？他们考虑哪些问题？在哪里、什么时间做出决策？下一步计划做什么？

(三)了解"谁做"

市场调查人员也需要了解被调查者的人口特征或生活方式等。如年龄、收入、职业、婚姻状况、家庭生命周期的阶段、教育程度以及其他因素，了解这些方面，在市场细分的识别和确定方面是很有必要的。

二、询问调查法的特点和类型

询问调查法的优点：调查问题明确，调查的内容同时可由若干人分别回答，能够全面了解情况，且应用范围广，可靠程度高，便于资料的编码、统计、分析和解释。

询问调查法的局限性：调查的内容有限，有时不能够准确反映情况。

询问调查法的类型包括：面访调查、电话调查、邮寄调查和媒体调查。

第二节　面　访　调　查

一、面访调查的含义

企业在进行营销调查时，往往想知道消费者的真实感受和想法，因此很想与他们进行面对面的交谈，以此把握市场信息，而面谈访问法将为企业解决这一问题。所谓面访调查，是由调查者与被调查者直接接触，按照抽样方案中的要求，到抽选的家庭或单位，依照问卷或调查提纲进行面对面的直接访问，当面听取被调查者的意见，形式包括个别面谈和小组座谈。

二、面访调查的优缺点

(一)面访调查的优点

1. 可取得较有代表性的样本

面访有比较严格的抽样方案,使样本总体有一定的代表性。另外,利用经过严格培训的经验丰富的调查员,可以大大提高访问的回答率,可望得到质量较高的样本。

2. 可获取较多内容、较深问题、较高质量的数据

面访调查的时间一般比较长(拦截式调查有时除外),可以采用比较复杂的问卷,可以调查比较深入的问题。面访调查中可以通过调查员现场的解释澄清模糊问题,减少不回答问题或不完全回答问题的现象。特别是采用 CAPI 进行访问时,数据收集的灵活性和多样性优势会更加突出。

3. 具有激励的效果

由于被访问者有机会面对面地向他人发表自己的见解,或与他人讨论某些自己所熟悉的产品或关心的问题,因此有可能达到情绪上的满足或知识上的满足。调查员可以利用这种激励作用,争取被访问者的合作,以提高回答率和回答质量。

4. 灵活性大,可运用视觉辅助工具

面访过程中,由于访问者可以直接接触被访者,因此在提问的节奏上有很大的灵活性,而且可以运用一些视觉辅助工具(如一小段视频)吸引被访者的注意力。

(二)面访调查的缺点

1. 某些群体的访问成功率低

面访调查很难接触到高收入或高地位的特殊阶层;有些居民区出于安全方面的原因,不允许调查人员入户。近年来,大城市入户调查的拒访率在不断上升。

2. 实施质量难把握

在面访调查中,由于调查员分散在许多地点,对调查员的管理监督难度较大,对调查质量的把握也只能通过事先的培训和事后的抽查来实现,这需要较大人力和经费的投入。

3. 费用较高

在几种调查方法中,面访调查的费用是最高的,特别是当要求获取全国性或某些区域性的随机样本时。

4. 时间较长

由于面访调查需要调查员亲自找到被访者,大量的时间都花在路上和寻找过程之中,因此调查速度较慢,持续时间较长。

三、面访调查的分类

面访调查一般包括三种形式：入户面访调查、街头/商城拦截式面访调查、计算机辅助个人面访调查。

(一)入户面访调查

入户面访调查是指调查员到被调查者的家中或工作单位进行访问，直接与被调查者接触，然后利用访问式问卷逐个对问题进行询问，并记录对方的回答，或是将自填式问卷交给被调查者，讲明方法后，等待对方填写完毕后收取问卷。

入户面访调查的实施步骤：确定信息需要，确立调查目标；决定调查对象范围；决定抽样程序；设计标准问卷；实施预先测试性调查；实施和控制正式的入户面访调查。

在决定采用入户面访调查方式之前，企业首先要决定到哪些户(单位)去访问。应该尽可能详细具体地规定抽取家庭户的办法。同时，要求调查员必须严格地按照规定进行抽样，绝对不可以随意地、主观地选取调查户。

入户以后要确定具体访问对象。研究的目的不同，确定的访问对象也不同。如果调查的内容涉及整个家庭，一般是访问户主；如果调查的内容涉及个人的行为，一般是访问家庭中某个年龄段的成员，或是按某种规定选取一位家庭成员进行访问。不管是哪一种情况，抽样方案中都要规定具体的方法，使调查有据可依。对于只选一位家庭成员的情况，一般利用"入户随机抽样表"确定。

(二)街头/商城拦截式面访调查

拦截式访问是指在某个场所(如商业区、商场、街道、医院、公园等)拦截在场的一些人进行面访调查。这种方法常用于商业性的消费者意向调查。拦截面访的好处在于效率高，但是，无论如何控制样本及调查的质量，收集的数据都无法被证明对总体有很好的代表性。

街头/商城拦截式面访调查主要有两种方式。第一种方式是由经过培训的访问员在事先选定的若干个地点，如交通路口、户外广告牌前、商城或购物中心内(外)等，按照一定的程序和要求，选取访问对象，征得其同意后，在现场按照问卷进行简短的面访调查。第二种方式也叫中心地调查或厅堂测试，是在事先选定的若干场所内，根据研究的要求，摆放若干供被访者观看或试用的物品，然后按照一定的程序，在事先选定的若干场所的附近，拦截访问对象，征得其同意后，带到专用的房间或厅堂内进行面访调查。这种方式常用于需要进行实物显示或有现场控制特别要求的探索性研究，或需要进行实验的因果关系研究，如广告效果测试，某种新产品的试验等。

(三)计算机辅助面访调查

计算机辅助面访调查(Computer-Assisted Personal Interviewing，CAPI)在一些发达国家使用比较广泛。计算机辅助面访调查可以应用于入户面访调查和街头/商城拦截式面访调查。它主要包括两种方式。第一种方式是由经过培训的调查员手持笔记本电脑，向被访对象进行面访调查。调查问卷事先已经存放在计算机内，调查员按照屏幕上所显示的问题的顺序逐题提问，并将答案输入到计算机内。目前 CAPI 用的电脑也可以十分方便地处理开放式的问答题，可将被访者的回答输入电脑。第二种方式是对被访者进行简单的培训或指导后，让被访者面对电脑屏幕上的问卷，逐题将自己的答案亲自输入计算机内。调查员不参与回答，也不知道被访者输入的答案，但是调查员可以待在旁边，以便随时提供必要的帮助。

四、面访调查的应用范围

面访调查是目前在国内使用最广泛的方法，可用于市场调查的各个方面。

(一)消费者研究

消费者研究包括消费者的消费行为研究，消费者的生活形态研究，消费者满意度研究等。

(二)媒介研究

媒介研究包括媒介接触行为研究，广告效果研究等。

(三)产品研究

产品研究包括对某产品的使用情况和态度研究，对某产品的追踪研究，新产品的开发研究等。

(四)市场容量研究

市场容量研究包括对某类产品的目前市场容量和近期市场潜量的估计，各竞争品牌的市场占有率研究等。

第三节 电话调查

一、电话调查的发展

电话调查是通过专门的电话设备向被调查者询问有关调查内容并征求市场反应的一种调查方法。越来越多的电话设备配有计算机辅助系统，调查人员可以坐在与主干线或个人电脑相连的终端前，将问卷输入计算机，并直接录入访谈结果。

电话访问始于 20 世纪五六十年代的欧美国家。目前正随着电话的普及而得到普遍的推广，成为备受青睐的一种调查方式。

传统的电话调查使用的工具是电话、问卷和记录用的纸笔。经过培训的调查员使用电话，按照调查设计所规定的随机拨号方法拨打电话，当电话接通时按照准备好的问卷和培训的要求，筛选被调查者，然后按照问卷向被调查者逐题提问，并及时迅速地将答案记录下来。电话调查样本选取一般利用现有的电话号码簿作为抽样框，借助随机数字表，随机拨打号码；或按照等距抽样方法，从电话号码簿中抽取号码拨打；还可按照调查地区的具体情况和抽样方案先确定拨打号码的前几位(通过前几位号码如区号，可以确定调查的地区)，然后按照随机原则确定后几位。

在计算机辅助电话调查(Computer-Assisted Telephone Enquiry，CATI)中，每一位访谈员都坐在一台计算机终端或个人电脑面前，当被调查者电话接通以后，问题和选项立即出现在屏幕上。访谈员根据屏幕提示进行提问，并将被调查者的选择直接录入计算机中。

在访谈过程中，计算机可以随时提供整个调查的进展情况，统计分析也可以在调查进行的任何阶段进行。

二、电话调查的优缺点

(一)电话调查的优点

(1) 节约费用。

(2) 取得市场信息资料的速度快，节约时间。

(3) 可能访问到不易接触的调查对象。例如，有些人因工作太忙而拒绝面访，有些人拒绝陌生人入户访问，他们却有可能接受短暂的电话调查。

(4) 可能在某些问题上得到更为坦诚的回答。例如，对于有些关于个人方面的问题，或者是对某些特殊商品的看法，电话调查得到的回答可能要比面访调查得到的回答真实得多。

(5) 易于控制实施的质量。由于访问员基本上是在同一个中心位置进行电话访问，督导员或研究人员可以在实施的现场随时纠正访问员不正确的操作。

(6) 覆盖面广，可以对任何有电话的地区、单位、个人进行调查。

(二)电话调查的缺点

(1) 抽样总体与目标总体不一致。抽样总体实际上是全体电话用户，而目标总体包括所有有电话和没电话的消费者，我国的电话普及率还没有达到令人满意的水平，特别是在边远地区和农村，样本的代表性问题是目前在我国实施电话调查的最大障碍。

(2) 调查的内容难以深化。电话访问的时间不宜过长，问题不宜过于复杂，因此难以调查比较深入的问题。

(3) 访问的成功率可能较低。随机拨打的电话可能是空号或错号；被访者可能不在或正忙不能接电话；被访者可能不愿意接受电话调查等。

三、电话调查的应用范围

在我国，目前电话调查的应用范围还比较有限，电话调查主要使用在以下几个领域。

(1) 热点问题或突发性问题的快速调查。

(2) 特定问题的消费者调查，如新产品的购买意向，新推出广告的到达率，新开播栏目的收视率等。

(3) 企业调查，如企业管理者对某些问题的看法，对某些产品的评价及购买意向等。

第四节 邮 寄 调 查

一、邮寄调查的含义

邮寄调查是指通过邮寄或其他方式将调查问卷送至被调查者手中，由被调查者自行填写，然后将问卷返回的一种调查方法。

这种形式是在被访问者不愿面谈及其反应可能受访问者影响的情况下所能采取的最好办法。问卷必须简洁，问题明了。邮寄调查表的回收率一般较低，回收时间较迟缓。邮寄调查目前在我国应用并不普遍，除了书籍、报刊等的出版单位较多应用此种方法了解读者需求外，商业部门和企业中运用邮寄调查方式了解市场需求的不多。

二、邮寄调查的类型

1. 普通邮寄调查

它就是将问卷装入信封，通过邮局寄给选定的调查对象，并要求他们按规定的要求和时间填写问卷，然后寄回调查机构。

2. 留置问卷调查

它是由调查员按面访的方式找到被调查者，说明调查目的和填写要求后，将问卷留置于被调查者处，约定几天后登门取回填好的问卷。

3. 固定样本邮寄调查

它是指事先抽取一个地区性的或全国性的样本，样本中的家庭或个人都已同意参加某方面的定期邮寄调查，然后由调查机构向这个固定样本中的成员定期邮寄调查问卷，样本成员将问卷按要求填写后及时寄回调查机构。

三、邮寄调查的优缺点

(一)邮寄调查的优点

(1) 保密性强。邮寄调查一般都是匿名的，保密性强，被调查者有安全感，对问题的回答较真实，特别适合于敏感问题的研究。

(2) 调查区域广。从原则上讲，凡是通邮的地方都可以进行邮寄调查，因此该种调查方法能够调查到面访或电话调查难以寻找到的调查对象，如边远地区或海外地区的某商品使用者。

(3) 费用较低。一般情况下，邮寄调查的费用比面访调查和电话调查都低。

(4) 无调查员偏差。面访调查和电话调查的质量与调查员自身的素质有很大关系，而邮寄调查可以完全避免调查员的原因导致的偏差。

(二)邮寄调查的缺点

(1) 回收率低。在几种调查方法中，邮寄调查的回收率是最低的，因此在邮寄调查中要特别注意采取有效的措施提高回收率，同时对于回收率低所造成的偏差要进行必要的处理。

(2) 花费时间长。在几种调查方法中，邮寄调查所需的时间是最长的，因此只适用于那些对时效性要求不高的项目。

(3) 填答问卷的质量难以把握。调查对象可能会找他人代为回答，或没有填完全部问题就停止了，这些都将影响数据的质量。

(4) 调查对象的限制。邮寄调查的最大限制是被调查者必须有较高的文化程度。

四、邮寄调查的实施步骤

一方面，要选择好邮寄调查的对象。一般可以利用各种通讯录、名册等，也可以利用电脑中的客户名单，从中随机抽取，作为邮寄的对象。

另一方面，要最大程度提高问卷回收率。在寄出调查问卷时一定要附上空白的信封和邮票，在信封上写好调查单位的地址，并贴上足够的邮票，这会使被调查者感到真诚，并增强回答问卷的责任感。与此同时，最好有些物质上的奖励，如优惠购物券、小礼物等。具体实施步骤如下。

(1) 根据调研目的收集调查对象名单、地址、电话，抽样确定调查对象。

(2) 与调查对象事先接触。

(3) 寄出调查邮件。

(4) 再次接触调查对象，提示请求合作。

(5) 对回收问卷登记编码，统计回收数量。

(6) 若回收率达不到要求，修正误差。

(7) 数据处理与分析。

五、邮寄调查的应用范围和注意事项

邮寄调查与面谈调查、电话调查相比应用面较窄。对时效性要求不高，受调查者名单、地址、邮编都比较清楚，调查费用比较紧张的调查项目，可考虑使用这种方法。如果企业有多次邮寄调查的先例，积累了调查对象的样本群体，并建立了良好的合作关系，邮寄调查能够取得良好的效果。

邮寄调查的注意事项如下。

(1) 用电话或跟踪信及时提醒。

(2) 注意提前通知和致谢。

(3) 需有一定的物质奖励。

(4) 附上回信的信封并贴足邮资。

(5) 增强问卷的趣味性(如填空、补句、判断、图片等)。

(6) 由知名度较高且受人尊敬的机构主办。

第五节　媒　体　调　查

一、媒体调查的含义

媒体调查是指以媒体为载体进行调查，不与调查对象直接接触。

二、媒体调查的类型

根据媒体的不同，分为报纸调查、杂志调查、互联网调查等。

(一)报纸调查

报纸调查就是把调查问卷刊登在报纸上，通过报纸的发行将问卷送到读者手中，由读者回答后寄回的调查方法。

(二)杂志调查

杂志调查就是把调查问卷刊登在杂志上，通过杂志的发行将问卷送到读者手中，由读者回答后寄回的调查方法。

(三)互联网调查

互联网调查是借助电子邮件或网址进行调查，前者是将问卷作为一份选定的电子邮件地址清单的附件发送过去，并要求回答，后者是将问卷链接在网址上，邀请访问者进行填写。

三、媒体调查的优缺点

(一)媒体调查的优点

调查成本比较低，传播迅速；时效性强，能够高效率地找到具体的调查目标；交互性强，能够实现多样化的问卷设计。

(二)媒体调查的缺点

1. 样本的不确定性问题

媒体调查只能在那些已联网的用户中进行，而联网用户只占总人口的一小部分，当然，这种局限性会随着互联网的普及而减弱。如将问卷放在网站等待被调查者自行访问或接受调查，但被调查者是否上网，是否符合抽样原则都具有不确定性。

2. 无限制样本问题

就像邮寄调查中只有一定比例的收件人回答传统的邮寄问卷一样，网上也只是某些收件人回答问卷。因为它的新奇性，回答率可能比邮寄调查高些，但是仍有回答者与不回答者(肯定是多数)的系统误差。用电子邮件方法也存在由于没有任何实在的样本框架而出现的新问题，而且只有当收件人的软件与发件人的软件相容时才能读到电子邮件的附件，这样一来，在出现未回答的问题以前，就产生了一个未送到的问题。用网站进行问卷调查时，有效样本限制在那些访问第一工作网址的网友中，而这是不可控的并且随意性很大。

3. 整个调查较难控制

调查对象的选择较难。由于没有任何背景资料，不与调查对象直接接触，因此无法确定合格的调查对象，调查的组织者只能被动接受所有回答者的回答，然后根据对某些问题的回答事后筛选有价值的问卷。在整个调查过程中，调查的组织者是比较被动的。

询问调查法是收集第一手资料最常见的方法之一，是调查人员以询问为手段向被调查者询问各种各样的涉及他们行为、意向、态度、感知、动机以及生活方式的问题，从其答案中获取信息资料的方法的统称。它有助于了解"为什么""如何""谁做"。询问调查法的优点是调查询问的问题明确，调查的内容可由若干人同时回答，能够全面了解情况，且应用范围广，可靠程度高，便于资料的编码、统计、分析和解释。询问调查法的局限性：调查的内容有限，有时不能够准确反映情况。

面访调查是由调查者与被调查者直接接触，按照抽样方案中的要求，到抽选的家庭或单位，依照问卷或调查提纲进行面对面的直接访问，当面听取被调查者的意见，形式包括个别面谈和小组座谈。面访调查的优点：可取得较有代表性的样本、可获取较多内容、具有激励的效果、灵活性大。面访调查的缺点：访问成功率低、实施质量较难把握、费用较高、时间较长。面访调查一般包括三种形式：入户面访调查、街头/商城拦截式面访调查、计算机辅助个人面访调查。面访调查应用范围：消费者研究、媒介研究、产品研究、市场容量研究。

传统的电话调查使用的工具是电话、问卷和记录用的纸笔。电话调查的优点：节约费用、取得市场信息资料的速度快、可能访问到不易接触的调查对象、可能在某些问题上得到更为坦诚的回答、易于把握实施的质量、覆盖面广。电话调查的缺点：抽样总体与目标总体不一致、调查的内容难以深化、访问的成功率可能较低。电话调查的应用范围：热点问题或突发性问题的快速调查、特定问题的消费者调查、企业调查。

邮寄调查是指通过邮寄或其他方式将调查问卷送至被调查者手中，由被调查者自行填写，然后将问卷返回的一种调查方法。邮寄调查的类型：普通邮寄调查、留置问卷调查、固定样本邮寄调查。邮寄调查的优点：保密性强、调查区域广、费用较低、无调查员偏差。邮寄调查的缺点：回收率低、花费时间长、填答问卷的质量难以把握、调查对象的限制。邮寄调查的应用范围：对时效性要求不高，受访者名单、地址、邮编都比较清楚，调查费用比较紧张的调查项目，可考虑使用这种方法。

媒体调查是指以媒体为载体，不与调查对象直接接触的调查方法。根据媒体的不同，分为报纸调查、杂志调查、互联网调查等。媒体调查的优点：调查成本比较低、时效性强、能够高效率地找到具体的调查目标、交互性强、能够实现多样化的问卷设计。媒体调查的缺点：样本的代表性弱，存在无限制样本问题，整个调查较难控制。

思考讨论题

1. 什么是询问调查法？
2. 询问调查法的类型有哪些？
3. 面访调查的含义和优缺点有哪些？
4. 简述面访调查的应用范围。
5. 电话调查的含义和优缺点有哪些？
6. 邮寄调查的含义和优缺点有哪些？
7. 媒体调查的含义和优缺点有哪些？

询问调查法.mp4

询问调查法.ppt

第六章　观察调查法和实验调查法

学习要点

1. 了解观察调查法、实验调查法的概念、基本原理和特点。
2. 理解观察调查法、实验调查法的类型和基本程序及实验法在实施中需要注意的问题。

核心概念　　　　　　　　　　　　　　　　　　　　　　∨

观察调查法　实验调查法　顾客观察法　阅读器观察法　神秘购物法　社会调查方法

引导案例

东芝新产品的设计

东芝新产品的设计者在观察中发现，越来越多的日本家庭主妇进入就业大军，洗衣机不得不在早上或晚上使用，这样噪音就成为一个问题。为此东芝设计出一种低噪音的洗衣机。在开发这种低噪音产品时，他们观察发现，日本人洗衣的观念改变了。以前是衣服脏了才洗，现在是衣服穿过了就要洗，以获得新鲜的感觉。由于洗得勤，衣服来不及晾干。于是东芝进一步推出了新产品——烘干机。后来又发现大多数消费者的生活空间有限，继而发明了洗衣烘干二合一的洗衣机，结果产品销量大增。这是一个典型的直接观察法的应用。

第一节　观察调查法

一、观察调查法的含义和特点

观察调查法是通过看、跟踪和记录调查对象言行来汇集信息资料的调查方法。可以是调查人员在现场直接观看、跟踪和记录，也可以利用照相、摄像、录音等手段间接地从侧面观看、跟踪和记录。随着科学技术的发展，各种先进的仪器、仪表等手段被逐渐应用到市场调查中。与面谈调查不同，观察调查法主要观察人们的行为、态度和情感。它不是提问或者交流的过程，而是系统地记录人、物体或者事件的过程。

观察调查法的最大特点是，被调查者是处在自然状态下接受调查的，即被调查者被调查时，并不感觉到自己正在被调查。这是因为，观察调查法不像访问调查法那样，调查者与被调查者直接见面访谈或通过问卷向被调查者提出问题，并要求回答，被调查者明显感觉到自己正在被调查。而在观察调查法中，调查者凭直观感觉或是利用录像机等仪器设备记录考察被调查者的行为活动，因此被调查者并未感到自己被调查。例如，某厂要调查顾客喜爱什么样品牌、功能、价格的洗发水，会派人到销售现场调查，即观察顾客选购洗发水的行为状况。此时，顾客并没有意识到自己正在被调查。观察调查法要求在自然状态下对调查对象进行考察。同时，观察调查法是观察者(即调查者)有目的、有计划地记录市场现象的活动，而不是随便看看，这也是观察调查法的重要特点。

使用观察法收集信息需具备三个条件：第一，所需信息必须是能观察到的，或者能从观察到的行为中推断出来；第二，所要观察的行为必须具有重复性或者在某些方面具有可预测性；第三，所要观察的行为必须在相对短的时间内完成。

二、观察调查法的优缺点

(一)观察调查法的优点

(1) 直观可靠。观察法可以比较客观地收集第一手资料，直接记录调查的事实和被调查者在现场的行为，调查结果直观、可靠。

(2) 简便易行。观察法简便、易行，灵活性强，可随时随地进行观察。

(3) 不受干扰。观察法基本上是调查者的单方面活动，一般不依靠语言交流，不会受到被观察者意愿和回答能力等的困扰。观察法还可以避免许多由访问员态度及询问法中的问题结构所导致的误差。

(二)观察调查法的缺点

(1) 时间长、费用高。观察法常需要大量的观察员到现场作长时间的观察，调查时间较长，调查费用支出较大。因此，这种方法在实施时，常会受到时间、空间和经费的限制，比较适用于小范围的微观市场调查。

(2) 只能观察表象问题。观察法只能反映客观事实的发生经过，而不能说明发生的原因、动机、态度、想法和情感。只能观察到公开的行为，一些私下的行为，如上班前的打扮过程等超出了观察范围。被观察到的公开行为并不能代表未来的行为。

(3) 对调查人员的业务技术水平要求较高，如敏锐的观察力、良好的记忆力，必要的心理学、社会学知识及现代化设备的操作技能等。

三、观察调查法的种类

观察法从不同角度可以分为以下四种。

第一种，按观察结果的标准化程度不同划分为控制观察和无控制观察。控制观察是根据观察目的预先规定观察范围，并在实施观察时，要求观察手段、观察技术、观察程序和记录方式都达到标准。无控制观察比较灵活，对观察目的、程序等不作严格规定，记录也可采取随意的方式。

第二种，按观察者参与观察活动的程度不同划分为完全参与观察、不完全参与观察和非参与观察。完全参与观察是指观察者改变自己原有的身份，较长时期生活在被观察者之中。不完全参与观察是指观察者不改变身份，只在调查时置身于调查事项中取得资料。非参与观察是指观察者不参与到调查活动之中，而是以局外人的身份去观察事态的发生和发展情况。

第三种，按取得资料的时间不同划分为纵向观察、横向观察和纵横结合观察。纵向观察又称时间序列观察，就是在不同时间加以观察，以取得一连串的观察记录。横向观察又称横断面观察，是在某一特定时间内对若干个调查对象同时加以记录。纵横结合观察就是对调查对象的纵横两个方面进行观察，这样可以取得更加可靠的调查资料。

第四种，按观察的具体形式不同划分为人员观察、机器观察和实际痕迹观察。人员观察是由调查人员实地观察采访对象以了解情况的一种常用形式。机器观察是通过机器观察采访对象，这些设备不一定需要被调查者直接参与。实际痕迹观察是指调查者不直接观察受访对象的行为，而是通过一定的途径了解他们行为的痕迹。

四、观察调查法的应用范围和注意事项

(一)观察调查法的应用范围

(1) 对实际行动和迹象的观察。例如，对购物时商品品种、规格、花色、包装、价格等要求进行观察，预测某种商品的销售情况。

(2) 对语言行为的观察。例如，观察顾客与售货员的谈话。

(3) 对表现行为的观察。例如，观察顾客谈话时的面部表情等身体语言的表现。

(4) 对空间关系和地点的观察。例如，在商场经营环境调查中，对商品陈列、橱窗布置、所临街道的车流和客流量情况进行观察。利用交通计数器对来往车流量进行记录。

(5) 对时间的观察。例如，观察顾客进出商店以及在商店逗留的时间。在时间节点的商品库存调查中，对库存商品直接盘点计数，并观察库存商品残次情况。

(6) 对文字记录的观察。例如，观察人们对广告文字内容的反应。

(二)观察调查法的注意事项

(1) 调查人员要有不偏不倚的态度，即不带有任何看法或偏见地进行调查，必须实事求是、客观公正。遵守有关法律和道德准则，不能对涉及国家机密和个人隐私的内容进行观察，除非得到有关部门的允许。

(2) 调查人员应注意选择具有代表性的调查对象和最合适的调查时间、地点，并尽量避免只观察表象，应反映某类事物的一般情况。设计好抽样方案，以使观察的对象和时段具有较强的代表性。

(3) 在观察过程中，调查人员应随时详细地进行记录。记录用纸和观察项目最好有一定的规范格式，以便记录调查内容。

(4) 除了在实验室等特定的环境下观察和借助各种仪器进行观察时，调查人员应尽量使观察环境保持平常自然的状态，同时要注意被调查者的隐私权问题。

第二节　几种常用的观察调查法

几种常用的观察调查法包括顾客观察法、阅读器观察法和神秘购物法。

一、顾客观察法

(一)顾客观察法的含义

顾客观察法是在各种商场中秘密跟踪和记录顾客的行踪与举动，以获取企业经营所需的信息。

(二)顾客观察法的应用

该方法主要应用于自选商场、消费市场、超级商场和购物中心，用于了解顾客的流量、顾客购物的偏好、顾客对商品价格的反应、顾客购物的路径、顾客留意商品时间的长短、顾客产生冲动购物的次数、顾客付款是否方便等。根据观察场所和路径绘制观察记录表，并记录顾客的行走方向、路线、选购过程中接触的商品。

二、阅读器观察法

(一)阅读器观察法的含义

阅读器观察法是一种典型的机器观察法，通过被测试者坐在像台灯一样的阅读器和特别设计的隐藏式照相机前，记录有关阅读习惯和不同种类广告的使用情况以及品牌名称回忆等方面的信息。

(二)阅读器观察法的类别

随着科学技术的发展，各种先进的仪器、仪表等手段被逐渐应用到市场调查中。市场调查人员可以借助摄像机、收视计数器、交通计数器、监测器、闭路电视、计算机等设备观察或记录被调查者的行为，以提高调查的准确性。

三、神秘购物法

(一)神秘购物法的含义

神秘购物法是让观察人员扮成购物人员，像观察对象那样介入整个活动之中，收集有关商店的数据以及顾客或雇员间交互数据的调查方法，它是一种常用的参与性人员观察法。"神秘顾客"这个职业其实在欧美等国家已风行数十年，还成立了世界性的行业协会。协会对"神秘顾客"这一工作的定义是：他们受雇于一家与商家签约的神秘购物公司，平时以一个普通消费者的身份，应一些企业的要求到他们的商店踩点"购物"，通过实地观察体验，了解产品在市场上的受欢迎度及清洁、服务和管理等诸多方面的情况，然后将这些"情报"整理成报告，交给该企业老板。

神秘顾客的监督方法最早是由肯德基、罗杰斯、诺基亚、飞利浦等一批国际跨国公司引进国内为其连锁分部服务的。在中国大家都为"将大象装进冰箱里要分几步"这样的问题而发笑，但西方人的做事标准就是如此：把自己当成"笨蛋"，无论看似简单还是复杂的事情，都会分成若干步骤逐一完成。有了严谨的标准，即制度，就需要客观的检查。麦当劳在全世界的主要市场都有被称为神秘顾客的项目，即影子顾客，中国也同样有相同的项目在进行。这项活动旨在从普通顾客的角度来考核麦当劳餐厅的食品品质、清洁度及服务态度的整体表现。麦当劳还表示，神秘顾客项目有助于帮助麦当劳管理者和餐厅经理设立表现杰出员工的鼓励及奖励机制。一些市场的反馈显示这些奖励机制对于鼓舞员工士气及改善员工的工作表现非常有益。由于影子顾客来无影、去无踪，而且没有时间规律，连锁卖场的经理、雇员时时感受到某种压力，不敢有丝毫懈怠，从而时刻保持饱满的工作状态，提高了员工的责任心和服务质量。

肯德基的神秘顾客并不是由随意的人员扮演，而是必须经过肯德基培训，熟知各个环节的标准制度，按照拟定的"消费计划"进行检查。对检查的情况按照标准进行客观的分值评述，最后根据评比的结果进行比较。法国居伊·梅内戈点子公司采用的"神秘购物法"就是观察调查法在实际中的一种应用，他们让那些经过专门训练的神秘顾客(他们本身是普通消费者)进行伪装购物，并详细记录下购物或接受服务时发生的一切情况，以发现商家在经营管理中存在的各种缺陷。

(二)神秘购物法的形式

(1) 神秘购物者打神秘电话。

(2) 神秘购物者参观某个展览并快速地购买东西，不需要过多或者完全不需要与顾客和雇员沟通。

(3) 神秘购物者造访某企业，用事先准备好的手稿或方案与销售代表谈话，并不包含真正的购买行为。例如，某公司专门生产玩具和彩笔，调查人员摆出一副零售商或买主的样子，可以很容易地混进工厂，获得制造程序方面的敏感信息。

(4) 神秘购物者进行一次需要高超的交流技巧和有关此产品丰富知识的访问。

(三)神秘购物法的调查内容

(1) 现场销售人员在某种程度上扮演着"产品专家"的角色，所以"神秘顾客"调查的第一重点是考察现场销售人员的"产品知识"。产品知识不仅包括产品技术参数、基本性能，还体现在现场销售人员能够阐明产品功能对于消费者的利益点，以及与竞争对手相比较有哪些优势。

(2) 由于消费者对耐用消费品的售后服务都会有各种担心，所以销售人员对于企业背景和售后服务支持应该有一定的了解。神秘顾客对企业的售中和售后服务可以起到很好的监督作用。

(3) 耐用消费品的行业竞争异常激烈，主要表现在价格战上，各种形式的促销活动也层出不穷，所以现场销售人员应该能够清楚明了地解释企业的促销活动内容，同时了解竞争对手的卖场活动。

(4) 销售人员的态度、仪容仪表也是调查内容之一。为了使"神秘顾客"的调查真正达到检查监督的目的，在设计该项目时应注意有计划地更换调查员，以免被现场销售人员识破；另外，在高峰时间和低峰时间都应安排神秘顾客，才能全面检查现场销售人员的服务状况。

有些客户会要求"神秘顾客"假装投诉，看服务人员的态度。有的客户会要求"神秘顾客"购物消费时表现出不满，观察服务人员的处理方式。这就要求"神秘顾客"具有很好的观察力和表演力。另外，由于委托的任务细节很杂，做任务前要牢记问卷问题，这就需要超强的记忆力。执行完任务后，"神秘顾客"要填写问卷调查报告，简单的约 20～30 道题，复杂的可能有十多页。

(四)神秘购物法的实施关键和培训内容

1. 神秘购物法的实施关键

明确目的：观察活动要达到的目的、要解决的问题。

选好环境：为达到这个目的，选择合适的环境。

了解对象：特别是售货员的服务、商品的陈列、购物环境等。

熟记要求：将观察内容标准化，并做成系统性的观察记录表。

牢记结果：观察结束后立刻填好记录表。

2. 神秘购物法的培训内容

做"神秘顾客"看似轻松惬意，其实并不简单，事先要经过以下几个方面的培训。

第一，服务质量知识。它包括行业服务质量评估标准和礼仪规范、项目背景知识及检测标准体系。针对不同的行业，要求"神秘顾客"了解相关的服务规范和职业要求，具体到特定的项目就必须针对这个项目有深入了解，明确调查的意图及考察的重点。如果是比较特殊的行业或职业，考察指标比较繁杂，还要为访问员提供书面资料或音像资料作为参考，以加深理解。

第二，相关业务知识。它涉及所检测行业的基本业务知识、工作流程和商品或服务的名称、功能、基本内容、性能、价格等。

第三，行为、心理常识。它使神秘顾客调查过程中表现更自然，不会轻易暴露身份，并且更容易了解服务人员的心理。

第四，调查技巧。它包括服务暗访工作技巧、询问技巧和应对方法。神秘顾客要始终坚持公平、公正、中立的工作态度，并具有良好的心态和心理素质，要始终保持一种作一名普通顾客的心态。

第五，模拟暗访。通过督导带领神秘顾客模拟试访，充分了解访问中可能出现的问题，明确打分细则，确保检测公正。例如，是否对顾客的光顾使用了问候语，是否仔细地询问顾客的要求并耐心地提出合适的建议，是否在顾客离开时留下顾客的联系方式，是否帮助顾客开门并说再见等。

(五)神秘购物法的实施意义和应用

"神秘顾客"调查是一个监督执行的项目，一个好的"神秘顾客"调查项目对于企业加强销售人员培训、改进卖场管理、实现销售目标有立竿见影的作用。往往通过实施一到两个月的全国范围的神秘购物法，卖场管理就会有较大改观。

"神秘顾客"不仅仅是奖勤罚懒，还可以通过汇总该城市该地区的零售卖场表现，调整下一步行动计划。同时，"神秘顾客"有助于企业发现很多平时难以发现的隐性问题。"神秘顾客"的意义还在于能够获取客户对企业、产品和服务的反馈。

"神秘顾客"调查的结果为衡量员工的专业知识是否完备、工作效率是否高、服务是否热情周到和公司的优势和薄弱环节、业务培训和策略的修订提供指导。另外，对于了解市场上主要竞争对手在零售终端的软硬件投入和企业合理分配卖场资源也具有一定作用。例如，如果发现卖场中竞争品牌的位置和陈列面积占绝对优势，那么就要适当调整进场费、专柜制作等的预算。

"神秘顾客"调查的应用行业主要包括星级酒店、民航班机、IT 专卖店、加油站、电信营业厅、汽车 4S 店、快餐连锁店、快捷酒店、银行、邮政和其他连锁店等。

第三节　实验调查法

一、实验调查法的含义

实验调查法是实验者有目的、有意识地通过改变某些社会环境的实践活动来认识实验对象的本质及其发展变化规律的方法。它是一种最重要的直接调查方法，也是一种最复杂、最高级的调查方法。实验调查法是有一定结构的，不仅有明确的实验目的，而且有较严格的实验方案设计和控制标准，其实验结果既可用于定量分析，也可用于定性分析。

实验调查法的基本原理是：实验者假定某些自变量会导致某些因变量的变化，并以验证这种因果关系假设作为实验的主要目标。在实验开始时，先对因变量进行测量(前测)，再引入自变量实施激发，然后选择其后的某一个时点对因变量进行再测(后测)，比较前后两次测量的结果，就可以对原理论假设完全证实或部分证实或证伪。

二、实验调查法的类型

实验调查法按照不同的标准，可分为以下四种类型。

(一)按照组织方式不同，可分为对照组实验和单一组实验

对照组实验，也叫平行组实验，是指既有实验组又有对照组(控制组)的一种实验方法。实验组即实验单位，对照组是同实验组进行对比的单位。两组在范围、特征等方面基本相同。在对照组实验中，要同时对两个观察客体(试点客体和控制客体)做前测与后测，并比较其结果以检验理论假设。例如，要检验"管理是提高生产率的要素"这一假

设，以某工厂某车间为实验组，实行新的管理方法，以另一个与此相似的车间为对照组，其维持旧的管理方法，在一段时间的首尾，同时对两个车间做前测与后测，再比较结果，得出结论。

单一组实验是对单一实验对象在不同的时间进行前测与后测，比较其结果，以检验假设的一种实验方法。在这种实验中，不存在与实验组平行的对照组(控制组)。同一组在引入自变量之前相当于实验中的对照组，在引入自变量之后则是实验中的实验组。检验假设所依据的不是平行的控制组与实验组的两种测量结果，而是同一个实验对象在自变量作用前和作用后的两种测量结果。

(二)按照环境不同，可分为实验室实验和现场实验

实验室实验是在人工设置的环境下进行的实验调查，现场实验是在自然的、现实的环境下进行的实验调查，实验者只能部分地控制实验环境的变化，实验对象除了受到引入自变量的实验激发外，还会受到其他外来因素的影响。实验室实验和现场实验相比，前者实验结果的准确率要远远高于后者。但是在社会领域的实验调查，仍然大多采取现场实验的方法，这是因为实验室实验的成本高，操作复杂，而且样本规模十分有限，难以广泛应用。

(三)按照目的不同，可分为研究性实验和应用性实验

研究性实验是以揭示实验对象的本质及其发展规律为主要目的的实验方法，主要用于对某一领域理论的检验与探讨。例如，对某种经济学、社会学、法学、教育学理论等进行证实或证伪的实验调查，就属于这一类。

应用性实验则是以解决实际工作当中存在的某些问题为主要目的的实验方法。例如，对农村联产承包责任制、企业股份制的实验调查，就属于这一类。

(四)按照实验者和实验对象对于实验激发是否知情，可分为单盲实验和双盲实验

单盲实验是不让实验对象知道自己正在接受实验，由实验者实施实验激发和实验检测。目前多数实验都是这类实验。双盲实验是让实验对象和实验者双方都不知道正在进行实验，而由第三者实施实验激发和实验检测。之所以采取双盲实验，是为了避免两种情况：一是实验对象出于对实验激发的欢迎或反感而有意迎合或故意不配合实验者；二是实验者和实验对象出于对实验结果的某种心理预期而影响实验检测结果的真实性和准确性。

此外，按照调查的内容不同，实验法还可分为心理实验调查、教育实验调查、经济实验调查、法律实验调查、军事实验调查等。

三、实验调查法的优缺点

(一)实验调查法的优点

在市场现象的发展变化过程中，实验调查法能够直接掌握大量的第一手实际资料，这

是实验调查法最突出的优点，也是其他调查方法不能做到的。

实验调查法的另一个优点是能够揭示市场现象之间的相关关系。因为实验调查不是等待某种现象发生再去调查，而是积极主动地改变某种条件，促进市场现象的发展，以达到实验目的。所以实验调查不但能够说明某市场是什么样，而且能够说明它为什么是这样。实验调查法还具有可重复性，这使得实验调查的结论具有较高的准确性和较强的说服力。

实验调查法还特别有利于探索解决市场问题的具体途径和方法。在进行商品生产和营销的过程中，不论是宏观管理还是微观管理，都有很多具体的方针政策、措施方法等方面的问题，需要不断探索、研究，实验调查法为此提供了重要手段。因为只有经过实践检验，才能证明方针政策、措施方法的正确性和可行性，而实验调查恰恰起到了这个作用。

(二)实验调查法的缺点

实验对象和实验环境的选择难以具有充分的代表性。调查成本高、保密性差、结论带有特殊性，应用范围有限。

很难对实验过程进行充分有效的控制，这是因为很多影响因素是无法排除的，并且很难一一测定或综合测定出来，因此准确区分和检测实验效果与非实验效果就很困难，在实验效果中往往混杂着非实验因素的影响。此外，实验调查法对调查者的要求比较高，花费的时间也比较长。

四、实验调查法的基本要素

(一)自变量与因变量

自变量是引起其他变量变化的变量，故也称作原因变量。而因变量则称作结果变量。在实验研究中，自变量又称作实验刺激，而因变量则往往是研究所测量的变量。实验研究的中心目标是探讨变量之间的因果关系，其基本内容是考察自变量对因变量的影响，即考察实验刺激对因变量的影响。与一般意义上的自变量有所不同的是，实验中的自变量通常都是二分变量，即只有两个值——有和无，也就是给予实验刺激或不给予实验刺激。

(二)前测与后测

在一项实验设计中，通常需要对因变量(或结果变量)进行前后两次相同的测量。第一次测量在给予实验刺激之前进行，称为前测。第二次测量则在给予实验刺激之后进行，称为后测。研究者通过比较前测和后测的结果，来衡量因变量在给予实验刺激前后所发生的变化，反映实验刺激(自变量)对因变量所产生的影响。这种测量既可以是一次问卷调查，也可以是一项测验。

(三)实验组与控制组

实验组是实验过程中接受实验刺激的那一组对象，即使是在最简单的实验设计中，也至少会有一个实验组。控制组也称为对照组，它是各方面与实验组都相同，但在实验过程中并不给予实验刺激的一组对象。控制组的作用是向人们显示，如果不接受实验刺激的处理，那么将会怎样，与实验组形成比较。在实验研究过程中，研究者不仅观察接受刺激的实验组，也观察没有接受实验刺激的控制组，并通过对两组对象的观察结果，分析和说明实验刺激的作用和影响。

五、实验调查法的基本程序

实验调查法的实施程序与其他方法大致相同，分为准备阶段、实施阶段和资料处理阶段三个阶段。

(一)准备阶段

准备阶段的工作主要有以下几项。

(1) 确定实验课题及实验目的。在有了初步构想后，通过查阅文献和有关访谈，对初步构想的价值和可行性进行探索性研究，最终明确实验主题、大致内容范围和所要达到的目标。

(2) 提出理论假设。仔细寻找实验主题和内容范围所涉及的各种变量，并将其分类，认真分析它们之间的关系，建立各种变量之间的因果模型。

(3) 选取实验对象。选取的根据是实验的主题和变量间因果模型，选取的方法既可以是随机抽样，也可以是主观指派。

(4) 选择实验方式和方法。根据实验的要求和可行性，决定采用哪种实验类型、如何分组、怎样控制实验过程、如何进行检测等。

(5) 制定实验方案。将已确定的实验主题、内容范围、理论假设、实验对象及实验方式方法等整理成文字，说明实验的时间、地点和场所、实验进程、实验和测量工具等，并形成系统的、条理分明的实验方案。

(二)实施阶段

实施阶段的工作主要有以下两项。

(1) 前测。用一定的方法对实验对象的各种因变量做详细的测量和记录。如果是有对照组的实验，事先要做到能够控制实验环境和条件，以保证实验组与对照组的状态基本一致。

(2) 引入或改变自变量，对实验组进行实验激发。在激发的过程中，要仔细观察，认真做好观察记录。

(3) 后测。在经过一段时间后，选择适当时机对实验对象的各种因变量再次详细测量，并详细记录。

(三)资料处理阶段

资料处理阶段的工作主要有以下两项。

(1) 整理分析资料。对全部资料进行统计分析，并对原假设进行检验，形成实验结果，据此提出理论解释和推断。

(2) 撰写实验报告。

六、实验调查法需要注意的问题

实验调查法作为最高级、最复杂的社会调查方法，在实施过程中有一些不同于其他调查方法的问题需要特别注意，包括实验者、实验对象及实验环境的选择、实验过程的控制、实验的信度和效度等。其中需要着重理解和把握的是实验过程的控制这一问题。实验调查能否成功，在很大程度上取决于能否有效地控制实验过程。实验过程的控制主要就是对各类变量的控制。它包括两个方面：一是对引入自变量的控制，二是对无关变量的控制。对引入自变量的控制主要是在实验激发的过程中，严格执行设计方案，有计划地、系统地安排实验激发的环境和程度，使它们有序地作用于因变量。这个问题不难解决，难的是对无关变量的控制。无关变量也就是非实验因素，主要来自实验者、实验对象和实验环境三个方面。对无关变量的控制，就是要从这三个方面着手，努力排除或减小非实验因素对实验过程的干扰。

(一)实验者方面

一是不能把无关变量引入到实验激发中来。例如，在企业进行管理制度改革的实验中，不能把实行股份制等所有制改革的内容也掺进来；在农村进行产业结构调整的实验中，不能混入减轻农民负担的内容，否则就无法验证改革的真实效果。二是必须公平地对待实验对象，保持实验方法的稳定性和一致性。对不同的实验对象，实验激发的方式、强度、范围等要一致，检测的方法、工具、标准等要一致，统计分析的方法、依据、标准要一致。例如，在对某学校某年级进行教改效果的检测时，不同班级的学生必须使用同一张试卷，否则检测将没有任何意义。

(二)实验对象方面

在实验对象方面，主要是解决前测干扰影响和故意不配合的问题。除了要加强与实验对象的沟通，努力使他们做到对实验活动理解、支持和实事求是以外，还应尽量使他们在测量时觉察不到实验的真实意图。为此，可以在一些自然环境中采用一些不太敏感的方式进行测试。例如，在工人培训时把实验测试混入培训考试之中；教师把实验测试伪装成平时的小测验，在课堂上似乎很随意地布置下去等。另外，还要注意实验过程中实验对象本身的自然变化对实验的影响。

(三)实验环境方面

与实验无关的社会环境因素对实验过程的干扰最大也最复杂，对它们的控制难度较大，通常是根据具体情况选择适用方法，主要有以下几个。

一是排除法，即将一切可以排除的非实验因素彻底排除在实验过程之外。例如，做水产养殖经营实验，可以在所有江河湖海进行，但有些江河往往会因为气候原因，出现时而水多时而水少甚至无水的情况，因此实验者只能选择海洋和大湖作为实验对象和实验环境。于是，就可以彻底排除"水资源"这个非实验因素对实验过程的影响。

二是纳入法，即把无法排除的某些非实验因素尽可能纳入实验过程，作为实验激发的一个变量。例如，进行农村产业结构调整的实验，地理位置本来是一个非实验因素，但在实验过程中又无法排除地理位置对产业结构调整的影响。在这种情况下，就可以采取纳入法，就城市近郊、远郊和边远地区等不同地理位置的农村分别进行不同的产业结构调整实验。这样，地理位置因素就成了可以控制的实验激发的一个变量，不再对实验结果形成干扰。

三是平衡法，即将无法排除的某些非实验因素在每一个实验对象中都控制在一致的、平均的水平上。例如，对于探讨企业管理与经济效益的因果关系的实验来说，生产成本是一个非实验因素，但它又直接影响企业的经济效益。对此，就可以使用平衡法，在测算各个实验对象(企业)的实验结果(经济效益)时，假设它们的生产成本都是一样的，这样就等于排除了原材料价格的变动对实验过程的干扰。

四是统计分析法，即对实验过程中无法排除的非实验因素尽可能定量化，在实验结果中用统计分析的方法计算出它们影响实验的具体程度。例如，在研究劳动工资制度改革与劳动生产率之间因果关系的实验中，设备更新是一个非实验因素，但在检测劳动生产率的变化时，它又是一个无法排除的因素。对此，就可以用统计分析的方法计算出设备更新使劳动生产率提高的具体数值，在实验结果中予以扣除，这就等于排除了这种非实验因素对实验过程的影响。

总之，通过以上控制手段，虽然不能彻底排除所有非实验因素对实验过程的干扰，但实验结论的客观性、准确性能够大大提高，则是可以肯定的。

观察法是通过观看、跟踪和记录调查对象言行来汇集信息资料的调查方法，可以依靠调查人员在现场直接观看、跟踪和记录，也可以利用照相、摄像、录音等手段间接地从侧面观看、跟踪和记录。

观察法的优点：直观可靠；简便易行；不受干扰。观察法的缺点：调查时间长；费用支出大；对调查人员的业务技术水平要求较高。

观察法可以从不同的角度进行分类：按观察结果的标准化程度不同，划分为控制观察和无控制观察；按观察者参与观察活动的程度不同，划分为完全参与观察、不完全参与观察和非参与观察；按取得资料的时间不同，划分为纵向观察、横向观察和纵横结合观察；按观察的具体形式不同，划分为人员观察、机器观察和实际痕迹观察。

观察法的应用范围：对实际行动和迹象的观察、对语言行为的观察、对表现行为的观察、对空间关系和地点的观察、对时间的观察、对文字记录的观察。

实验调查法是实验者有目的、有意识地通过改变某些社会环境的实践活动来认识实验对象的本质及其发展变化规律的方法。它是一种最重要的直接调查方法，也是一种最复杂、最高级的调查方法。实验调查法包括四个类型：按照组织方式不同，可分为对照组实验和单一组实验；按照环境不同，可分为实验室实验和现场实验；按照目的不同，可分为研究性实验和应用性实验；按照实验者和实验对象对于实验激发是否知情，可分为单盲实验和双盲实验。

实验调查法的优点：能够在市场现象的发展变化过程中，直接掌握大量的第一手实际资料；能够揭示市场现象之间的相关关系；有利于探索解决市场问题的具体途径和方法。

实验调查法的缺点：实验对象和实验环境的选择难以具有充分的代表性、调查成本高、保密性差、结论带有特殊性、应用范围有限、很难对实验过程进行充分有效的控制。实验法的实施程序分为准备阶段、实施阶段和资料处理阶段三个阶段。

实验法作为最高级、最复杂的社会调查方法，在实施过程中，有一些不同于其他调查方法的问题需要特别注意，包括实验者、实验对象和实验环境的选择；实验过程的控制；实验信度和效度的提高等。其中需要着重理解和把握的是实验过程的控制这一问题。实验调查能否成功，在很大程度上取决于能否有效地控制实验过程。

思考讨论题

1. 什么是观察调查法？它有哪些优缺点？
2. 简述观察调查法的种类。
3. 观察调查法有哪些应用范围和注意事项？
4. 简述神秘购物法的实施关键、培训内容和应用。
5. 什么是实验调查法？它有哪些优缺点？
6. 实验调查法有哪些类型？
7. 简述实验调查法的实施程序和运用中需要注意的问题。

观察调查法和实验调查法.mp4　　　　观察调查法和实验调查法.ppt

第七章 问卷设计

学习要点

1. 了解问卷的含义、作用和类型。
2. 理解问卷设计的结构和流程。
3. 掌握问卷问题和答案设计技巧。

核心概念

问卷调查　问卷设计　问卷结构　问卷流程

 引导案例

什么是合格的调查问卷

我国台湾学者林振春先生就合格的问卷给出了10点评价标准。

(1) 问卷中所有的题目都和研究目的相符合，即题目都是测量所要调查的选项。

(2) 问卷能显示出和一个重要主题有关，使填答者认为重要，且愿意花时间去填答，即具有表面效度。

(3) 问卷仅收集用其他方法无法得到的资料，如调查社区的年龄结构，应直接向户政机关取得，访问社区居民是无法得到的。

(4) 问卷尽可能简短，其长度只要足以获得重要资料即可，问卷太长会影响填答，最好控制在30分钟以内。

(5) 问卷的题目要依照心理的次序安排，由一般性至特殊性，以引导填答者组织其思想，而让填答具有逻辑性。

(6) 问卷题目的设计要符合编题原则，以免获得不正确的回答。

(7) 问卷所收集的资料，要易于列表和解释。

(8) 问卷的指导语或填答说明要清楚，不能误导填答者。

(9) 问卷的编排格式要清晰，翻页要顺手，指示符号要明确。

(10) 印刷纸张不能太薄，字体不能太小，间隔不能太小，装订不能随意，应符合精美的原则。

以下为调查问卷设计示例：

辽宁省高等学校社会满意度调查(教师问卷)

为推进高等教育供给侧结构性改革，提高人才培养质量，现开展全省高校社会满意度调查，诚邀您在百忙之中利用 1 分钟的时间对您所在学校做出满意度评价，谢谢！(答题时请根据符合程度从 1～5 中选择)

*1. 您认为：本校学生整体表现出的求知欲如何？

　　非常好 5□ 4□ 3□ 2□ 1□ 很不好

*2. 您是否认为：本校大多数教师都能做到备课充分、授课认真？

　　很符合 5□ 4□ 3□ 2□ 1□ 不符合

*3. 您认为：学校领导对本校教学工作的重视程度如何？

　　非常重视 5□ 4□ 3□ 2□ 1□ 不重视

*4. 您对本校奖励激励措施及职称评定制度的满意程度如何？

　　很满意 5□ 4□ 3□ 2□ 1□ 不满意

*5. 您对本校各部门办事效率的满意程度如何？

　　很满意 5□ 4□ 3□ 2□ 1□ 不满意

*6. 您是否认为：学校工作环境好，学术风气正，学术氛围浓？

　　很符合 5□ 4□ 3□ 2□ 1□ 不符合

*7. 您对本校的教学条件和设施的满意程度如何？

　　很满意 5□ 4□ 3□ 2□ 1□ 不满意

*8. 您对本校后勤服务部门提供工作保障的满意程度如何？

　　很满意 5□ 4□ 3□ 2□ 1□ 不满意

*9. 您对学校的办学理念、办学定位是否认可？

　　很认可 5□ 4□ 3□ 2□ 1□ 不认可

*10. 您是否愿意推荐自己的亲属、好友就读本校？

　　很愿意 5□ 4□ 3□ 2□ 1□ 不愿意

*11. 结合自己工作岗位，您对学校未来发展还有什么建议？

问卷调查的启示：问卷调查法成为现代社会进行各种调查常采用的方法，在各种调查中具有广泛的用途，发挥着重要的作用。

第一节　问卷的含义、作用和类型

一、问卷的含义和特点

问卷又称调查表或询问表，是指调查者根据调查目的和要求，设计出的由一系列问题、备选答案及说明等组成的向被调查者收集资料的一种工具。问卷的设计必须激发被访者合作、参与项目并提供完整和精确的回答。问卷调查法具有以下几个特点。

(一)问卷法一般是间接调查

应用问卷搜集市场资料，被调查者填写问卷是在调查者不在场的情况下进行的，调查者与被调查者一般不直接见面。这样，被调查者在填答过程中不会受到调查者的影响，但调查者也无法对填卷过程实施控制。

(二)问卷法是标准化的调查

调查者按统一设计的、有一定结构的标准化问卷进行调查，每个被调查者接到的是完全相同的问卷，并按相同的规定填答。这就给市场调查资料的整理和分析研究创造了极为有利的条件。

(三)问卷调查是书面化调查

调查者通过问卷用书面形式提出问题，被调查者对问卷做出书面形式的填答，这就决定了调查者必须掌握全面的书面提问方法，设计出符合需要、具有可行性的问卷；也要求被调查者具有相当的文化程度，能够正确理解、填答问卷。

由此可见，问卷法在调查者提出问题、被调查者回答提问这一点上，与访问调查法是一致的，所以问卷法是访问法特点的发展和延伸；而问卷法在间接化、书面化方面的特点又与访问法截然不同，所以问卷法又是一种独立的与访问法不同的调查方法。问卷法标准化的特点，在访问调查中只体现在标准化访问这种特定的访问类型上。从这个角度看，标准化访问是问卷在访问法中的应用，因此在问卷设计中所阐明的内容，对标准化访问也完全适用。

二、问卷的作用和类型

(一)问卷的作用

简单地说，问卷的作用就是作为提问、记录和编码的工具，向被调查人群发放问卷进行信息收集，从而获得第一手的市场资料。具体体现在以下几个方面。

第一，将所需信息转化为被调查者可以回答并愿意回答的一系列具体问题。

第二，引导被调查者参与并完成调查，减少由被调查者引起的计量误差。

第三，使调查人员的提问标准化，减少由调查人员引起的计量误差。

第四，根据问卷记录受访者的回答。

第五，根据问卷进行编码。

因此，问卷设计的目的就在于：设计一份理想的问卷，既能描述出被调查者的特征(性别、年龄、职业、文化程度等)，又能测量出被调查者对某一社会经济事物的态度，并且能在一定条件下以最小的计量误差得到所需的所有数据。

(二)问卷的类型

在市场调查实践中，由于问卷有不同的传递方法和填答方式，问卷调查就形成了不同类型。

1. 根据问卷的传递方法分类

根据问卷的传递方法不同，可分为报刊问卷、邮政问卷、送发问卷。

1) 报刊问卷

报刊问卷是将市场调查问卷登载在报刊上，随报刊发行传递到被调查者手中，并号召报刊读者对问卷做出书面问答后，按规定时间寄还给报刊编辑部或调查组织者。报刊问卷实际上是以读者为调查对象，它具有稳定的传递渠道、广泛的传递面；费用和时间都比较节省，能保证匿名性，回答的质量一般比较高。但采用报刊问卷，调查者对被调查者无法选择；问卷回收率比较低；调查者难以控制对填答问卷产生影响的各种因素。

2) 邮政问卷

邮政问卷是调查者通过邮局向被调查者寄发问卷，被调查者按规定填写问卷后，再通过邮局将问卷寄还调查者。采用邮政问卷可以加强对被调查者的选择性，提高回答问卷的质量；具有匿名性；人力和时间也比较节省。但邮政问卷同样存在回收率比较低，无法全面控制问答过程等不足。

3) 送发问卷

送发问卷也称留置问卷，是调查者将问卷送发给被调查者，被调查者按规定填答后，再由调查者取回问卷。其优点是问卷回收率高，同时还能做到及时收回问卷。它可以用于有组织的调查对象，如一个单位的职工，某一社区的居民，某一地区或部门的有关人员等；也可以用于较大范围的调查。当然，这种方法同样无法对填答过程进行全面控制，从而导致调查费用、人力的花费比较高。

2. 根据问卷的填答方式分类

根据问卷的填答方式不同，可分为自填式问卷和代填式问卷。

自填式问卷是由被调查者自己填答的问卷，主要适用于邮寄调查、媒体调查、网上调查以及派员送发问卷调查等。代填式问卷是由访问员通过访问被采访者，根据被调查者的口头回答，由访问员填写的问卷，主要适用于派员访问调查、座谈会调查以及电话调查等。

因为这两类问卷的使用者不同，自填式问卷由被调查者使用，代填式问卷由经过专业培训的调查员使用，所以两类问卷在具体结构、问题类型、措辞以及版式等方面都会有所不同。一般来说，自填式问卷要求格式清晰、问题简单、说明详细，侧重于被调查者能够理解和正确填答问卷，节省时间、经费和人力，具有匿名性，可避免某些人为误差；而代填式问卷更注重问卷的实地处理。

三、问卷设计的原则

问卷设计是一门科学，同时具有较强的艺术性。在设计问卷时要求设计者具有一定的技巧性、灵活性和创造性。虽然问卷类型和问卷内容各异，不同设计者也有不同的设计风格，但都需要满足问卷设计的基本要求，即在一定成本下获取最小误差的有效数据。这一要求体现在问卷设计的五个基本原则上。

(一)目的性原则

目的性原则是在问卷的设计中必须明确调查的目的和内容。问卷的主要目的是提供管理决策所需的信息，以满足决策者的信息需要。问卷设计人员必须透彻了解调查项目的主题，能拟出可从被调查者那里得到最多资料的问题，做到既不遗漏一个问句以致需要的信息资料残缺不全，也不浪费一个问句去取得不需要的信息资料。因此，应从实际出发拟题，明确问题目的、突出问题重点、避免可有可无的问题。

(二)逻辑性原则

逻辑性原则是问题的排列应有一定的逻辑顺序，符合应答者的思维程序。一般是先易后难、先简后繁、先具体后抽象。这样，能够使调查人员顺利发问、方便记录，并确保所取得的信息资料正确无误。

(三)可靠性原则

可靠性原则是指作为数据收集工具的问卷，应保证数据在一定的条件下维持稳定性。具体来说，调查者、被调查者和调查环境的不同，都可能引起数据波动，问卷应具有一定的稳定性，以减少这三方面干扰对数据质量的影响。另外，问卷设计所用的语言和所提问题要尽量礼貌、有趣味，尽量争取对方的合作，以提高调查质量。

(四)效率原则

效率原则是在遵循目的性原则和可靠性原则的前提下，问卷设计应保证最大效率。简单地说，就是在保证获得同样信息的条件下，选择最简捷的询问方式，以使问卷的长度、题量和难度最小，节省调查成本，以便被调查者能够快速、正确理解问卷的内容和目的。没有价值或无关紧要的问题不要列入，还应避免重复，力求以最少的项目取得必需的、完整的信息资料。

(五)可维护性原则

问卷的设计往往不是一次完成的，合格的问卷需要经过反复的修改和检验，待错误全部修正后，再正式开展大规模的调查。成功的问卷设计除了应紧密结合调查主题并方便收集信息外，还要考虑到调查结果是否容易得出和调查结果的说服力。这就涉及问卷在调查后的整理与分析工作。如果不注意这一点，很可能出现调查结束，信息资料获得很多，但是统计处理却无从下手的难堪局面。

第二节　问卷设计的结构和流程

一、问卷设计的结构

问卷是问卷调查法的工具，了解问卷基本结构，对设计问卷和应用问卷都是必需的。问卷一般由开头、正文和结尾三个部分组成。

(一)问卷的开头

问卷的开头主要包括说明信、指导语和问卷编号等内容，不同问卷的开头部分会有一定的差异。

1．说明信

说明信是用来向被调查者说明市场调查主办单位、组织或个人的身份，调查的目的和意义，调查的内容，对被调查者的希望和要求等。说明信在问卷调查中具有特殊作用，被调查者能否认真地接受调查，在很大程度上取决于说明信。说明信的目的是为了引起被调查者的重视，消除他们的疑虑，激发他们的参与意识，以争取得到他们的合作。说明信应该亲切、诚恳、有礼貌，清楚交代调查目的、调查者身份、保密原则以及奖励措施等；同时，不能拖沓冗长，否则会引起被调查者的反感。如果说明信的内容和措辞恰当，可能会降低拒访率，提高调查结果的可靠性和有效性。相反，如果内容或措辞不当，可能导致无回答率提高，从而增加调查成本，甚至引起误差和偏差，影响调查结果。

2．指导语

问卷中的指导语是调查者指导被调查者正确填写问卷的说明。指导语一般既可以放在说明信之后，集中对问卷的填答方法、要求、注意事项等进行总的说明；也可以放在某类或某个需要特别说明的问题之前，用括号括起来，对该类问题的填写加以说明。目的在于规范和帮助受访者对问卷的回答。指导语说明一定要详细清楚，让被调查者知道如何填写问卷，如何将问卷返回到调查者手中，且格式位置要醒目。否则，即使被调查者理解了题意，也可能回答错误，引起数据偏差或误差。

3．问卷编号

问卷编号主要用于识别问卷、访问员、被访者姓名和地址等，可用于检查访问员的工作，防止舞弊行为，便于校对检查、更正错误等。

(二)问卷的正文

问卷的正文是问卷的核心，主要是问题和答案，一般包括被调查者的基本情况和与调查主题相关的基本问题。

1．被调查者的基本情况

被调查者的基本情况与研究目的密切相关，如个人的年龄、性别、文化程度、职业、职务、收入和家庭的类型、人口数、经济情况以及单位的性质、规模、行业、所在地等。具体内容要依据研究者先前的分析设计而定。

2．与调查主题相关的基本问题

与调查主题相关的基本问题按照内容不同可以分为两类：一类是事实、行为方面的问题；另一类是观念、态度、愿望方面的问题。事实和行为方面的问题，通常可以用来了解市场的各种实际表现；观念、态度、愿望等方面的问题则常常用来了解消费者的消费心理、消费观念及对市场某方面的态度、愿望等。问卷调查法可以了解的市场现象是十分广泛的。

(三)问卷的结尾

问卷的结尾可以设置开放题，征询被调查者的意见或感受，或者是记录调查情况，也可以是感谢语以及其他补充说明。

二、问卷设计的流程

设计精密的问卷是市场问卷调查法得以实施的关键，问卷设计的质量、可行性等都对问卷调查结果起着决定性作用。设计一份市场调查问卷绝不是一件轻而易举的事，它需要调查者按一定流程做许多细致而具体的工作。

(一)设计问卷前的探索性分析研究

设计问卷前的探索性分析研究，是了解设计问卷的基础条件，并对这些条件进行分析研究，目的是使问卷设计具备客观可行性。探索性工作常常采用的是到被调查对象中去了解和熟悉情况，获得感性认识，为设计问卷打好基础。通过探索性分析研究，要具体解决好以下问题。

1．明确问卷设计的起点

明确问卷设计的起点，主要是指对被调查者的回答能力要心中有数。问卷是调查者搜集市场资料的工具，设计问卷当然要根据研究市场问题的需要来进行；但是如果只考虑到需要，而不考虑被调查者的回答能力，即使问卷设计出来，也难以达到目的。因此，必须要明确不同地区、不同年龄、不同职业等的被调查者回答问题的能力。

被调查者的回答能力主要是由他们的文化程度、社会经验及居住地区等决定的。在设计问卷时，必须要做具体分析，切不可不顾客观条件，设计出过长、回答难度过高的问卷，使问卷失去可行性。在设计问卷时，一定要把需求和可能性结合考虑，特别要注重为被调查者回答问题提供方便。

2．要清楚问卷调查的各种不利因素

清楚问卷调查的不利因素，主要是明确被调查者有哪些不利于问卷调查的因素，在设计问卷时应避免受其干扰，以提高问卷质量，取得更好的调查效果。问卷调查的不利因素主要来自两个方面。第一，被调查者的主观因素。被调查者在思想上和心理上对问卷有不良反应，如对问卷调查不理解，采取不予配合的态度；对调查有顾虑，怕把自己的意见填写下来对自身利益产生损害；采取不认真的态度，凑合填完了事；在问卷的填写中遇到困难就轻易放弃等。这些都是被调查者经常出现的问题，对调查质量和问卷的回收率会产生极为不利的影响。因此，调查者在设计问卷时必须考虑到这些不利因素，在问题的选择、问题形式和答案设计、问题的排列顺序、问卷的基本结构等具体工作中，尽可能避免被调查者主观不利因素的影响。第二，客观条件的限制。问卷调查对被调查者的阅读能力和文字表达能力的要求比其他调查更高，在设计问卷时必须考虑到这一点。此外，被调查者所处的社会环境、所具有的社会经验，以及所从事的职业等客观条件，也会对问卷调查产生一定影响。设计问卷时必须十分注意这些客观条件，不要使之成为不利因素而对调查产生不良影响。

(二)设计市场调查问卷初稿

在做过探索性分析研究之后，就可以根据研究市场问题的需要和被调查者回答问题的可能性，开展问卷的设计工作。设计问卷必须先设计初稿，经过试用和修改才能定稿。设计问卷初稿一般需要做两方面的具体工作：一是将所有的问题和答案设计出来；二是从整体上将所有的问题按一定顺序排列成问卷初稿。

1．设计问题和答案

设计问卷中的问题和答案有两种方法，即卡片法和框图法。卡片法是将每一个问题和答案分别写在一张卡片上，有多少个问题与答案就写多少张卡片，然后，根据卡片上问题的内容不同，将卡片分成若干类，再按一定顺序把各类卡片排列起来，经过反复检查、推敲和调整，最后按卡片排列顺序将问题和答案重新抄录，就形成了问卷初稿。用卡片法设计调查问卷的好处在于，每一个问题与答案独立成卡，便于对问题的分类、排序，使分类、排序的调整非常方便。这种方法体现的是一种由部分到整体考虑问题的思路。框图法是根据研究市场问题的需要，根据对市场现象的探索性分析研究，在一张纸上先画出问卷整体及其各组成部分的框图，再具体设计出各部分中的问题与答案，并按顺序排列好，最后经过必要的调整形成问卷的初稿。框图法设计问卷初稿的好处是，在一张框图上问卷的整体结构一目了然，有利于合理安排问卷的各部分及其具体问题与答案。这是一种由整体到局部的思考问题方法。卡片法和框图法各有优点，既可以独立使用，也可以结合使用，在实践中经常采用两种方法结合的方式，即对问卷的整体和组成部分用框图法设计，对各部分中的具体问题与答案采取卡片法设计，以便使问卷初稿设计更合理。

2．排列问题的顺序

不论是用卡片法还是用框图法，设计市场调查问卷初稿时，都存在合理排列问题与答

案顺序的问题。问题与答案的合理顺序，在问卷调查中不可忽视。同样是若干个问题，顺序合理就能收到良好的调查效果；而顺序不合理往往会影响调查质量和问卷的回收率。所谓问题与答案的合理顺序，一方面要便于被调查者顺利地回答问题；另一方面要便于调查者在调查后对资料进行整理和分析。一般应考虑以下几点。

第一，应按问题的性质和类别排列。把同一性质和类别的问题排列在一起，这样被调查者可以按一定思路连贯回答问题。否则就容易使被调查者的思路发生中断或跳跃，不利于其顺利回答问题。一般是先排列事实、行为方面的问题，后排列观念、态度、意见方面的问题。

第二，应按问题的难易程度排列。一般把比较容易回答的问题放前面，把比较难的问题放后面；把被调查者熟悉的问题放前面，把比较生疏的问题放后面；把比较好答的封闭式问题放前面，把比较难答的开放式问题放后面；把被调查者比较感兴趣的问题放前面，把比较严肃的问题放后面等。

第三，应按问题的时间顺序排列。可以采取由过去到现在，也可以采取由现在到过去的顺序排列，使被调查者可以按从前到后或从后到前的时间顺序，连贯地回答问题。

第四，应按被调查者的心理承受能力排列。在市场调查中，往往无法完全排除对一些敏感性问题的调查。当问卷调查中必须提出这类问题时，应考虑被调查者的心理承受能力，把这些问题放得靠后一些。

(三)对问卷初稿进行试用和修改

在现代市场调查中，由于市场现象的复杂性和对调查结果的高要求，问卷设计很难一次成功，经常要反复修改。修改问卷初稿是在最终将问卷用于市场调查之前，对在问卷试用过程中发现的问题，进行及时修整、改换等，这是问卷设计中不可缺少的步骤。

1. 小样本试用初稿

进行小样本的调查，可以对问卷初稿进行客观检验。这种做法实际上就是做一次小型的问卷调查，但目的并不是为了取得市场资料，而是为了从各方面对问卷初稿进行检验。一般是将问卷初稿复印 10～30 份，在市场调查对象中随机或非随机地抽取一个数量相当的小样本，用问卷初稿对他们进行调查，并对调查过程和结果进行分析研究，以发现问卷初稿的问题和不足，对问卷初稿进行修改，最后对试用问卷初稿结果进行分析研究。

如果问卷的回收率过低，说明问卷初稿存在的问题比较多，需要进行较大修改。分析问卷初稿调查结果的有效回收率，能更明确地检查出问卷初稿存在的问题。若填答不完整，只答了问题的一半或只答一些比较容易回答的问题，说明问卷可能过长或问题难度过高；若普遍存在所答非所问的现象，说明问题不明确或指导语不清楚等。

2. 专家评定初稿

试用初稿的方法还有主观评定法。它是将问卷初稿复制 10 份左右，分别送给对问卷调查有研究的专家或对问卷调查法非常熟悉的有经验的调查员或从调查对象中选择的有代表性的被调查者，由他们对问卷初稿进行阅读、分析和评定，根据他们的评定结果对问卷初稿进行修改。这种方法虽然没有把问卷初稿投入试调查，但它综合了各方面的意见，在评定中还可以开展讨论，做到集思广益，所以也是一种行之有效的办法。

实践还证明，将客观评定和主观评定结合应用，对问卷初稿进行双重试用，将会更稳妥更可靠。总之，问卷的初稿只有经过试用和修改，才能形成问卷定稿，投入正式调查使用。

第三节　问卷问题和答案设计技巧

问卷问题和答案设计的水平高低也是直接影响调查质量的关键。问题用语不当，可能使被调查者产生误解，甚至反感；答案选项的顺序排列不同，可能导致错误的选择，影响调查的结果。因此在设计问卷时，必须根据问卷设计的步骤和原则，针对问题的类型反复推敲，才能设计出高水平的调查问卷。

一、问题的设计

(一)开放式问题

开放式问题是市场调查者在提出问题时并不给被调查者提供任何具体答案，而由被调查者根据客观实际情况自由填写。对开放式问题，被调查者可以充分发表自己的意见，不受任何限制；调查者则可得到许多生动、具体、丰富的市场信息。

1. 事实问题

此问题是要求被调查者依据事实回答问题，不必提出主观看法。

您使用的空调器是什么牌子的？

您家庭的年人均收入是多少？

您的职业是什么？

这类问题常用于了解被调查者的特征(如职业、年龄、收入水平、家庭状况、居住条件、教育程度等)以及与商品消费有关的情况(如产品商标、价格、购买地点、时间、方式等)，从中了解某些商品消费的现状。

2. 意见问题

它主要用于了解被调查者对有关问题的意见、看法、要求和打算以及产生的原因。

您希望购买哪种品牌的自行车？

您打算何时购买高级组合音响？

您为什么希望购买这种品牌的手机？

这类问题可以帮助调查人员了解被调查者对商品的需求意向，使企业能够根据消费者需求不断改进产品设计，经营适合市场需求的商品，从而增强企业的竞争力。

3. 自由回答题

这种问题的特点是调查者事先不提供任何具体答案，让被调查者根据提问自由回答问题。

您对网上购物有什么看法？

请说明您对薪酬满意或不满意的原因？

你对我厂生产的××牌空调器有何意见？

此类问句比较适用于调查受消费心理因素影响较大的问题，如消费习惯、购买动机、质量、服务态度等。

开放式问题有明显的优点。第一，提问方法比较灵活。既可以用一般的问卷形式提出问题，也可以用产品实体、图片等形式提出问题，这有利于调动被调查者的回答兴趣，得到他们的合作。第二，被调查者可以充分表达自己的意见和看法。由于没有限制答案，被调查者可以根据自己的想法回答问题，因而能够得到较为深入的观点和看法，有时还能获得意外的信息资料。开放式提问方式适合于答案复杂、数量较多或者各种可能答案还不清楚的问题，在动机调查中的应用尤为广泛。

开放式问题的不足之处主要表现在：开放式回答需要被调查者具有较高的文字表达能力，花费比较长的时间和精力；由于没有进行调查前分类，调查者在对资料进行整理时，标准化程度低，调查结果不易处理，分析时就比较困难；回答率比较低。

(二)封闭式问题

封闭式问题，是调查者在提出问题的同时，将问题的一切可能答案或几种主要可能答案全部列出，由被调查者从中选出一个或多个答案作为回答。对封闭式问题，被调查者填写问卷很方便，节省时间；由于答案的标准化程度高，有利于调查者对资料进行整理和综合分析。但封闭式问题在设计中对调查者有较高的技术要求；在调查中也无法得到更多除答案以外的丰富资料。封闭式问题分为两项选择题、多项选择题、顺位式问题、程度评等式问题。

1. 两项选择题

回答项目只有对立的两项，也称是否法。这种问题的回答只分两种情况，必须二者择一。

您是否喜欢海尔牌彩电？　　是(　　)　　否(　　)

您今年是否打算购买电脑？是(　　)　　否(　　)

两项选择题的优点是回答简单，调查结果易于统计归类。不足之处是被调查者不能表达有程度差别的意见，只能回答"是"与"否"。若被调查者还没有考虑好这个问题，即处于"未定"状态，则无从表达意愿。

2. 多项选择题

多项选择题是对一个问题事先列出几种(三种或三种以上)可能的答案，让被调查者根据实际情况，从中选出一种或几种最符合被调查者情况的答案。

您所使用的电脑是哪一种品牌的？

a. 联想(　　)　　　b. 惠普(　　)　　　c. 神舟(　　)　　　d. 戴尔(　　)

e. 宏碁(　　)　　　f. 方正(　　)　　　g. 华硕(　　)　　　h. 其他(　　)

多项选择题的优点：保留了两项选择题的回答简单、结果易整理的优点，避免了两项选择题的不足,能有效地显示意见的差异,是一种应用较为广泛的询问形式。

注意:使用这种问题在设计选择答案时,应考虑所有可能出现的答案,否则会使得到的信息不够全面、客观。

3. 顺位式问题

顺位式问题是在多项选择题的基础上,要求被调查者对问题的各种可能答案,按照重要程度不同或喜爱程度不同,定出先后顺序。

您选购电视机时,对下列各项,请按照您认为的重要程度以 1、2、3、4 为序进行排序:

    a. 图像清晰( )   b. 音质好( )   c. 外形漂亮( )   d. 使用寿命长( )

下列品牌牙膏中,请根据您的喜爱程度,以 1、2、3、4、5、6、7 序号进行排序:

    a. 洁银( )   b. 黄芩( )   c. 中华( )   d. 两面针( )

    e. 美加净( )   f. 芳草( )   g. 永南双氟( )

4. 程度评等式问题

该问题的特点是调查人员对问题列出程度不同的几个答案,并事先对答案按顺序评分,请被调查者选择一个答案。

您对我厂生产的洗衣机质量有何看法?请在相应的( )中打√:

a. 很好( )   b. 好( )   c. 一般( )   d. 较差( )   e. 差( )

将全部调查表汇总后,通过总分统计,可以了解被调查者的大致态度。若总分为正分,表明被调查者的总体看法是肯定的;若总分为零分,表明肯定与否定意见持平;若总分为负数,则表明总体上持否定看法。

开放式问题和封闭式问题各有特点,适用于不同市场现象的调查。在一份市场调查问卷中,完全都用开放式问题或完全都用封闭式问题,往往都不能满足市场问题研究的需要。所以,在设计问卷时,常常以一种形式的问题为主并以另一种形式的问题为辅,两种形式的问题结合应用,以便充分发挥不同形式问题的优点。

(三)问卷问题设计注意事项

1. 措辞

调查对象的文化背景、教育水平、知识经验有很大差别,应尽量少地使用专业性的词汇。例如,"您对哪个网络服务供应商的服务比较满意?""您觉得可口可乐广告怎么样?"用词一定要保证所要提的问题清楚明了,具有唯一的意义。不确切的词和含混不清的问句会使被调查者不知所云,从而不知从何答起,甚至根本就不作答。例如,"您通常读什么样的杂志?"这个"通常"让被调查者很难把握,不知该怎样去理解,它可以指场合,也可以指时间,到底指的是什么难以确定。类似的词语还有"经常""大概""可能""也许""偶尔""有时"。避免使用冗长复杂语句。例如,"假设您注意到冰箱的制冷功能并不像您刚把冰箱买回来的制冷效果那样好,于是您打算修一下,您脑子里有什么想法?"不如改成"假若您的冰箱制冷功能不正常,您会怎样解决?"

2. 避免否定式提问

否定式提问也称假设性提问，是指对有些要提的问题，先做出某种假设，以此为前提让被调查者做出单项或多项选择。例如，"您觉得这种产品的新包装不美观吗？"日常生活中人们习惯于肯定的提问，而不习惯于否定形式的提问。否定形式的提问会破坏被调查者的思维，导致相反意愿的回答或选择。

3. 避免诱导性和倾向性提问

合格问卷中的每个问题都应该是中立的、客观的，不应带有某种倾向性或诱导性，应让被调查者自己去选择答案。例如，"您认为教师的工资水平是否应该提高？"问句中的"是否应该提高"带有明显的肯定倾向，它很可能诱导被调查者选择肯定的答案，该问题应改为"您认为教师的工资水平如何？"又如，"您认为在我国汽车工人有可能失业的情况下，作为一个爱国的中国人应该购买进口小汽车吗？"××啤酒制作精细、泡沫丰富、口味清纯，您是否喜欢？"这些问题中所使用的字眼也并非"中性"，而是有意向被调查者暗示答案，或者暗示调查者自己的观点。这些问题都可归类为诱导性或倾向性问题。

4. 避免断定性提问

有些问题是先判定被调查者已有某种态度或行为，然后基于此进行提问。例如，"您每天抽多少支香烟？"或"您喜欢喝什么酒？"

事实上被调查者很可能根本就不抽烟或不喝酒，那么该如何回答呢？这种问题就属于断定性问题。正确处理这种问题的方法是在断定性问题之前加一条"过滤"性问题。例如，"您抽烟吗？"如果被调查者回答"是"，接下来再用断定性问题，这样才有意义；如果被调查者回答"否"，则在该过滤性问题后就应停止询问每天抽多少支香烟。

5. 避免直接提出敏感性问题

关于个人隐私方面的问题，或不为一般社会公德所接纳的行为或态度类问题，通常称为敏感性问题或困窘性问题，对这类问题若直接提问往往会让被调查者拒答，或不真实地回答。例如：

您平均每个月打几次麻将？

您是否用公款吃喝？

您的小轿车是分期付款买的吗？

您是否逃过税？逃过几次？数量是多少？

您光顾过按摩房吗？

被访者对这类问题往往会产生种种顾虑，甚至还会反感。如果一定要获得这类问题的答案，必须避免被调查者不愿回答或不真实回答，最好的方法是采取间接提问的方式，且语气要特别委婉，以降低问题的敏感程度。

间接提问主要有以下几种常用的方法。第一，释疑法。即在敏感性问题的前面写上一段功能性文字，或在问卷引言中写明严格替被访者保密，并说明将采取的保密措施，以消除疑虑。例如，"打麻将是我国民间传统的一种消遣娱乐活动，您平均每个月打几次麻将？"通过前面肯定打麻将是一种娱乐活动来消除人们心理上的疑虑。第二，转移法。即让被调查者不以第一人称，而是以第三人称来回答这类问题。例如，"汽车消费将是我国未来消费中的一个热点，您周围的朋友对分期付款购买汽车怎么看？""您的邻居害怕坐飞机吗？"

6. 一项提问只包含一项内容

一个问句最好只有一个要点，如果包含过多的内容，会使被访者无从答起。例如，"您是否觉得这款服装既舒适又好看？""您觉得××饭店怎么样？"

7. 避免隐含的假定和选择

隐含的假定指问题中没有清晰的假定。例如，"您赞成在我国采取高收入政策吗？"这样询问就隐含了工资和物价同步增长的假定，会导致过高的"赞成"比例，应改成"如果工资和物价同步增长，您赞成在我国采取高收入政策吗？"隐含的选择指问题中没有清晰的可能选择。例如，"在市内购物时您愿意乘坐出租车吗？"隐含了乘坐公共汽车或开私家车的选择，应改成"在市内购物时您是愿意乘坐出租车还是愿意开私家车(或乘坐公共汽车)？"

8. 问题要考虑时间性

时间过久的问题易使人遗忘，不愿回答。例如，"您家去年家庭生活费支出是多少？""您家去年用于食品、衣服的费用支出分别是多少？"除非连续记账，才能回答出来，应改成"您家上个月生活费支出是多少？"这样就缩小了时间范围，便于回忆。

9. 避免推算和估计

问题应该是具体而不是笼统的，且措辞必须避免让被调查者去推算和估计。例如，"您家每年人均生活费用是多少？"答卷人可能就需要在脑子中做一些推算，将每月生活费乘以 12，然后再除以家庭人口数。大多数人不愿意进行推算。该问题应改为两个问题，即"您家每月的生活费是多少？""您家有几口人？"然后由调查人员根据回答进行必要的计算。

10. 拟定问句要有明确的界限

年龄、家庭人口、经济收入等调查项目通常会产生歧义，如年龄有虚岁和实岁；家庭人口有常住人口和生活费开支在一起的人口；收入可以仅指工资，也可以包括奖金、补贴、其他收入、实物在内，如果调查者对此没有很明确的界定，调查结果很难达到预期要求。

二、答案的设计

封闭式问题的答案设计是问卷设计的重要组成部分，必须经过多方面周密细致的考虑。应注意以下事项。

(一)答案要穷尽

要将所有的答案尽可能地列出，才能使每个被访者都有答案可选，不至于因找不到合适的可选答案而放弃回答。

您家目前的收支情况是下列哪种情况?

　　A.较多节余　　　　B.略有节余　　　　C.收支平衡

对该问题只设计以上三个备选答案就违背了穷尽性原则,必须加上第四个备选答案"入不敷出"。有时为了防止列举不全的现象,可在备选答案中的最后列出一项"其他(请注明)",这样被访者可将问卷中未穷尽的项目填写在所留的空格内。

注意:如果被访者选择"其他"类答案作为回答的人过多,说明答案的设计是不恰当的。

(二)答案要互斥

多项选择题中多选一的备选答案之间不能相互重叠或相互包含,即最多只有一个答案适合答卷人的情况,如果一个人就这种问题同时选择两个或更多的答案,那么这一问题的答案就不一定是互斥的。

　　在您每月的支出中,花费最多的是哪项?

　　□食品　　　□服装　　　□书籍　　　□报刊　　　□日用品　　　□娱乐

　　□交际　　　□饮料　　　□其他

备选答案中食品和饮料以及书籍和报刊不是互斥的。

(三)答案选项的排列

答案的顺序也会影响调查结果,在选项较多的情况下,受访者容易接受排在前面的选项,认为这些选项重要。而从设计人员的角度来说,也很容易产生一种倾向,将自认为更重要的选项排在前面。

　　下列电脑品牌中,给您留下印象最好的是:

　　排列 1　　　　　排列 2

　　□联想　　　　　□IBM

　　□IBM　　　　　□华硕

　　□方正　　　　　□方正

　　□康柏　　　　　□同创

　　□同创　　　　　□联想

上述第一种排列会造成选择联想的比例高,而第二种排列会使选择联想的比例大幅度下降。避免这种偏差的两种办法是:①设计若干种不同排列的问卷,比如,用五套问卷,每套问题完全相同,但在具体选项的排列上进行更换,最后将五套问卷的结果进行汇总。②访问员在念问卷时,通过在问卷上添加人为的记号修改顺序。

(四)答案中尽量不用贬义词

使用贬义词,会影响调查结果。通常的做法是在褒义词的前面加上否定,如喜欢加上否定变为不喜欢,而不用厌恶或讨厌。

(五)多项选择题的答案不宜过多

被访者在阅读与回答中，记忆的答案数量是有限的，一般不超过 9 个。答案过多，被访者在回答时就会遗忘或不耐烦。

(六)答案要有可读性(趣味性)

答案设计过于呆板、单一，会使被访者失去兴趣。对于文化程度较高者，可采用一些成语；对于一般市民，语言要通俗易懂；对于少年儿童，需要设计一些漫画等。

(七)敏感性问题答案的设计

在询问月收入或女士年龄等敏感性问题时，为消除被访者的顾虑，常常将答案进行分类设计。

您的月工资是(请选择适合自己的选项，在"□"画钩)：

□1000 元以下　　□1000～1500 元　　□1501～2000 元

□2001～2500 元　　□2501～3000 元　　□3000 元以上

有一个问卷设计失败的例子：

您不买轿车的原因是：

□买不起　　□怕出交通事故　　□担心被盗　　□养不起……

这样的答案设计会使被调查者感到窘迫，拒绝回答，应改成：

□等待降价　　□不如租车划算　　□不环保　　□不喜欢开车

本章小结

问卷又称调查表或询问表，是指调查者根据调查目的和要求，设计出的由一系列问题、备选答案及说明等组成的向被调查者收集资料的一种工具。问卷的设计必须激发被访者合作、参与项目并提供完整和精确的回答。问卷调查法具有几个明显特点：一般是间接调查、标准化调查、书面化调查。

问卷的作用体现在以下几个方面。第一，将所需信息转化为被调查者可以回答并愿意回答的一系列具体的问题。第二，引导被调查者参与并完成调查，减小由被调查者引起的计量误差。第三，使调查人员的提问标准化，减小由调查人员引起的计量误差。第四，根据问卷记录受访者的回答。第五，根据问卷进行编码。问卷设计的原则：目的性原则、逻辑性原则、可靠性原则、效率原则和可维护性原则。

问卷一般由开头、正文和结尾三个部分组成。问卷的开头主要包括说明信、指导语和问卷编号等内容，不同问卷的开头部分会有一定的差别。问卷的正文是问卷的核心部分，主要是问题和答案，一般包括被调查者的基本情况和与调查主题相关的基本问题和答案选项。问卷的结尾可以设置开放题，征询被调查者的意见或感受，或者是记录调查情况，也可以是感谢语以及其他补充说明。

　　设计问卷前要进行探索性分析研究，如明确问卷设计的起点、问卷调查的各种不利因素。设计市场调查问卷初稿包括设计问题和答案以及排列问题的顺序等。最后对问卷初稿进行试用和修改。

思考讨论题

一、简述分析题

1. 问卷的含义和特点是什么？
2. 简述问卷的作用和类型。
3. 描述问卷设计的结构和流程。
4. 说明问卷问题和答案的设计技巧。
5. 设计一份企业产品消费者调查问卷。
6. 一份好的调查问卷应满足哪几个方面的要求？

二、案例题：下述问卷设计有哪些问题？如果你来设计会如何修正？

消费者购买家庭轿车行为调查问卷

1. 您的年龄是(　　)。
2. 您的月工资是(　　)。
　　□1000～1500元　　□1501～2000元　　□2001～2500元　　□2501～3000元
3. 您家目前的收支情况是下列哪种情况？
　　□较多节余　　□略有节余　　□收支平衡
4. 在您每月的支出中，花费最多的是哪项？
　　□食品　　□服装　　□书籍　　□报刊　　□日用品　　□娱乐
　　□交通　　□饮料　　□其他
5. 你喜欢的轿车品牌是(　　)。
　　□奔驰　　□宝马　　□本田　　□大众　　□丰田
6. 您不买轿车的原因是(　　)。
　　□买不起　　□怕出交通事故　　□担心被盗　　□养不起
7. 您认为在我国汽车工人有可能失业的情况下，作为一个爱国的中国人应该购买进口小汽车吗？

方案设计.mp4

问卷设计.mp4

问卷设计.ppt

第八章 抽 样 调 查

学习要点

1. 了解抽样调查的含义和特点。
2. 理解抽样调查的一般程序、分类和误差问题。
3. 掌握概率抽样，简述概率抽样中的不同抽样方法。
4. 掌握非概率抽样，简述非概率抽样中的不同抽样方法。

核心概念 ⌄

抽样设计　样本　总体　抽样调查　概率抽样　非概率抽样　误差　样本量

引导案例

抽样调查在市场调查工作中被广泛应用

　　某校高一年级有 20 个班，每班有 50 名学生。为了了解高一学生的视力状况，从这 1000 人中抽取一个容量为 100 的样本，应该怎样抽样?由分析可得，本例抽取方式可能有: (1)以班级为单位，在每个班级内采用随机抽样方法获取 5 人样本，最后汇总形成 100 人的所需样本; (2)在班级抽样时，可以将 50 人按学号分成 10 组，分别由每组随机抽出一名学生组成 10 人样本。这两种抽样方式，虽然总体工作量很大，但每个班级的每个小组的工作量很小，也基本能保证样本的公平性。参与抽样的人多了，抽样易受到人为因素影响。如果要在某个班级由学号分成的 10 个小组中抽取一个小组，可采用随机抽样的方式抽出一名学生，其他小组直接抽出与这位学生学号个位数一致的学生，最后在其余班级中找出与该班级学号一致的学生共同组成样本。从而，系统抽样方法为: 先将容量较大的总体平均分成容量较小的几个小组，在某一个小组内用简单随机抽样的方法抽取一定个体，再按一定规则从其他小组抽出同样数量的个体，最后组成样本。这样，整个抽样过程大大简化。这个简单的例子说明: 当样本容量过大时，应该采用系统抽样的方法，既可简化工作，又能简单快速地得到想要的结果。

第一节 抽样调查的含义、特点和程序

　　抽样调查是市场调查中使用频率最高的一种调查方式。它是指按照某种原则程序，从总体中抽取一部分单位，通过对这一部分单位进行调查得到信息，达到对总体情况的了

解，或者对总体的有关参数进行估计，是一种非全面调查，但由于它的目的在于取得反映总体情况的信息资料，因而也可起到全面调查的作用。

一、抽样中的基本概念

(一)抽样调查

它是一种非全面调查，它是从全部调查研究对象中抽选一部分单位进行调查，并据此对全部调查研究对象作出估计和推断的一种调查方法。

(二)总体

总体即调查对象的全体。总体的限定是人为的。在一项具体的调查项目中，调查对象必须是明确而非模糊的。所以在抽样调查中，总体总是明确的。组成总体的各研究对象称为总体单位。

(三)样本

样本是总体的一部分，它由从总体中按一定原则或程序抽出的部分个体组成。因此与总体一样，样本也是一个集合。每个被抽中进入样本的单位称为入样单位。样本中包含的入样单位的个数称为样本量。抽样调查的具体实施是针对样本而言的。

(四)总体参数

总体参数是变量的数字特征，它是根据总体中所有单位的数值计算的。也可以说，总体参数就是总体指标值，它是未知的，是通过调查想要了解的。我们经常遇到的总体参数有总体总量、总体均值、总体比例、总体方差等。

(五)样本统计量

样本统计量是根据样本中各单位的数值计算的。常用的样本统计量有样本均值、样本比例、样本方差等。

(六)抽样框

抽样框是供抽样所用的所有调查单位的名单。在抽样框中，可以给每个单位编上一个号码，由此可以按一定随机化程序进行抽样。在抽样后，调查人员也可以根据抽样框上提供的信息找到被选中的入样单位，从而实施调查。

抽样框可以有多种形式，常用的有名录框，如企业名录、电话簿、人员名册等。抽样框也可以是一张地图或其他适当形式。不管是什么形式，抽样框中的单位必须是有序的，便于编号的。高质量的抽样框应当提供被调查单位更多的信息，并且没有重复和遗漏。抽样框在抽样调查中处于基础地位，是抽样调查必不可少的部分，对于推断总体具有相当大的影响。

二、抽样的作用

第一，解决数据来源问题。有些情况和信息对市场研究人员十分重要，但没有获得这些数据的其他渠道，又不可能进行大规模的全面调查，因此抽样调查就是解决数据来源问题的一种理想选择。

第二，对已有数据进行检验、调整。有时，我们可能拥有一批数据，但并不清楚数据质量如何，这时可以采用抽样调查的方式检验数据质量，即从相关单位中抽取样本，通过认真细致的调查得到较为真实的数据，并和原有数据比较，由此评估原数据质量，作为对原数据进行调整的依据。

三、抽样的特点

(一)节省费用

这是抽样调查一个最显著的优点，由于抽样调查只调查总体中的一部分单位，调查的涉及面较小，因而可以大大降低调查费用。事实上，抽样方案在满足数据精确度和费用约束之间提供了折中选择。调查费用越多，调查数据的精确度就会越高。但是，通常的情况是，调查费用是有约束的，这些费用不可能支持对调查对象进行全面的调查，但研究工作又急切需要这些数据，这时就只能采用抽样调查。抽样调查可以在费用约束的条件下，通过科学的设计，选择与调查费用相适应的调查方式，此时抽样调查在与调查经费的协调方面，就具有较大的灵活性。

(二)调查周期短、时效强

许多调查具有很强的时效性，要求在较短的时间内完成。全面调查规模大、耗时多，不能按时提供调查结果。抽样调查则规模小，接受调查的单位少，调查可以在较短时间内完成。

(三)有助于提高原始数据质量

任何调查都会存在调查误差。全面调查涉及的人员多，且在调查员的培训及测试手段等方面都有一定的局限性。抽样调查由于调查工作量小，有条件选择精干的调查员进行严格的技术培训，并采用虽然复杂但更为先进可靠的测试手段，同时督导人员可以对现场调查进行更加仔细的监督和检查，减轻被调查者的心理负担。这些都有助于提高原始数据的质量。

当然，抽样调查也有其自身的局限性。如果调查对象分布于很小的区域内，如对一条街道或一个乡内的个体商贩的零售额进行调查，由于被调查对象比较集中，个体之间又存在较大差异，抽样调查的优势不能得以充分发挥，这种情况下采用全面调查的方式可能会更好。所以总体规模越大，实施全面调查的难度就越大，抽样调查的用武之地也就越大。

(四)适应面广

抽样调查可以获得更广泛的信息,它适用于各个领域、各种问题的调查。从适用范围和问题来看,它的适用面要广于全面调查的适用面。抽样调查还适用于一些特殊现象的调查,如产品质量检验、农产品实验、医药的临床实验等。从调查的项目和指标来看,抽样调查的内容和指标可以更详细、更深入。

四、抽样调查的一般程序

(一)确定调查总体

确定调查总体是根据市场抽样调查的目的和要求,明确调查对象的内涵、外延及具体的总体单位数量,并对总体进行必要的分析。抽样调查虽然仅对一部分单位进行调查,但其最终目的并不是描述所调查的这一部分单位的特征,而是从部分单位所显示的特征推断其所属总体的特征,其目的是研究总体的特征与规律。例如,对某地区居民购买力进行抽样调查,那么首先要明确居民购买力是居民具有货币支付能力的需求量;还要明确是城市居民,还是城乡居民;进而明确总体的数量是多少,若以户为单位进行调查,就要掌握该地居民总户数,在此基础上,还要对总体情况进行必要的分析,如该地区居民购买力是否存在明显的差别、形成不同的层次,如果是,可以考虑用分类随机抽样抽取样本,这样用样本特征推断总体时才更准确。

(二)制定抽样框

抽样框是提供抽样所用调查对象的详细名单。在没有现成名单的情况下,可由调查人员自己编制。抽样框与总体的关系有三种情况。
(1) 抽样框与研究总体完全匹配。
(2) 抽样框所包含的内容可能比总体更多。
(3) 抽样框没有包括全部合格的总体成员。

抽样框在很多情况下都未能包括合格总体中的所有个体。在这种总体定义与抽样框不相匹配时,需要考虑以下问题:丢失的个体究竟有多少?丢失的究竟是一些什么个体?如果将他们排除在外,对因变量结果的影响究竟有多大?实际上,需要考虑的问题是:调查允许存在的偏差究竟有多大?在调查中,是否需要把缺失的个体包括进来,根据所研究的问题、可资利用的资源和研究的地点而定。例如,在一般人口总体调查中,电话簿是使用最为普遍的抽样框之一。但电话簿并没有把所有的人口包括进来,这样,利用电话簿抽样就会存在偏差。但有很多研究者在进行抽样时,往往忽略了这一点。他们之所以这样做,原因有三:一是他们认为没有电话的住户对最终结果的影响是微不足道甚至是可以忽略不计的;二是将无电话户包含进来的费用巨大,更何况他们只占总人口非常小的一部分;三是总的样本结果才对研究者具有最重要的意义,而子群体的结果并不是那么重要。

(三)选择调查样本

首先，确定抽样的技术(随机抽样还是非随机抽样)；其次，确定具体的抽样方法(分层抽样还是分群抽样)；最后，确定样本的数量。在上述问题确定后，按预定的要求选择调查的样本。

(四)实施调查

运用不同的调查方法对选定的样本逐个进行调查，从而取得第一手资料。

(五)测算结果

测算结果即用样本指标推断总体指标的结果。这是抽样调查的最后一个步骤，也是抽样调查的目的所在，具体方法包括百分比推算法和平均推算法等。

第二节　抽样调查的分类

根据样本抽取方法的不同，抽样可以分为概率抽样和非概率抽样。

一、概率抽样

概率抽样也称随机抽样，是指按照随机原则抽取样本。也就是说，在抽取样本时排除主观意识，总体中的每个单位都有一定的机会被抽中。如果每个单位被抽入样本的机会相同，称为等概率抽样；如果每个单位被抽入样本的机会不同，称为不等概率抽样。无论等概率抽样还是不等概率抽样，抽取时都要经过一定的随机化程序，每个单位的入样概率也是通过抽样的随机化程序得到认定。

在概率抽样条件下，样本统计量的分布一般是可测的，因而可以用样本统计量对总体参数进行估计，并根据概率样本计算抽样误差。在对总体参数进行估计时，估计量不仅与样本观测值有关，还与样本单位入样概率有关，所以每个单位的入样概率必须是已知的或可测的。

概率抽样的最大特点是可以用样本数据对总体参数进行估计，并计算总体参数可能落入的区间范围，故从概率样本中所获信息的含金量较高。但抽取概率样本的技术操作相对复杂，同时必须有抽样框，因而概率抽样的成本较高，对抽样人员的专业技术要求也较高。

概率抽样的特点是：样本量越大，抽样误差就越小，但成本也越高。根据数理统计规律，在样本量呈直线递增的情况下(样本量增加一倍，成本也增加一倍)，抽样误差按照样本量相对增长速度的平方根递减。因此，样本量的设计并不是越大越好。

概率抽样还包括以下几种方法。

(一)简单随机抽样

简单随机抽样是从总体 N 个单位中随机抽取 n 个单位作为样本,有放回简单随机抽样和不放回简单随机抽样两种方法。放回简单随机抽样是指从总体中随机抽出一个样本单位,记录观测结果后,将其放回总体中去,再抽取第二个,以此类推,一直到抽满 n 个单位为止。采用这种方法,单位有被重复抽中的可能。这种抽样方法容易造成信息重叠而影响估计的效率,所以较少采用。不放回简单随机抽样,即抽取第一个样本单位后,将其放置一边,再从总体 $N-1$ 个单位中抽取第二个,以此类推,一直到抽满 n 个单位为止。采用这种方法,每个单位只能被抽中一次,故不会提供重叠信息,因此,比放回抽样有更高的估计效率。

简单随机抽样的特点是:每个样本单位被抽中的概率相等,样本的每个单位完全独立,彼此间没有一定的关联性和排斥性。

简单随机抽样的随机化抽样程序,主要通过以下方式实现。

1. 抽签法

这种方法类似于通常所说的"抓阄",即将每个总体单位的号码写在选签上,并将其充分混合均匀后随机抽取,中选号码的单位作为入样单位。在总体单位 N 较大的情形下,制作选签是一项繁重的工作,实践中较少采用此法。

例如,在某城市某街道所管辖的 10000 户居民中,抽 200 户居民,对某种商品的需求量进行调查,就可以做 10000 张纸片,写上 1~10000 号,从中随机抽取 200 张,即被抽中的居民为样本。在随机抽样中,用 N 代表总体单位数,用 n 代表样本单位数。显然这个问题中 N=10000 个,n=200 个。

2. 随机数字表法

下面举一个具体例子,某企业要调查消费者对某产品的需求量,要从 95 户居民家庭中抽选 10 户居民作为样本。具体步骤如下。

第一步,将 95 户居民家庭编号,每一户家庭一个编号,即 01~95(每户居民编号为 2 数)。第二步,在上面的表中,随机确定抽样的起点和抽样的顺序。假定从第一行第 6 列开始抽,抽样顺序是从左往右(横的数列称为"行",纵的数列称为"列",因此此处第六列为数字 3)。第三步,依次抽出号码,由此产生的 10 个样本单位号码分别为:37、38、63、69、64、73、66、14、69、16。

需要说明的是,编号 69 的居民家庭两次出现在样本里。这属于重复抽样。所谓重复抽样,是指总体中某一单位被抽中作为样本后,再放回总体中,有可能第二次被抽中作为样本。不重复抽样是指总体中的每个单位只可能抽中一次作为样本,即某一单位抽中作为样本后,不能再放回总体中,也就没有可能被第二次抽中作为样本。上例中若要求是不重复抽样,做法如下。从 16 继续往后抽,接下来的 96、98 两个号码不在总体编号范围内,排除在外。然后是 16,仍有重复,排除在外。再接下来是 29,没有重复,可以入选。这样最终的 10 个样本单位号码分别是:37、38、63、69、64、73、66、14、16、29。

在使用随机数字表时,为克服个人习惯,增强随机性,页号及起始点应该用随机数产生，使抽样调查有较强的科学性，如随机翻开一页，闭上眼睛，将火柴随意扔到页面上，将火柴头所指的数字作为页号，起始行号和起始列号也可用同样的方法产生。

(二)分层抽样

分层抽样是将总体按一定的原则分成若干个子总体，每个子总体称为层，抽取样本时在每个层内分别进行。分层抽样的最大优点是可以提高估计的效率。分层抽样的另一个特点是，由于样本取自各层，因此汇合起来可以对总体有关参数进行估计，分开又可以对各层的参数进行估计。

分层抽样中，样本量在各层中进行分配的方法可以归结为两类：等比例分配和不等比例分配。

(1) 等比例分配是指该层中单位数越多，在该层中抽取的样本单位就越多，该层的样本单位比例与该层中的总体单位比例相一致。等比例分配容易操作，易于理解，在实践中广泛使用。

(2) 在有些情况下，各层单位数相差悬殊，如果按等比例抽样，总体单位数少的层所分到的样本量过小，代表性不足，就需要在该层适当增加样本量；或者有些层内的方差过大，为了提高估计精度，在方差大的层中可以多抽，在方差小的层中可以少抽，这些都属于不等比例抽样。显然，在条件具备时，如知道各层的总体方差，不等比例抽样比等比例抽样的效率更高。

如前例，在某城市某街道所管辖的 10000 户居民中抽取 200 户对某种商品的需求数量进行调查，由于该商品的需求量与家庭人口的多少有关，所以决定采用家庭人口数标志对总体分类，并用分层抽样方法确定样本。总体分类和样本的组成单位在各类中的分布，如表 8-1 所示。

表 8-1　总体分类和样本的组成单位在各类中的分布

按家庭人口数 分类(人)	各类居民户数(户) N_i	各类居民户比重(%)	各类样本单位数(户)
1	800	8	16
2	1500	15	30
3	6000	60	120
4	1000	10	20
>4	700	7	14
合　计	10000	100	200

(三)整群抽样

整群抽样又称为聚类抽样，由若干总体单位组成的集合称为群，直接抽取群，对抽中群的所有单位都进行调查称为整群抽样。应用整群抽样时，要求各群有较强的代表性，即群内各单位的差异要大，群间差异要小。

采用整群抽样的主要原因有两个。一是实施调查方便，可以节省费用和时间，在总体单位分布很广的情况下，若采用简单随机抽样，样本的分布很分散，调查实施有一定难度，费时费力。而整群中各单位的分布非常集中，抽中一个群以后，在一个点上可以调查多个单位，调查效率较高。二是缺乏总体单位的抽样框，不得已而行之。整群抽样中，群的规模可以相等，也可以不等；抽取群时，可以采用等概率抽样，也可以采用不等概率抽样。

例如，生产企业把产品按生产时间分成群，从中抽取一定时间的产品进行质量检验。对生产周期较短的产品，从每周 48 小时的产品中抽取两小时的产品进行检验，从每月 30 天的产品中抽 3 天的产品进行检验；对生产周期较长的产品，可以从每年 12 个月的产品中抽取 1 个月的产品进行检验。此外，还可按产品的包装单位分群，如抽取若干箱饮料，对所包括的每瓶饮料进行检验；抽取若干打袜子，对所包括的每双袜子进行检验。

整群抽样的优点是：样本单位比较集中，调查工作比较便利，适合于总体比较大而又无明显类型的调查对象。例如，在拥有几万甚至几十万户的城市中，以户为单位进行调查，就需要将几万甚至几十万户排列出名单，这显然是非常困难的。若使用整群抽样，以城市中的居委会为群，抽取若干个居委会为样本，对作为样本的居委会所管辖的居民户全部进行调查，这显然比以户为单位抽取样本方便得多，同时由于各居委会所管辖的居民一般并无本质差异，而一个居委会内部的居民户在各方面会有明显差异，所以采用整群抽样方法抽取的样本对总体的代表性不会降低。

整群抽样的缺点是：由于抽取的样本单位比较集中，群内各单位之间存在相似性，差异比较小，而群与群之间的差异往往比较大，使得整群抽样的误差比较大。为了达到一定的精度要求，就有必要增加样本量，比如多抽取一些群进行调查。这说明整群抽样的估计精度与群的性质有关，但是如果群的构造是相反的，即群内各单位之间存在较大差异，而群与群的结构相似，整群抽样反而会提高估计效率。所以整群抽样特别适合对某些特殊群结构进行调查。

(四)系统抽样

系统抽样是将总体中的单位按某种顺序排列，在规定的范围内随机抽取起始单位，然后按一定的规则确定其他样本单位的一种抽样方法。总体单位的排列可以是一维的，也可以是二维的；起始单位可以是一个，也可以是一组；对总体单位的抽取可以是等概率的，也可以是不等概率的。

系统抽样的突出特点是操作简便，因为它只需要随机确定一个起始单位，整个样本就自然确定了，而不像其他抽样方式那样抽取多个单位。系统抽样对抽样框的要求也比较简单，它只要求总体单位按一定顺序排列，而不一定是一份具体的名录清单，因而非常便于某些内容的现场调查。

系统抽样的估计效果与总体单位排列顺序有关。如果排列顺序与调查内容没有联系，称为按无关标识排列，这时系统抽样估计与简单随机抽样估计效率相仿。如果排列顺序与调查内容有关，称为按有关标识排列，这时系统抽样比简单随机抽样的精度高。

系统抽样也有其局限性。采用系统抽样方法时，特别需要注意研究变量是否存在周期性变化。

例如，前例中从 10000 户居民中抽取 200 户居民进行抽样调查，采用等距随机抽样方法，具体做法是：首先，把 10000 户居民按一定标志排列，可以采用与调查内容有关的标志(如收入水平、家庭人口数等)，也可以采用与调查内容无关的标志(如居住地址等)，并编上 1～10000 序号；然后，求出抽样间隔，用 k 表示抽样间隔，则 $k = \dfrac{N}{n} = \dfrac{10000}{200} = 50$，即间隔 50 户抽取一户，同时在第一个 k 间隔即 1～50 中随机抽取一个单位，假设抽中第 38 号单位；最后，从 38 开始，每隔 50 户抽取 1 户，即 38，88，138，188，…，9988，共抽取到 200 户组成样本。

等距随机抽样能使样本在总体中的分布比较均匀，从而减小抽样误差。但在应用此方法时要特别注意抽样间隔与现象本身规律之间的关系。例如，对城乡贸易集市商品成交量或成交价格有时间间隔地进行调查，抽样的时间间隔不能用 7 或 30 这种与周、月周期一致的数。这种方法最适用于同质性较高的总体，而对于类别比较明显的总体，则采用类型随机抽样法。

(五)多阶段抽样

多阶段抽样是指在抽样中不是一次直接从总体中抽取最终样本，而是经过两个或两个以上阶段才能抽到最终样本单位。先从总体中采用随机方法抽取若干个小总体，称为初级单位，再在这些中选的初级单位中随机抽取若干个单位。如果经过两个阶段抽样，抽取到接受调查的最终单位，称为二阶段抽样；如果经过三个阶段才抽取到接受调查的最终单位，称为三阶段抽样；以此类推。所以，多阶段抽样是经过两个及两个以上抽样阶段抽样方法的统称。

在大范围的抽样调查中，采用多阶段抽样是必要的。首先，在大范围抽样调查中，往往没有包括所有总体单位的抽样框，或者编制这样的抽样框十分困难。多阶段抽样不需要包含所有总体单位的抽样框。因为抽样是分阶段进行的，抽样框亦可以分级进行准备。在第一阶段抽样中，只需准备总体中关于初级单位的抽样框；在第二阶段抽样中，只在那些被抽中的初级单位中准备第二阶段抽样所需的抽样框。其次，因为多阶段抽样是在中选单位中的再抽选，这样就使样本的分布相对集中，从而可以节省人力和财力。多阶段抽样实质上是分层抽样与整群抽样的有机结合。

二、非概率抽样

非概率抽样是相对于概率抽样而言的，是指抽取样本时并不遵照随机原则，而是根据主观判断有目的地挑选，或者是依照方便、快捷的原则抽取。因此，这种抽样效果的好坏在很大程度上依赖于抽样者的主观判断能力和经验。与概率抽样相比，非概率抽样的最大特点是操作简便、时效快、成本低，但因为在非概率抽样条件下，无法查明样本统计量的分布，或者这种分布根本不存在，所以尽管样本数据有可能对总体特征作出适宜的描述，却无法计算抽样误差，无法对估计结果的精确性作出评价，也不能从概率的意义上控制误差，因而在理论上不具备由样本对总体进行推断的依据。

(一)方便抽样

方便抽样是依据方便原则抽取样本，最典型的方式就是拦截式调查，即在街边或居民小区内拦住行人进行调查。方便抽样操作简便，能及时取得所需要的信息，节省调查经费。局限在于，样本信息无法代表总体，即不能根据样本信息对总体进行任何推论，因而方便抽样不适合描述性研究和因果关系研究，而比较适合探索性研究，通过调查发现问题，产生想法和假设。方便抽样也可以用于正式调查前的预调查。

(二)雪球抽样

雪球抽样是指选择并调查几个符合研究目的的人，再依靠他们选择合乎研究需要的人，依靠后者又可选择更多合乎研究需要的人，以此类推下去，样本就像滚雪球一样越来越大。例如，要研究退休老人的生活，可以清晨到公园去结识几位散步老人，再通过他们结识其朋友，不用很久，就可以交上一大批老年朋友。但是这种方法产生的偏误也很大，那些不喜欢活动、不爱去公园、不爱和别人交往、喜欢一个人在家里活动的老人，雪球就很难滚到他们那里去，而他们却代表着退休后的另外一种生活方式。

雪球抽样的优点是可以根据某些样本特征对样本进行控制，适用于寻找一些在总体中十分稀少的人物。

雪球抽样的缺点是如果总体不大，很快就会接近饱和状况，即后来访问的人再介绍的都是已经访问过的人，但最后仍有许多个体无法找到，还有些个体因某些原因被提供者故意忽略不提，恰恰这两者都可能具有某些值得注意的性质，因而可能产生偏误，不能保证代表性。雪球抽样是在特定总体的成员难以寻找时最适合的一种抽样方法，如对获得无家可归者、流动劳工及非法移民等的样本就十分适用。调查费用虽大大减少，但这种成本的节约是以调查质量的降低为代价的。整个样本很可能出现偏差，因为那些个体的名单来源于那些最初调查过的人，而他们之间可能十分相似，因此，样本可能不能很好地代表整个总体。另外，如果被调查者不愿提供人员来接受调查，那么这种方法就会受阻。

(三)判断抽样

判断抽样是指抽取样本时，由调查人员依据对实际情况的了解，人为确定样本单位，或由了解情况的专家圈定样本。

在判断抽样中，如何确定样本单位，取决于调查的目的。通常有几种情况。第一种是选择平均型样本，所谓平均型，是指在调查总体中，选定的样本可以代表平均水平。其目的是了解总体平均水平的大体位置。第二种是选择众数型样本，即在调查总体中选择能够反映大多数单位情况的个体为样本。第三种是选择特殊型样本，如选择很好的或很差的典型单位为样本，目的是分析研究造成这种异常的原因。

(四)配额抽样

配额抽样是指将总体中的各单位按一定标准划分为若干个类别，将样本数额分配到各类别中，在规定的数额内由调查人员任意抽选样本。在配额抽样中，可以按单一变量控制，也可以按交叉变量控制。

配额抽样不需要抽样框，又能保证样本结构与总体结构的一致，所以在市场调查中得到广泛应用。由于它属于非概率抽样，所以具备非概率抽样方式的共有特征。

(五)自愿样本

自愿样本不用经过抽取，而是由自愿接受调查的单位所组成的样本。自愿样本有以下特点。首先，样本集中于某些特定群体，只有能够接触到调查问卷的那些人才有机会参与调查。其次，构成样本的那些单位往往对调查内容感兴趣，并愿意陈述自己的看法，所以这类调查的样本结构具有独特性，通常与总体结构相去甚远，因而调查结果不能反映总体状况。但这种自愿参与性的调查，组织方便、成本低廉，而且参与者大多是对调查内容的关心者，调查人员能够了解这个特定群体的意见和看法，这对于了解情况、分析问题、查找原因都是十分重要的。

(六)空间抽样

空间抽样是对非静止的、暂时性的空间相邻群体的抽样方法。例如，游行与集会没有确定的总体，参加者从一地到另一地，一些人离去又有一些人进来，但这些事件是在一定范围内进行的。对这样的总体在同一时间内抽样十分重要，以便样本组成不会经历时间上的太大变化。具体做法是：若干调查员间隔均匀的距离，从某一方向开始，访问离自己最近的人，然后每隔一定步数抽取一人为调查对象。

第三节 抽样中的误差问题

抽样调查的目的，是用样本指标推断总体指标。通常使用较多的是用样本平均数推断总体平均数，用样本成数推断总体成数等。当谈到随机抽样时，仅仅了解随机抽样抽取样本的方法是不够的，还必须知道抽取样本和计算样本指标后，如何用样本指标推断总体指标。对于这个问题，应分两步考虑：首先，看样本指标和总体指标之间的差异能否用具体数量表示；其次，如何利用样本指标及其与总体指标之间的差异推断总体指标。

一、抽样误差

抽样误差是由抽样的随机性造成的，是用样本统计量估计总体参数时出现的误差。任何抽样方案都会存在许多待选样本，实际抽到的只是其中一个样本。抽到哪一个样本完全是随机的，而抽到不同的样本，对总体的估计就会不同，这就是抽样误差产生的根本原因。

在概率抽样中，抽样误差是不可避免的，其大小受到以下几个因素的影响。

第一，抽样误差与总体分布状况有关。总体各单位之间差异越大，即总体方差越大，抽样误差就越大；反之，抽样误差就越小。

第二，抽样误差与样本量有关。在其他条件相同的情况下，样本量越大，抽样误差就越小；反之，抽样误差就越大。

第三，抽样误差与抽样方式和估计方式有关。在有辅助信息的条件下，比率估计、回归估计可以有效地减小抽样误差。

抽样误差的最大特点是它的可计算性。抽样误差虽然无法避免，但调查人员可以知道抽样误差有多大，并采用适当的方式对其进行控制。在重复抽样条件下，抽样平均误差的计算公式如下。

(1) 抽样平均数的抽样平均误差计算公式是：

$$\mu_x = \frac{\sigma}{\sqrt{n}} \tag{8-1}$$

式中：μ_x——抽样平均数的抽样平均误差；

　　　σ——总体的标准差；

　　　n——样本单位数。

(2) 抽样成数的抽样平均误差计算公式是：

$$\mu_p = \sqrt{\frac{P(1-P)}{n}} \tag{8-2}$$

式中：μ_p——抽样成数的抽样平均误差；

　　　P——总体成数；

　　　n——样本单位数。

需要说明的是，在抽样误差计算公式中，要求用总体标准差和总体成数，但在此问题中只有样本标准差和样本成数。抽样调查的理论证明，在大样本情况下，可以采用样本标准差代替总体标准差，用样本成数代替总体成数。

例如，在某城市某街道办事处所管辖的 10000 户居民中，用随机抽样方法抽取 200户，对某种商品的月平均需求量和需求倾向进行调查。这里采用问卷法搜集资料，并对资料整理、分析计算，结果表明，每户居民对该商品的月平均需求量为 500 克，标准差为100 克；表示一年内不选择其他替代商品，继续消费该商品的居民户为 90%。现对抽样平均数和抽样成数的抽样误差进行计算。

抽样平均数的抽样平均误差为：

$$\mu_x = \frac{\sigma}{\sqrt{n}} = \frac{100}{\sqrt{200}} = 7.1(克)$$

抽样成数的抽样平均误差为：

$$\mu_p = \sqrt{\frac{P(1-P)}{n}} = \sqrt{\frac{0.9 \times (1-0.9)}{200}} = 0.02$$

上面所计算出的抽样误差数字说明，由于随机原因，样本指标与总体指标之间存有一定差异。总体的标准差越大，即总体各单位之间客观存在的差异越大，抽样误差也就越大。抽样的单位越大，抽样误差就越小。因此在实践中，为了有效地控制样本指标与总体指标之间的误差，更准确地推断总体指标，往往可以通过加大样本单位数(样本容量)的办法，或对总体分层抽样的办法，减小或控制抽样误差。利用样本指标和所计算出的抽样误差，可以对相应的市场总体指标进行区间估计。

二、非抽样误差

非抽样误差是指除抽样之外的所有在调查活动过程中产生的误差。非抽样误差主要是由于研究设计以及调查执行中的缺陷导致的。非抽样误差主要由某些固定不变的因素引起，并导致最终调查结果的系统性偏差。所以，非抽样误差通常又称为系统性偏差。除系统性偏差外，在非抽样误差中还有偶然性误差。这类误差与现场人员、应答者状态以及调查实施环境有关，误差大小和方向不好确定。

非抽样误差的分类主要有以下几种。

(一)设计误差

设计误差主要是指由于调查设计不周密或者所开发调查技术不适当所引起的一类非抽样误差。设计误差最有可能造成调查结果的系统性偏差，对整个调查数据质量的影响也最为深远。

设计误差按照来源大致分为：替代信息误差；总体定义误差；抽样框误差；调查方法误差；测量工具误差。

1. 替代信息误差

替代信息误差指研究问题所需信息与调查设计者所计划收集的信息之间的差异。

2. 总体定义误差

总体定义误差指真正的目标总体与研究者所定义的目标总体之间的差异。

3. 抽样框误差

抽样框误差指在抽样框或者样本中出现了单元遗漏和错误的包含、重复、分类。抽样框误差是一种很严重的误差。

导致抽样框误差的具体情形如下。

(1) 不完全抽样框——总体某些单元被排除在抽样框外。

(2) 抽样框过载——包含本来不属于目标总体的单元。

(3) 单元重复——抽样框中某个单元出现不止一次，因为在构造抽样框时使用了有重叠的名录。

(4) 错误分类——抽样框中分类变量取值的错误。

4. 调查方法误差

调查方法误差指在调查设计阶段，调查方法设计不当而导致所收集数据信息的不实。当人们更多地从资金、时间等现实条件考虑调查方法的选择与设计时，就容易出现调查方法误差。

5. 测量工具误差

测量工具误差指在调查设计阶段所设计或开发的测量工具缺乏精准性而导致的误差。

测量工具误差与现场测量误差是不同的。现场测量误差一般不具有系统性。测量工具误差通常具有系统性，这样就会产生估计的偏差。

(二)现场访员误差

现场访员误差是指在调查访问现场访员由于过失或主观意识而没有完全遵照调查设计要求执行调查而产生的误差。访员误差主要包括：现场选样误差；提问误差；记录误差；欺骗误差。

(三)现场应答者误差

现场应答者误差是指应答者由于误解、不愿回答、不能回答或不在现场等原因而不能客观、真实地回答调查问卷的部分或全部问题而导致的误差。

应答者误差主要包括：误解误差，无能力回答误差，不愿意回答误差，无回答误差。

1. 误解误差

误解误差指访员交代不清、错误引导或者调查问卷中概念模糊、措辞不当等导致应答者对调查问题理解上的偏差，进而导致应答者不能正确地回答问题。除非调查问卷设计上存在明显问题，否则误解偏差可能只是一些偶然性偏差。

2. 无能力回答误差

无能力回答误差指应答者可以正确理解问题但由于缺乏相关知识或能力而不能准确回答问题所导致的误差。

3. 不愿意回答误差

不愿意回答误差指应答者可以给出问题的真实答案，但为了达到社会期望、避免遭受惩罚或保护隐私等而不愿意给出真实答案所导致的误差。

4. 无回答误差

无回答误差分全部无回答和部分无回答两种情况。被调查单元没有提供任何信息，称单元无回答。应答者对问卷中某些问题的回答空缺，称项目无回答。无回答会对调查信息的质量产生严重影响。

(四)数据处理误差

数据处理误差可能发生在数据编码、数据录入、审核及插补的所有步骤中。如果误差是随机的，就会使抽样方差增大；如果误差是系统的，就会引起结果的偏差。

数据处理误差包括以下几种。

(1) 数据编码误差——编码错误引起的误差。

(2) 数据录入误差——录入错误引起的误差。

(3) 审核和插补误差——由原始数据质量的低劣，或者审核和插补的程序未经充分测试引起的误差。

第四节 样本量的确定

样本量的确定是抽样设计中的一项重要内容，确定样本量需要对影响样本量的因素进行分析。

一、影响样本量的因素

(一)调查精度

调查精度是指用样本数据对总体进行估计时可以接受的误差水平。它可以用绝对数形式表现，一般称为绝对误差或允许误差，也可以用相对数形式表现，一般称为相对误差。绝对误差与相对误差的关系为：

$$\Delta = r\overline{Y} \tag{8-3}$$

式中，Δ 为绝对误差(允许误差)；r 为相对误差；$\overline{Y}$ 为目标变量的总体均值。要求的调查精度越高，即 $\overline{Y}$ 和 r 值越小，所需要的样本就越大。

(二)总体变异程度

总体变异程度用总体方差表示。在其他条件相同的情况下，总体的变异程度越大，所需要的样本量也就越大。

(三)总体规模

小规模和中等规模的总体，其规模大小对样本量的需求会产生一些影响，而大规模的总体对样本量的需求则没有影响。也就是说，规模很小的总体逐渐扩大，为保证相同的估计精度，样本量会随之增大(但不是同比例的)。当总体规模达到很大程度时，随着规模的继续扩大，样本量却可以维持不变。大规模总体中的抽样比要远远低于小规模总体中的抽样比。

(四)无回答情况

无回答减少了有效样本量。在无回答率较高的调查项目中，样本量要大一些以减少无回答带来的影响。

(五)经费制约

调查经费是影响样本量的一个十分重要的因素。事实上，样本量是调查经费与调查精度之间的某种折中和平衡。此外，调查的限定时间、实施调查的人力资源也是影响样本量的客观因素。

二、确定样本量的方法

在抽样调查中，对于概率抽样和非概率抽样，确定样本量的方法是不同的。非概率抽样的目的主要在于进行探索性研究，而不是用样本数据对总体进行数量上的推算。所以样本量的确定主要是根据主观判断和从事实际调查的经验，这样就具有一定的随意性。样本量是恰当的，与设计人员的判断能力、调查经验的积累有着密切关系。在市场调查中，对于一些项目的配额抽样，也常常使用一些经验数据，如每个样本城市抽取 200 个或 500 个样本单位。经验数据是长期从事该项调查经验的积累和总结，便于操作。但因为缺乏严格的理论证明其合理性和必然性，所以对这种样本量提出质疑也是可以理解的。

概率抽样的样本量则是在计算的基础上确定的。在其他客观条件一定的情况下，样本量的确定主要在于对估计精度的要求。这取决于估计量的用途和使用者可以接受的误差范围。如果调查结果用于重大意义的风险决策，就要以较高的精度要求计算样本。此外，还需要考虑是否需要对调查的子总体进行估计。如果调查结果需要包括一些细分数据，就要对不同子总体单独计算样本量，总样本量是单独计算的子样本量之和。如果仅仅需要总体数据，则是按既定需要标准计算出总样本量，然后把总样本量按某种方法分配到各子总体(层)中。

三、样本量的计算

由于概率抽样中有不同的抽样方式，对不同的抽样方式，样本量的计算方式是不同的。这里仅以简单随机抽样条件为例，介绍计算样本量的基本原理，其他抽样方式的样本量计算方法可以参考抽样技术的专门书籍。

在无放回简单随机抽样条件下，可以使用绝对误差和估计量标准差计算所需要的样本量。均值估计量标准差的表达式为：

$$s(\overline{y}) = \sqrt{V(\overline{y})} = \sqrt{\left(1 - \frac{n}{N}\right)\frac{s^2}{n}} \tag{8-4}$$

式中，$\overline{y}$ 为样本统计量，它是总体均值 $\overline{Y}$ 的估计量；$s(\overline{y})$ 为估计量标准差；N 为总体单位数；n 为样本量；s^2 为总体方差。$1 - \frac{n}{N}$ 为有限总体校正系数，如果是有放回随机抽样，这部分是不存在的，即

$$s(\overline{y}) = \sqrt{\frac{s^2}{n}} \tag{8-5}$$

绝对误差的表达式为：

$$\Delta = ts(\overline{y}) = t\sqrt{\left(1 - \frac{n}{N}\right)\frac{s^2}{n}} \tag{8-6}$$

式中，t 为概率度，它的数值与 α 有关。当 $\alpha = 0.05$(通常取值)时，$t = 1.96$。其含义为，以 95%的概率对总体参数的置信区间作出估计。

由式(8-6)可以解出：

$$n = \frac{n_0}{1 + \dfrac{n_0}{N}} \tag{8-7}$$

式中，n_0 为有放回抽样条件下的样本容量，即

$$n_0 = \left(\frac{tS}{\Delta}\right)^2 \tag{8-8}$$

总体方差 S^2 是客观存在，t 和 Δ 则取决于设计人员对估计的精度要求，当这些数值确定以后，所需要的样本容量便可以计算出来。

如果抽样设计中使用相对误差的要求，由式(8-3)可得：

$$r\overline{Y} = \Delta = t\sqrt{\left(1 - \frac{n}{N}\right)\frac{S^2}{n}}$$

解得

$$n = \frac{n_0}{1 + \dfrac{n_0}{N}}$$

此时

$$n_0 = \left(\frac{tS}{r\overline{Y}}\right)^2 \tag{8-9}$$

由上述公式看出，计算样本量，需要知道总体方差 S^2，这需要根据过去的资料求得。如果没有过去的资料，可以使用类似总体的方差。与方差的直接估计相比，人们可能更愿意使用变异系数 C，即 $C = \dfrac{S}{\overline{Y}}$。变异系数是相对数，具有更好的稳定性。由式(8-9)，采用变异系数，样本量的计算式又可以写为：

$$n_0 = \left(\frac{tC}{r}\right)^2 \tag{8-10}$$

当调查中要估计的是总体的比例 P 时，对于大的总体，P 的总体方差为：

$$S^2 = P(1-P) \tag{8-11}$$

代入式(8-11)，得

$$N_0 = \frac{t^2 P(1-P)}{\Delta^2} \tag{8-12}$$

再根据式(8-10)，可以求出无放回简单随机抽样比例估计的样本量。根据 $S^2 = P(1-P)$，$\overline{Y} = P$，则 $C = \sqrt{\dfrac{1-P}{P}}$

$$n_0 = \frac{t^2(1-P)}{r^2 P} \tag{8-13}$$

如果总体比例 P 未知，而且没有以前的信息可以利用，那么可以取 $P = 0.5$，这时的总体方差 S^2 最大，可以求得一个保守的样本量。

以上是关于简单随机抽样设计中样本量的计算。如果不是采用简单随机抽样，如前面所说，就需要在抽样技术的专门书籍中查阅其他抽样设计样本量的计算公式。此外，也有

一种简单的处理方法，即使用设计效应对简单随机抽样的样本量进行调整。设计效应是对于同样规模的样本量，其他抽样方式的估计量方差和简单随机抽样估计量方差的比值。在本章所提到的几种抽样调查方法中：

简单随机抽样，设计效应=1；

分层抽样，设计效应<1；

整群抽样，设计效应>1；

系统抽样，设计效应≤1；

多阶段抽样，设计效应>1。

设计效应通常是从过去相同或相似主题的调查中取得的，前提是过去的调查使用的抽样设计与现在计划实施调查的抽样设计相同或相似。

有了该种抽样方式设计效应的经验数据，对简单随机抽样样本量 n 进行调整，就可以得到该种抽样方式所需的样本量 n'：

$$n' = \text{deff} \cdot n \tag{8-14}$$

式中，deff 为设计效应。

最后，无回答会造成样本量事实上减少，为了弥补这种缺失，还需要根据回答率对计算结果进行再次调整，以确定最终样本量。

$$最终样本量 = \frac{n}{R} 或 \frac{n'}{R} \tag{8-15}$$

式中，R 为估计回答率，通常根据以往类似调查的经验确定。

本章小结

抽样调查是一种非全面调查，它是从全部调查研究对象中，抽选一部分单位进行调查，并据以对全部调查研究对象作出估计和推断的一种调查方法。抽样的作用：第一，提供数据来源；第二，对已有数据进行验证、调整。抽样的特点：节省费用，调查周期短、时效快，有助于提高原始数据质量，适应面广。抽样调查的一般程序：确定调查总体——制定抽样框——选择调查样本——实施调查——测算结果。

抽样调查可分为概率抽样方式和非概率抽样方式两种，其中概率抽样方式有简单随机抽样、分层抽样、整群抽样、系统抽样、多阶段抽样；非概率抽样方式有方便抽样、雪球抽样、判断抽样、配额抽样、自愿样本、空间抽样。

抽样误差是由抽样的随机性造成的，是用样本统计量估计总体参数时出现的误差。任何抽样方案，都会存在许多待选样本，实际抽到的只是其中一个样本。抽到哪一个样本完全是随机的，而抽到不同的样本，对总体的估计就会不同，这就是抽样误差产生的根本原因。抽样误差是指除抽样误差以外，由其他原因引起的样本统计量与总体真值之间的差异。

思考讨论题

一、简述分析题

1. 解释抽样中的基本概念。

2. 简述抽样的作用和特点。

3. 抽样调查的一般程序是什么?

4. 什么是概率抽样? 简述概率抽样中的不同抽样方法。

5. 什么是非概率抽样? 简述非概率抽样中的不同抽样方法。

6. 分析概率抽样和非概率抽样的区别。

二、计算分析题

1. 为调查学生的自习状况,某高校在全校 10000 名大学生中按简单随机抽样法抽出 100 名学生,调查他们最近一个学期用于自习的时间支出,结果为 $\bar{y}=102.30$ 小时,$s^2=13712$。根据资料,如果要求置信度为 95%,估计的相对误差不超过 10%,则采用不重复抽样,应抽出多少学生进行调查? 又知在这种调查中,如果采用分层抽样,分层抽样的设计系数为 0.6,则需要抽取多少名学生?

2. 某杂志社准备进行一项关于读者对该杂志社会综合满意度的市场调查,该杂志社的读者主要由国内读者和国外读者两部分组成(总体分层数据见表 8-2)。通过从两部分读者中各抽取一个简单随机样本,得到一个分层随机样本。假设对每一层都要求样本估计值在 95%的置信度下抽样误差范围为 ± 0.05 的估计结果,国内和国外两层读者的预计回答率为 70%和 60%,那么调查所需的样本量是多少? (结果保留整数)已知: $Z_{\alpha/2}=1.96$,$\pi=0.4$,deff=0.8。

表 8-2　某杂志订阅读者总体及分层数据

层数(i)		层次名		读者数(N_i)	
1		国内		1100000	
2		国外		80000	
合计				1180000	

抽样调查.mp4

抽样调查.ppt

第九章　调查资料的整理

学习要点

1. 了解调查资料整理的意义、步骤。
2. 理解调查资料的审核、分组。
3. 掌握调查资料的编码和录入。

核心概念

调查资料整理　审核　分组　调查问卷编码　数据录入

 引导案例

杜邦公司的"市场经济研究室"

杜邦公司是世界上著名的大企业。其经营的产品包括化纤、医药、石油、汽车制造、煤矿开采、工业化学制品、油漆、炸药、印刷设备，近年来又涉足电子行业，其销售产品达 1800 种，多年的研究开发经费达 10 亿美元，研究出 1000 多种的新奇化合物——等于每天有两至三件新产品问世，而且每一个月至少从新开发的众多产品中选出一种产品使之商业化。

杜邦公司围绕市场开发产品，并且在世界上最早设立了市场经济研究室。成立于 1935 年的杜邦公司市场经济研究室，由受过专门培训的经济学家组成，以研究全国性和世界性的经济发展现状、结构特点及发展趋势为重点，注重调查、分析、预测与本公司产品有关的经济、政治、科技、文化等市场动向。

除了向总公司领导及有关业务部门做专题报告及口头报告，解答问题外，经济研究室每月还整理出版两份刊物。一份发给公司的主要供应厂家和客户，报道有关信息和资料；另一份是内部发行，根据内部经营全貌分析存在的问题，提出解决措施，研究短期和长期的战略规划、市场需求量，以及同竞争对手之间的比较性资料。另外，每季度还会整理出版一期《经济展望》供总公司领导机构和各部门经理在进行经营决策时参考。

案例启示：正是由于重视对市场调查资料的整理、分析和利用，杜邦公司才得以 200 年兴盛不衰。

第一节　调查资料整理的意义和步骤

市场调查人员通过一定的调查方法向被调查者调查，收集到大量原始的信息资料，经过整理、分析，揭示市场经济现象的内在联系和本质，为企业经营决策提供依据。

一、调查资料整理的意义

调查资料的整理指根据调查目的，运用科学方法，对调查所得的各种原始资料进行审查、检验和分类汇总，使之系统化和条理化，以集中、简明的方式反映调查对象总体情况的工作过程。调查资料整理具有以下重要意义。

(一)可以提高调查资料的系统性和可靠性

通过市场调查取得的原始资料都是从各个被调查单位收集来的零散的、不系统的资料，只表明被调查单位的情况，反映事物的表面现象，不能说明被研究总体的全貌和内在联系。而且收集的资料难免出现虚假、差错、短缺、余冗等现象，只有经过加工整理，才能使调查资料条理化、简明化，确保调查资料的正确性和可靠性。

(二)可以大大提高调查资料的使用价值

市场调查资料的整理过程是一个去粗取精、去伪存真、由此及彼、由表及里、综合提高的过程。它能有效提高信息资料的浓缩度、清晰度和准确性，从而大大提高调查资料的使用价值。

(三)对今后的研究具有参考价值

市场调查得到的原始信息资料，不仅是当时企业做出决策的客观依据，而且对今后研究同类市场经济活动现象具有重要参考价值。因此，每次市场调查后都应认真整理调查的原始信息资料，以便于今后的研究。

(四)有利于发现工作中的不足

调查资料的整理对市场调查人员来说是一个对市场现象认识、深化的过程。如果说实地调查阶段是认识市场现象的感性阶段，那么，整理资料阶段就是认识市场现象的理性阶段。只有经过调查资料的整理，才能发现市场现象的变化规律。

二、调查数据整理的步骤

调查数据的整理主要依据调查资料的整理方案(在市场调查的设计阶段编制)进行。数据整理一般包括以下步骤。

(一)对原始资料进行审核、订正

审核所有被调查单位的资料是否齐全、有无差错，若有差错，就对差错进行审核、订正。

(二)编码

将问卷信息(包括调查问题和答案)转化为统一设计的计算机可识别的代码。

(三)数据录入

数据录入是指把经过编码后的数据和实际数字通过录入设备记载到存贮介质上，以备操作时调用。

(四)数据清理

数据清理是指发现并纠正数据文件中可识别的错误，包括检查数据一致性，处理无效值和缺失值等。与问卷审核不同，录入后的数据清理一般是由计算机而不是人工完成的。

(五)进行统计预处理

数据处理是市场调查的收获阶段。数据处理有广义和狭义之分。狭义的数据处理的对象是答卷数目、答卷质量，也包括录入误差已经消除的干净数据；而广义的数据处理还包括数据录入、纠错的内容。通常不对广义的数据处理进行区分。

在对调查数据进行处理时，收线是对回收的调查问卷进行审核、校订，接着要对审核过关的调查问卷进行编码、转录、净化，然后是进行便于统计的处理。一般来讲，对信息的整理工作不一定要等到现场作业完全结束再开始，由于调查问卷是一批一批收集上来的，所以只要收回第一批调查问卷，对信息的整理和加工就可以开始了。这样的好处是，一旦发现问题，即可迅速进行更正。

从工作程序上看，数据处理具有承前启后的作用：在现场调查之后，对数据进一步加工；在报告撰写之前，为报告提供数据依据。对调查数据处理的全过程有一个形象的比喻：现场访问提供原材料，数据加工是生产产品，报告撰写则是完成最后的包装。

第二节 调查资料的审核和分组

一、审核的内容

(一)完整性审核

完整性审核指被调查单位是否都已调查，问卷或调查表内的各项目是否都填写齐全，即检查是否有单位无回答或者项目无回答。其主要审查以下几项内容。

1. 调查对象是否齐全

如事先规定样本是 120 户居民，而最后只有 80 户居民，这就是调查资料不完整。

2. 调查问题是否答全

如问卷上各个问题，被调查者是否都回答了，有没有遗漏。

3. 调查资料详细程度是否完整

例如，对某商品销售额进行调查，预定收集该商品各品种、规格、花色、型号在各个地区的销售额资料，而如果只收集了一个总销售额数字或只有一个地区的销售资料，这就不完整了。

(二)准确性审核

准确性审核主要是审核调查资料的口径、计算方法、计量单位等是否符合要求，剔除不可靠的资料，使资料更加准确。其主要审查以下几项内容。

1. 被调查者是否在规定的样本范围内

如事先规定抽样调查 100 户高收入居民家庭，而调查资料显示出来的是对低收入居民家庭的调查，这就不符合样本的要求。

2. 调查资料是否存在明显的错误，是否真实可信

如某被调查者年龄为 13 岁，文化程度是大学毕业。这一资料可能就不是真实可信的(排除个别跳级的)。

3. 调查资料口径、计算方法、计量单位等是否统一

如调查职工月收入，有的人只按基本工资填写，有的人按基本工资、奖金、加班费填写，这样的调查资料口径就不统一。

(三)一致性审核

一致性审核主要是审核被调查者的回答是否前后一致，有无逻辑错误。

(四)及时性审核

及时性审核主要是看被调查单位是否都按规定日期填写和送出，填写的资料是否为最新资料，切勿将失效、过时的信息引入决策中。

(五)重要性审核

要剔除不必要的资料，把重要的资料筛选出来。

(六)清楚易懂

记录时要字迹清晰，明白易懂。否则应返回问卷，让调查员校正或写清楚。

经审核后的调查资料有不同的处理方法：接受基本正确、符合要求的调查资料；将问题较多的调查资料作废；对存在问题较少的调查资料，由调查人员采取适当措施，进行补充、完善后再采用。

二、审核的种类

调查问卷的审核包括实地审核和中心办公室审核。实地审核又称初步审核、现场审核，一般包括调查员审核和监督审核。调查员审核是在调查结束后及时审核问卷，检查其完整性、正确性、一致性以及是否清晰易懂。如果被调查者对于某项问题无回答，则应注明原因。另外，还可以标明资料的可靠程度，如可信的、可以参考的、不可信的等。这样，再利用资料时，特别是具体引用文字资料时，可酌情处理。督导审核应在收到问卷后立即开始，审核数据是否有比较明显的遗漏与错误，通过审核，有助于控制调查员误差，及时发现并纠正其对调查程序或具体问题的误解。

中心办公室审核比实地审核更全面、确切和仔细，要求审核目光更犀利，审核更认真。为保证处理方法的一致性，审核最好由一个人完成，如果工作量过大或花费时间太长而必须分工，也应该按照问卷结构分工，而不是按照问卷份数分工。

三、审核的主要方法

(一)经验判断

经验判断即根据已有的经验，判断数据的真实性、准确性。

(二)逻辑检查

逻辑检查即根据调查项目之间的内在联系和实际情况，对数据进行逻辑判断，看是否有不合情理或前后矛盾的情况。

(三)计算审核

计算审核即对数据资料的计算技术和有关指标之间的相互关系进行审查，主要审查各数字在计算方法和计算结果上有无错误。常用的计算检查方法有总加法、对比法、平衡法等。

四、审核的注意要点

在进行问卷审核时应当注意以下两个要点。

第一，规定若干规则，使调查人员明确问卷完整到什么程度才可以接受。例如，至少完成多少，哪一部分是应该全部完成的，哪些缺失数据是可以接受的等。

第二，对于每份看似完成了的问卷都必须彻底检查，要检查每一页和每一部分，以确认调查员(被访者)是否按照指导语进行了访问且将答案记录在恰当的位置。

有时会有调查人员难以判断的问卷，这些问卷应该先放在一边，通知研究人员检查以决定取舍。通常建议调查人员将原始文件(问卷)分成三部分：可以接受的；明显要作废的；对是否可以接受有疑问的。

如果有配额的规定或对某些子样本有具体的规定，那么应将可接受的问卷分类并留出其数量。如果没有满足抽样的要求，就要采取相应行动，如在资料校订之前对不足份额的类别再做一些补充访问。

五、审核的基本步骤

(一)接受问卷

接受问卷是对所有的问卷都检查一遍，将无效的或不能接受的问卷剔除，又称一审。无效问卷主要有以下几种情况。

(1) 所收回的问卷是明显不完整的。例如，缺了一页或多页。

(2) 问卷的回答不完全。

(3) 回答的模式说明调查员(被调查者)并没有理解或遵循访问(回答)指南。例如，没有按要求作答等。

(4) 答案几乎没变化。例如，在用五级量表测量的一系列问答题中，所有答案都是3等。

(5) 问卷是在事先规定的截止日期以后回收的。

(6) 调查对象不符合调查设计要求。

(7) 由于调查人员记录不准确而造成的模糊不清的情况，特别是对开放性问题。

(8) 前后不一致。

(二)编辑检查及采取相应措施

编辑检查是对问卷进行进一步的更为准确和精确的检查，又称二审。检查的仍然主要是回答的完整性、准确性、一致性以及是否清楚易懂等。采取的措施是退回实地重新调查，即把不满意的问卷退回去，让调查员再次调查原来的被调查者。这种处理方法主要适用于规模较小、被调查者很容易找到的商业市场或工业市场调查。但是，调查的时间不同，调查的方式不同(原来是面访调查，第二次调查可能只是通过电话询问)，都可能会影响二次调查的数据。在无法退回问卷时，把不满意的回答作为缺失值来处理。这种方法主要适用于以下几种情况。

(1) 有令人不满意回答的问卷较少时。

(2) 这些问卷中令人不满意回答的比例很小。

(3) 有令人不满意回答的变量不是关键变量。

(4) 有令人不满意回答的问卷比例较小(低于 10%)。

(5) 样本量很大。

(6) 有令人不满意回答的被调查者与令人满意的被调查者在人口特征、关键变量等方面的分布没有差异。

但是，如果有令人不满意回答的被调查者与令人满意的被调查者在人口特征、关键变量等方面的分布存在显著差异，或者判断一份问卷是否令人满意是主观的，简单放弃有可能会产生系统偏差。因此，如果调查者决定放弃一些问卷，则应当在报告中说明放弃的问卷数量以及判别这些问卷的程序。

六、调查资料的分组

(一)调查资料分组的含义

调查资料分组是指根据市场调查的目的、要求，按照市场现象的一定标志，把调查的有关资料分为不同类型或性质的组。通过资料的分组，可以把不同类型、性质的事物或现象区分开，把相同类型、性质的事物、现象归纳在一起，从而清楚揭示事物、现象的本质和特征。

例如，抽样调查 100 名职工的月平均收入情况，得到的数据分组如表 9-1 所示。

表 9-1   分组调查表   单位：元

按收入分组(元)		人数(人)	
100～200		9	
200～300		19	
300～400		32	
400～500		19	
500～600		17	
600～700		4	
合 计		100	

从表 9-1 中，可以明显地看出 100 名职工的收入分布状况。月收入 300～400 元的人数最多，达 32 人，低收入 100～200 元的为 9 人，高收入 600～700 元的为 4 人。

(二)调查资料分组的作用

1. 区分社会市场经济现象的类型

社会现象之间存在着本质差异，这些差异构成了不同类型，通过分组划分出各种不同类型，对各种类型的数量表现进行分析研究，就可以认识各种类型的本质特征及其发展变化的规律。例如，对消费者收入分组，可以分为高收入类、中收入类和低收入类，而各类型的收入者对消费需求是不一样的。

2. 反映事物的内部结构及比例关系

通过分组，可以了解内部各部分在总体中所占比重和各部分之间的比例关系，而这些资料对于全面认识总体是非常重要的。从表 9-1 可以知道，月收入在 300～400 元的比重最大，达 32%；月收入在 600～700 元的比重最小，只有 4%。

3．研究不同市场现象之间的依存关系

一切市场现象都不是孤立的，而是相互联系、相互制约的，通过分组能将各种现象之间的这种依存关系反映出来。例如，通过对化妆品消费需求调查资料分组，可以看出中青年女性是化妆品的主要消费者。这说明化妆品消费与性别关系极大。

(三)调查资料分组的类型

1．按品质标志分组

品质标志反映的是被研究市场现象品质的属性或特性。按品质标志分组就是选择反映事物属性差异的品质标志作为分组标志。如消费者按性别、文化程度、职业、民族等标志所进行的分组。

2．按数量标志分组

数量标志直接反映所研究的市场现象的数量特征。按数量标志分组，就是选择事物数量差异的标志作为分组标志，例如，某一消费群体中的人数，按消费者在一定时间内购买某种商品的次数进行分组。按照数量标志分组的目的并不是单纯地确定各组间的数量差别，而是要通过数量的变化区分各组的不同类型和性质。

3．按地区标志分组

按地区标志分组即是选择事物发生的地区作为分组标志。如按经济区、省、市，或按城市市场、农村市场进行分组。

调查资料经过分组后，就要进行统计汇总，根据实际需要还可绘制统计表和统计图，以便直观、形象、生动地反映调查研究对象的特点和规律。

例如，调查某市居民家庭人口状况，抽取 600 户调查，对调查资料整理后分组，如表 9-2 所示。

表 9-2　某市居民家庭人口调查

按人口数分组(人)	1	2	3	4	≥5	合计
家庭数(户)	58	162	230	110	40	600

从表 9-2 可以看出，现代城市居民家庭规模逐渐变小，3 人家庭最多，5 人以上的大家庭最少。

第三节　调查问卷的编码和录入

在大量的问卷收回后，需要对每个问题的答案进行整理、汇总。为了充分利用问卷中的调查数据，提高问卷的录入效率及分析效果，需要对问卷中的数据进行科学编码。

一、编码的概念

编码就是对一个问题的不同答案给出一个电脑能够识别的数字代码的过程，在同一道题目中，每一个编码代表一个观点，然后将其以数字形式输入电脑，把不能直接统计计算的文字转变成可直接计算的数字，将大量文字信息压缩成一份数据报告，使信息更为清晰和直观，以便对数据进行分组和后期分析。这就使问卷编码工作成为问卷调查中不可缺少的流程，也成为数据整理汇总阶段重要而基本的环节。

问卷中的问题通常有两类：一类是封闭式问题，即在提出问题的同时，列出若干可能的答案供被调查者选择；另一类是开放式问题，即不向被调查者提供回答选项的问题，被调查者使用自己的语言回答问题。

二、编码的作用

(1) 减少数据的录入和分析的工作量。编码把文字等复杂信息转化为数字的简单信息，减少了录入的工作量，节省费用和时间，以便能够将调查中所得到的各种回答分成若干有意义且有本质差别的类别，帮助调查者利用计算机迅速进行分析工作，提高了工作效率。

(2) 将定性数据转化为定量数据。把整个问卷的信息转化为规范标准的数据库，利用统计软件，采用统计分析方法进行定量分析。

(3) 减少误差。在编码过程中，利用编码修正回答误差，替代缺失值，都有助于减少调查误差。

三、编码的基本原则

编码设计应遵循一般的编码原则。

(1) 准确性。设计的代码要准确有效地替代原信息。

(2) 完整性。在转换信息形式的同时尽量不丢失信息，或者减少信息浪费。

(3) 效率性。易于操作，尽量节约人力、物力。

(4) 标准性。转化的代码要便于数据的整理与分析和便于比较等。

四、编码的内容与分类

编码的设计即确定各问卷、问卷各项目和答案对应代码的名称、形式、范围以及与原始数据的对应关系。

(一)编码设计的内容

编码设计的具体内容包括：问卷的代码、变量的定义(名称、类型、所占字节、对应问题等)、取值的定义(范围、对应含义等)。编码的设计与问卷密切相关，其部分内容可以归入问卷设计中，问卷设计时要考虑到编码的内容和位置。编码的设计是整个编码过程的基础，编码表设计的准确、全面、有效，将有助于提高调查数据的分析质量。

问卷的代码主要包括地区代码、街道代码、居委会代码、调查员代码以及问卷代码等。例如，某问卷的代码为"1051202"，第一个数字"1"表示北京市，后面的两个数字"05"表示调查员代号，再后面两个数字"12"表示居委会代号，最后两个数字"02"表示该调查员在此居委会成功调查的第二份问卷。问卷的代码看上去很简单，但是非常重要。因为通过问卷代码不仅可以方便查找问卷，检查访问员的工作，还有助于地区间的对比分析。

(二)编码设计的分类

根据问卷结构的不同，可分为结构式问卷编码设计和非结构式问卷编码设计。根据问卷中问题类型的不同，可分为封闭题、半封闭题和开放题。根据编码设计的时间与方法不同，可分为前设计编码和后设计编码。

前设计编码主要针对答案类别事先已知的问题，如结构式问卷中的封闭题和数值型开放题，在问卷设计的同时设计编码表。这种编码设计简单易行，但有可能由于问卷选项的设计缺少某重要选项，或设置多余选项，而影响数据质量。后设计编码主要针对答案类别无法确定的问题，如非结构式问卷和结构式问卷中的文字型开放题，要在数据收集完成后，根据被调查者的回答设计编码表。这种编码表的分类可能相对更准确、有效，但比较复杂且费时费力。

(1) 单选题的编码设计。

V11 请问您最近一年内购买过苹果手机吗？[   ]

    1. 买过   2. 没买过

设计编码时：变量名为 V11，属于数值型变量，变量所占字节数为 1，变量取值范围为 1、2 或 9，其中 1 表示买过，2 表示没买过，9 表示该题无回答。

(2) 多选题的编码设计。

V19 您经常购物的网站有哪些？[   ]

    1. 天猫   2. 京东商城   3. 唯品会

    4. 亚马逊   5. 国美在线   6. 其他   (限选三项)

两道选择题的编码如表 9-3 和表 9-4 所示。

表 9-3　V19 问题的编码(方法一)

变量序号	变量名	变量类型	变量所占字节	取值范围		取值对应含义	备注	对应题号	对应问题
				方法一	改进法				
51	V191	数值型	1	0 或 1	0 或 1	取值为1~6表明该选项为主要来源；为0则不是	全为 0 表示该题无回答	19	经常购物的网站
52	V192	数值型	1	0 或 1	0 或 2				
53	V193	数值型	1	0 或 1	0 或 3				
54	V194	数值型	1	0 或 1	0 或 4				
55	V195	数值型	1	0 或 1	0 或 5				
56	V196	数值型	1	0 或 1	0 或 6				

表9-4 V19问题的编码(方法二)

变量序号	变量名	变量类型	变量所占字节	取值范围	取值对应含义 (i=1, 2, 3, 4, 5, 6)	备注	对应题号	对应问题
48	V171	数值型	1	0~6	取值为i,表明第i选项为主要来源;为0,则说明其余选项都不是主要来源	全为0表示该题无回答	V19	经常购物的网站
49	V172	数值型	1	0~6				
50	V173	数值型	1	0~6				

(3) 排序题的编码设计。

Q15 请您根据信任程度由大到小对下列广告排序(在信任程度最高的广告前填1,其次填2,依次类推,在最不信任的广告前填4)。

1. 电视广告[ ]   2. 报纸广告[ ]   3. 广播广告[ ]   4. 杂志广告[ ]

排序题的编码如表9-5所示。

表9-5 Q15问题的编码

变量序号	变量名	变量类型	变量所占字节	取值范围	取值对应含义 (i=1,2,3,4,5)	备注	对应题号	对应问题
30	V121	数值型	1	0~4	取值为i表明该广告的信任程度排名为i;为0,则表明该广告排名缺失	全为0表示该题无回答	V15	对各类广告的排序
31	V122	数值型	1	0~4				
32	V123	数值型	1	0~4				
33	V124	数值型	1	0~4				

五、编码应注意的问题

(1) 正确掌握分类的尺度。对资料中的某个问题分类过细,会增加分析的复杂程度;分类过粗,会造成资料信息的流失,也会影响分析的深入程度。所以根据实际分析的需要,设置合理的分类尺度是资料编码的首要问题。一般对于较细分类的资料可进一步转化为分类较粗的资料。而对分类较粗的资料,除非保留了原始资料,否则不能转化为分类较细的资料。

(2) 为保证每一类回答都有类可归,又避免分类过细,可设置一个"其他"分类。

(3) 每一个问题中的分类应含义明确,避免与其他分类产生交叉。

(4) 对错误或疏漏的回答可作为特殊分类,并指定一个特殊的数字或字符代表,如用0或1等,而不能将其归入其他类中。

六、调查资料的录入

对于计算机辅助电话调查(CATI)、计算机辅助面访(CAPI)及网络调查,数据收集和录入可以同时进行,无须再进行数据的录入。对于面访、邮寄调查以及传真调查等,还需要进行数据录入。数据的录入除键盘录入以外，还可以采用扫描、光标阅读器等方式。目前应用最多的仍是键盘录入。数据的录入可以利用数据库的形式，也可以采用其他专门的数据录入软件，如 PC-EDIT 或 SPSS 中的 DATAENTRY 等。此外，还可以直接用普通的中西文文字编辑软件，按文本文件的形式输入。

键盘录入出错率较高。录入员可能因为手指错位、错看、串行等原因造成录入错误。即使技术纯熟、工作仔细的录入员也有一定的出错率，更不用说工作马虎、心不在焉的录入员了。在手工录入时，控制录入质量的主要方法有以下几点。

(1) 挑选工作认真、有责任心、技术纯熟的录入员。

(2) 加强对录入员的监督与管理。

(3) 采用定量指标，定期检查录入员的工作质量和工作效率。例如，出错率超过一定界限或者录入速度太慢的录入员应予以淘汰。

(4) 抽检复查质量，即抽出一定比例的数据，检查数据质量，一般复查的比例为25%～50%。

(5) 双机录入，即用两台计算机分别录入相同的数据，然后将两部分数据相比较，根据不一致的数据检查错误并加以改正。双机录入的数据质量较高，但录入花费的时间和费用都要加倍。

本章小结

调查资料的整理指根据调查目的，运用科学方法，对调查所得的各种原始资料进行审查、检验和分类汇总，使之系统化和条理化，从而用集中、简明的方式反映调查对象总体情况的工作过程。调查资料整理具有重要意义：①调查资料的整理是市场调查研究中十分重要的环节；②调查资料的整理，可以大大提高调查资料的使用价值；③调查资料的整理也是保存调查资料的客观要求；④调查资料的整理有利于发现工作中的不足。

调查数据的整理主要依据调查资料的整理方案(在市场调查的设计阶段编制)进行。数据整理的步骤一般包括：对原始资料进行审核订正——编码——数据的录入——数据的清理——进行统计预处理。

调查资料的审核包括：完整性审核、准确性审核、一致性审核、及时性审核、重要性审核和清楚易懂。

审核的主要方法包括：经验判断、逻辑检查、计算审核。在进行问卷审核时应当注意以下两个要点：第一，规定若干规则，使调查人员明确问卷完整到什么程度才可以接受；第二，对于每份看似完成了的问卷都必须彻底检查，要检查每一页和每一部分，以确认调查员(被访者)是否按照指导语进行了访问且将答案记录在恰当的位置。

调查资料分组，是指根据市场调查的目的、要求，按照市场现象的一定标志，把调查的有关资料分为不同类型或性质的组。调查资料分组有重要的作用：第一，可区分社会市场经济现象的类型；第二，可反映事物的内部结构及比例关系；第三，可研究不同市场现象之间的依存关系。

　　编码是对一个问题的不同答案给出一个电脑能够识别的数字代码的过程，在同一道题目中，每个编码仅代表一种观点，然后将其以数字形式输入电脑，把不能直接统计计算的文字转变成可直接计算的数字，将大量文字信息压缩成一份数据报告，使信息更为清晰和直观，以便对数据进行分组和后期分析。

　　编码的作用：第一，减少数据的录入和分析的工作量；第二，将定性数据转化为定量数据；第三，减少误差，量化的数据简单易懂，不像文字资料容易丢失重要信息。

　　编码的基本原则：①准确性；②完整性；③有效性；④标准性。

　　编码设计的具体内容包括：问卷的代码、变量的定义(名称、类型、所占字节、对应问题等)、取值的定义(范围、对应含义等)。

　　编码设计的分类。根据问卷结构的不同，可分为结构式问卷编码设计和非结构式问卷编码设计。根据问卷中问题类型的不同，可分为封闭题、半封闭题和开放题。根据编码设计的时间与方法不同，可分为前设计编码和后设计编码。

思考讨论题

一、简述分析题

1. 调查资料整理的意义是什么？
2. 简述调查资料整理的步骤。
3. 分析调查资料的审核。
4. 如何对调查资料进行分组？
5. 简述调查资料的编码。

二、多项选择题

Q17　您对电商企业有哪些建议？(限选三项，用两种方法进行编码设计)

□增加商品种类　　　　　□加大折扣和促销力度

□提高信誉度和知名度　　□物流速度再快点　　　　　□其他

调查资料的整理.mp4

调查资料的整理.ppt

第十章　统计分析方法

学习要点

1. 了解交叉列联分析、相关分析与回归分析的含义、特点。
2. 理解和掌握描述统计分析、多选项分析的含义及其应用。

核心概念

描述统计分析　交叉列联分析　多选项分析　回归分析

 引导案例

数据统计助力中国移动客户分析

通过大数据分析，中国移动能够对企业运营的全业务进行针对性的监控、预警、跟踪。大数据系统可以在第一时间自动捕捉市场变化，再以最快捷的方式推送给指定负责人，使其在最短时间内获知市场行情。

客户流失预警：一位客户使用手机，每月准时缴费、平均一年致电客服 3 次，使用 WEP 和彩信业务。如果按照传统的数据分析，这可能是一位满意度非常高、流失概率非常低的客户。事实上，当搜集了包括微博、社交网络等新型来源的客户数据之后，这位客户的真实情况可能是这样的：客户在国外购买的这款手机，手机中的部分功能在国内无法使用，在某个固定地点手机经常断线，彩信无法使用——该客户的手机使用体验极差，该客户流失风险客观存在。这就是中国移动大数据分析的一个应用场景。通过全面获取业务信息，可能颠覆常规结论，打破传统数据源的边界，注重社交媒体等新型数据来源，通过各种渠道获取尽可能多的客户反馈信息，并从这些数据中挖掘更大的价值。

统计方法是指有关收集、整理、分析和解释统计数据，并对其所反映的问题得出一定结论的方法。随着人们对定量研究的日益重视，统计方法已被应用到自然科学和社会科学的众多领域，统计学也已发展为由若干分支学科组成的学科体系。可以说，所有的研究领域都要用到统计方法，比如，政府部门、学术研究领域、日常生活、公司或企业的生产经营管理都要用到统计。

统计分析方法包括描述统计分析、交叉列联分析、多选项分析、相关与回归分析等。

第一节　描述统计分析

一、定量数据描述统计分析

(一)集中趋势的分析

集中趋势是反映研究问题特征的重要指标。通过集中趋势的计算和分析，反映研究问题的平均水平。依据平均水平可以刻画研究问题的发展水平，进行横向和纵向发展水平的比较，实现对研究问题的一般认识。集中趋势的度量主要包括均值水平(Mean)、中位数(Median)、众数(Mode)、总和(Sum)等几个指标。

1. 均值水平(Mean)

均值水平是研究问题的算术平均数，是最重要的平均指标。在计算理论上，算术平均数有简单算术平均数和加权算术平均数两种类型，一般使用加权算术平均数。但是在SPSS 统计软件中，由于不需要考虑原始数据的分组和计算量大小的影响，所以往往使用简单算术平均数。简单算术平均数的计算公式为：

$$\overline{x} = \frac{\sum_{i=1}^{n} x_i}{n} \qquad (10\text{-}1)$$

式中，$\overline{x}$ 为均值，x_i 为变量值，n 为样本规模。

2. 中位数(Median)

中位数是研究对象在某变量之下所有变量值中处于中间位置的那个数值，可以理解成第 50 个百分位，大于该值和小于该值的个案数各占一半。中位数是集中趋势的测量指标，是通过位置判断出来的，属于位置平均数。

3. 众数(Mode)

众数是样本中出现频率最高的值，与中位数一样也是位置平均数。直观来看，众数是通过出现的次数判断出来的，而非通过公式计算出来的。

4. 总和(Sum)

总和是样本所有带有非缺失值的个案值的总和。一般在分析和研究现象的规模时使用这个指标。

(二)离散程度的分析

离散程度是反映研究问题特征的重要指标。通过离散程度的计算和分析，反映研究问题的离散状况。离散程度的测量常与集中趋势的分析结合使用。依据离散程度可以刻画研究问题的差异，进行横向和纵向差异程度的比较，反映研究问题的均衡性和稳定性，实现对研究问题的一般认识。离散程度的度量主要包括标准差(S.D)、方差(Variance)、全距

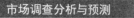
(Range)、最小值(Minimum)、最大值(Maximum)、均值的标准误差(S.E.mean)等。

1. 标准差(S.D)

标准差是对研究问题的观察值与其均值的离差平方的均值的平方根，即观察值围绕均值离差的程度。标准差是用平均的方式反映研究问题的差异程度，标准差越大表示研究问题的差异越大；反之，标准差越小，表示研究问题的差异越小。标准差有总体标准差和样本标准差两种。当能够穷尽所研究的范围时，一般使用总体标准差；当不能穷尽研究范围而只能使用样本进行研究时，一般用样本标准差。样本标准差的计算公式为：

$$s = \sqrt{\frac{1}{n-1}\sum_{i=1}^{n}(x_i - \overline{x})^2} \tag{10-2}$$

2. 方差(Variance)

方差是对围绕均值的离差的测量，是每个样本值与全体样本值的平均数之差的平均值的平均数。简单地说，方差就是标准差的平方。样本方差的计算公式为：

$$s^2 = \frac{1}{n-1}\sum_{i=1}^{n}(x_i - \overline{x})^2 \tag{10-3}$$

3. 全距(Range)

全距也叫极差，是数值变量最大值(Maximum)和最小值(Minimum)之间的差。全距是刻画研究变量的各个变量值的差异程度的另一个指标，优点是计算简便，在反映数列标志值差异程度时比较直观、鲜明。缺点是用变量值的变化范围来反映标志值的差异程度，容易受极端变量值的影响。

4. 最小值(Minimum)

最小值是指自变量 x 或者因变量 y 在一定的取值范围内，对应的因变量 y 或者自变量 x 所能取的符合条件的最小的数。

5. 最大值(Maximum)

在给定情形下可以达到的最大数量或最大数值。

6. 均值的标准误差(Standard error of mean)

均值的标准误差是样本均值的标准差，衡量的是样本均值的离散程度。而在实际的抽样中，习惯用样本均值来推断总体均值，那么样本均值的离散程度(标准误)越大，抽样误差就越大。所以用样本均值的标准误来衡量抽样误差的大小。

(三)分布形态的分析

分布形态分析用于研究事物的分布形态，包括偏度(Skewness)和峰度(Kurtosis)。

1. 偏度(Skewness)

偏度用于反映事物分布的对称性。正态分布是对称的，偏度值为 0。偏度值大于 0 为右偏，偏度值小于 0 为左偏。当偏度值超过标准误的两倍时，认为不具有对称性。偏度的计算公式为：

$$\text{Skewness} = \frac{1}{n-1} \sum_{i=1}^{n} (x_i - \overline{x})^3 / S^3 \tag{10-4}$$

2. 峰度(Kurtosis)

峰度用于反映事物的尖峰程度。对于正态分布，峰度统计量的值为 0。正峰值大于 0，为尖峰；负峰值小于 0，为平缓。峰度的计算公式为：

$$\text{Kurtosis} = \frac{1}{n-1} \sum_{i=1}^{n} (x_i - \overline{x})^4 / S^4 - 3 \tag{10-5}$$

二、描述统计分析应用举例

居民收入和支出是反映一个地区社会经济发展水平和发展程度的重要标志，也是该地区和谐发展与小康社会建设的重要目标。现有 2010 年辽宁省 14 个城镇居民人均支出与收入指标(单位：元)，具体为：y_1 食品支出，y_2 衣着支出，y_3 居住支出，y_4 家庭设备用品及服务支出，y_5 医疗保健支出，y_6 交通和通信支出，y_7 教育文化娱乐支出，y_8 其他商品和服务支出，x_1 工资性收入，x_2 经营净收入，x_3 财产性收入，x_4 转移性收入。要求对辽宁省城镇居民收支情况进行统计分析。具体数据如表 10-1 所示。

表 10-1 辽宁省各地区 2010 年居民平均消费支出和收入

单位：元

指标	y_1	y_2	y_3	y_4	y_5	y_6	y_7	y_8	x_1	x_2	x_3	x_4
全省	4658	1587	1315	786	1080	1773	1496	586	11713	1798	250	6254
沈阳	5385	2140	1365	1032	1448	2428	2359	805	14340	2736	166	6719
大连	6145	1676	1742	995	1128	2520	1742	633	15820	1630	625	7147
鞍山	4671	1491	1572	720	1081	2096	1375	704	10547	1214	482	7844
抚顺	4041	976	901	473	895	1197	1090	434	9121	821	114	6711
本溪	4780	1583	908	713	977	1321	1292	546	10789	1267	342	6239
丹东	4470	1119	1402	676	1130	1111	1033	382	8602	932	70	6523
锦州	4191	1458	1461	561	1061	1357	1305	408	10081	3246	161	5396
营口	4511	1528	1409	819	954	1074	1160	767	10288	2661	229	6484
阜新	3463	1274	821	595	759	795	1047	294	8386	806	163	4348
辽阳	4202	284	1056	719	767	1624	960	458	10571	1763	129	6173
盘锦	4358	2035	996	879	1451	1963	1661	581	18230	876	224	5181
铁岭	3567	1321	1815	805	718	940	850	306	7763	1008	98	5638
朝阳	3479	1121	1006	488	893	1239	745	347	8091	702	93	5035
葫芦岛	3772	1132	1065	620	671	2071	1136	503	9213	2998	332	6286

资料来源：2011 年《辽宁省统计年鉴》。

【统计软件操作过程】

1. 调出主菜单(Analyze/Descriptive Statistics/Descriptives)

首先，打开要进行描述统计分析的数据文件。其次，在 SPSS 统计软件数据编辑窗口依次点击 Analyze/Descriptive Statistics/Descriptives，调出描述统计主菜单并进入描述统计主对话框 Descriptive，如图 10-1 所示。

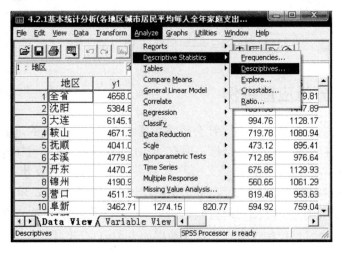

图 10-1　描述统计菜单

2. 主对话框的设置(Descriptives)

在描述统计主对话框中，在左侧的源变量框中将研究变量 y_1、y_2、y_3、y_4、y_5、y_6、y_7、y_8、x_1、x_2、x_3、x_4 等指标调入到右侧的 Variable(s)框中。同时勾选对话框左下角的 Save standardized values as variables，输出各个变量的标准化值，如图 10-2 所示。

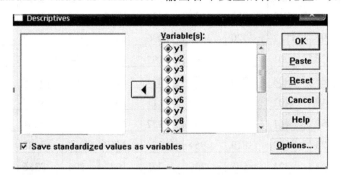

图 10-2　描述统计主对话框的设置

3. 二级对话框的设置(Options)

在主对话框中，单击 Options 按钮，进入二级对话框 Descriptives: Options。在二级对话框中，根据研究目的选择需要计算的指标，如均值 Mean、标准差 Std.deviation、最小值 Minimum、最大值 Maximum、偏度 Skewness、峰度 Kurtosis 等，如图 10-3 所示。上述设置完成后，单击 Continue 返回主对话框。

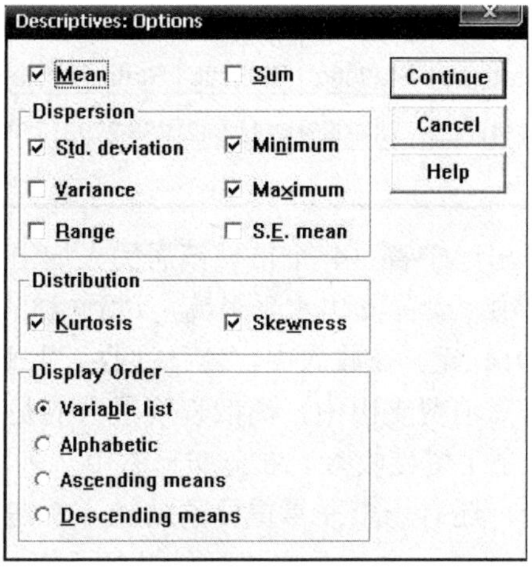

图 10-3　描述统计二级对话框的设置

4. 运行程序(OK)

```
DESCRIPTIVES
  VARIABLES=y1 y2 y3 y4 y5 y6 y7 y8 x1 x2 x3 x4  /SAVE
  /STATISTICS=MEAN STDDEV MIN MAX KURTOSIS SKEWNESS .
```

【研究结论】

对以上数据进行描述性分析，即可得到描述统计分析的计算结果，并据此给出研究结论，如表 10-2 所示。

表 10-2　描述性统计分析

	N	Minimum	Maximum	Mean	Std.	Skewness		Kurtosis	
	Statistic	Statistic	Statistic	Statistic	Statistic	Statistic	Std.Error	Statistic	Std.Error
y_1	15	3462.71	6145.16	4379.541	742.1014	0.938	0.580	1.320	1.121
y_2	15	975.74	2139.66	1448.339	330.8160	0.751	0.580	0.225	1.121
y_3	15	820.77	1815.12	1255.549	315.5436	0.320	0.580	−1.060	1.121
y_4	15	473.12	1031.96	725.2573	166.2506	0.290	0.580	−0.434	1.121
y_5	15	671.03	1450.51	1000.759	235.8959	0.614	0.580	0.008	1.121
y_6	15	795.41	2519.59	1567.253	546.0668	0.413	0.580	−1.064	1.121
y_7	15	745.35	2359.29	1283.409	408.7935	1.320	0.580	2.313	1.121
y_8	15	293.51	804.61	516.9107	161.9057	0.357	0.580	−0.885	1.121
x_1	15	7763.13	18229.93	10903.66	3012.560	1.388	0.580	1.370	1.121
x_2	15	701.54	3246.06	1630.521	876.5633	0.758	0.580	−0.917	1.121
x_3	15	69.70	625.15	231.7567	156.3186	1.421	0.580	1.730	1.121

续表

	N	Minimum	Maximum	Mean	Std.	Skewness		Kurtosis	
	Statistic	Statistic	Statistic	Statistic	Statistic	Statistic	Std.Error	Statistic	Std.Error
x_4	15	4348.32	7843.85	6131.842	888.2792	−0.212	0.580	0.231	1.121
Valid　N(listwise)	15								

　　根据上面的计算结果得出辽宁省 14 个市城镇居民人均消费支出和收入水平、差异程度和分布形态。在消费支出中，食品支出水平最高，达到 4359.6507 元；其他商品和服务支出水平最低，仅为 511.9914 元。在收入中，转移性收入水平最高，达到 6123.062 元，财产性收入最低。各地区居民消费支出中，离散程度最大的是食品支出，最小的是其他支出；收入中离散程度最大的是工资性收入。在分布形态中，多数呈现右偏、尖峰。

　　注：在描述统计分析中，还有一个非常重要的功能，就是根据研究目的，将进行描述统计的有关变量计算其标准化值。方法是在描述统计的主对话框中，选中左下角的 Save standardized values as variables，即可在原数据文件的后面输出带"Z"标记的变量，即原变量的标准化值。如图 10-4 所示。

图 10-4　描述统计分析变量的标准化

三、频数分析应用举例

　　与描述统计分析类似，频数分析也是计算研究对象有关变量的集中趋势、离散程度和分布形态的。但在具体功能上略有差别，比如频数分析侧重于频数，能够计算频数列表。

【问题描述】

　　仍然使用描述统计分析研究的问题，计算辽宁省 14 个市城镇居民人均消费支出和收入水平、差异程度和分布形态。

【统计软件操作过程】

1. 调出主菜单(Analyze/Descriptive Statistics/Frequencies)

首先打开要进行描述统计分析的数据文件。然后在 SPSS 统计软件数据编辑窗口依次单击 Analyze/Descriptive Statistics/Frequencies，调出频数分析主菜单并进入描述统计主对话框 Frequencies，如图 10-5 所示。

图 10-5　频数分析菜单

2. 主对话框的设置

在描述统计主对话框中，在左侧的源变量框中将研究变量 y_1、y_2、y_3、y_4、y_5、y_6、y_7、y_8、x_1、x_2、x_3、x_4 等指标调入到右侧的 Variable(s)框中。同时选择对话框左下角的 Display frequency tables，输出各个变量的频数，如图 10-6 所示。

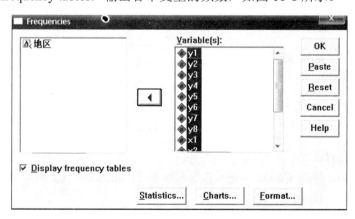

图 10-6　频数分析主对话框的设置

3. 二级对话框的设置

在频数分析的主对话框中，依次单击以下按钮，进行频数分析的设置，如图 10-7 所示。

1) Statistics 框的设置

在主对话框中，单击 Statistics，进入二级对话框 Frequencies: Statistics。在该对话框中进行以下设置。

(1) 分位数的设置。

在左上角，Quartiles 为四分位数，Cut points for equal groups 为十分位数，Percentile(s) 为百分位数。其中，百分位数要设置具体的分割点并单击 Add 进行添加才有效。

(2) 集中趋势的设置。

在右侧的 Central Tendency 框中，选择 Mean 输出各个变量的均值。其他各个选项的含义分别是：Median 为中位数，Mode 为众数，Sum 为总值。

(3) 离散程度的设置。

在下面的 Dispersion 框中，选择 Std.deviation 输出各个变量的标准差。其他各个选项的含义分别是：Variance 为方差，Range 为极差，Minimum 为最小值，Maximum 为最大值，S.E.mean 为标准误差。

(4) 分布形态的设置。

在右下角的 Distribution 框中，选择 Skewness 和 Kurtosis，输出偏度和峰度。上述设置完成后，单击 Continue 返回主对话框。

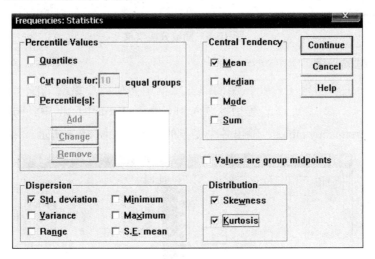

图 10-7 频数统计分析对话框设置

2) Charts 框的设置

在主对话框中，单击 Charts，进入二级对话框 Frequencies: Charts。在该对话框中各个选项的含义如下，如图 10-8 所示。

(1) 图形的选择。

None 为不输出各种图形，Bar charts 为输出各个变量的条形图，Pie charts 为输出各个变量的饼图，Histograms 为输出各个变量的直方图。

(2) Chart Values 选择。

在对话框下面的 Chart Values 框架中，Frequencies 为依据频数绘制图形，Percentages 为依据频率绘制图形。设置完成后，单击 Continue 返回主对话框。

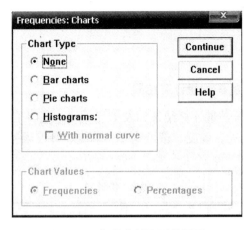

图 10-8　频数分析图形的设置

3) Format 框的设置

在主对话框中，单击 Format 按钮，进入二级对话框 Frequencies: Format。在该对话框中各个选项的含义如下，如图 10-9 所示。

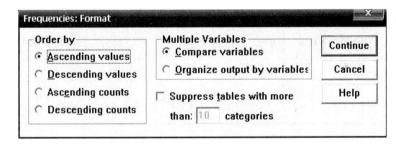

图 10-9　描述统计二级对话框的设置

(1) Order by。

Order by 用来设置图表中各个变量的输出顺序，包括 Ascending values 按变量值的大小作升序排列、Descending values 按变量值的大小作降序排列、Ascending counts 按频数的大小作升序排列、Descending counts 按频数的大小作降序排列。

(2) Multiple Variables。

Multiple Variables 框用于设置变量的表格显示格式。Compare variables 为各个变量的统计量显示在 1 张表中，Organize output by variables 为每个变量的统计量分别列表显示。

另外还有限定频数输出的范围，本题略。上述设置完成后，单击 Continue 返回到主对话框。

4) 运行程序(OK)

```
FREQUENCIES
VARIABLES=y1 y2 y3 y4 y5 y6 y7 y8 x1 x2 x3 x4
/STATISTICS=STDDEV MEAN SKEWNESS SESKEW KURTOSIS SEKURT
/ORDER= ANALYSIS .
```

【研究结论】

1. 频数分析各个变量的统计量计算结果

频数分析各个变量的统计量计算结果如表 10-3 所示。输出的统计量包括所有变量 y_1～y_8 和 x_1～x_4 的均值、标准差、偏度、偏度误差、峰度、峰度误差。频数分析得到的计算结果与描述统计相同。

表 10-3　统计表

		y_1	y_2	y_3	y_4	y_5	y_6	y_7	y_8	x_1	x_2	x_3	x_4
NN	有效值	14	14	14	14	14	14	14	14	14	14	14	14
	Missing	0	0	0	0	0	0	0	0	0	0	0	0
Mean		4360	1439	1251	721	995	1553	1268	512	10846	16196	231	6123
Std. Deviation		747	341	327.0	172	244	564	420	167	3118	908	162	921
Skewness		1.018	0.842	0.357	0.371	0.684	0.496	1.442	0.452	1.427	0.788	1.41	-0.17
Std. Error of Skewness		0.597	0.597	0.597	0.597	0.597	0.597	0.597	0.597	0.597	0.597	0.597	0.597
Kurtosis		1.297	0.221	-1.202	-0.530	-0.071	-1.123	2.513	-0.932	1.289	-1.032	1.51	0.002
Std. Error of Kurtosis		1.154	1.154	1.154	1.15	1.15	1.154	1.154	1.15	1.154	1.154	1.154	1.15

2. 频数列表

频数分析不同于描述统计的地方主要是其可以输出频数列表。频数列表的作用在于能较为系统地反映研究问题的各个变量的频数，如表 10-4 所示。

表 10-4　频数分析

		Frequency	Percent	Valid Percent	Cumulative Percent
有效值	3462.71	1	7.1	7.1	7.1
	3478.87	1	7.1	7.1	14.3
	3566.73	1	7.1	7.1	21.4
	3771.72	1	7.1	7.1	28.6
	4041.09	1	7.1	7.1	35.7
	4190.91	1	7.1	7.1	42.9

		Frequency	Percent	Valid Percent	Cumulative Percent
	4202.15	1	7.1	7.1	50.0
	4358.14	1	7.1	7.1	57.1
	4470.28	1	7.1	7.1	64.3
	4511.31	1	7.1	7.1	71.4
	4671.37	1	7.1	7.1	78.6
	4779.83	1	7.1	7.1	85.7
	5384.84	1	7.1	7.1	92.9
	6145.16	1	7.1	7.1	100.0
	Total	14	100.0	100.0	

这里只给出变量 y_1 的频数列表，其他变量的频数在结构上与此完全相同，限于篇幅，故从略。表 10-4 给出了变量 y_1 的各个变量值的取值概况，如各个变量值出现的频数，所占百分比，以及累计百分比。

注：实际上，频数分析中的频数列表在分类变量的数据计算中结果更加明显，更有助于对某变量各个不同取值的分析和判断。

第二节 交叉列联分析

交叉列联分析属于频数分析，并且是两个甚至是多个分类变量的频数分析。

一、交叉列联分析基本理论

(一)交叉列联分析概述

交叉列联分析可以实现以下功能：分类变量下的频数分析、数值型变量的频数分析和变量间关系分析。例如，对大学生实践能力的分析，在专业背景分析和身份背景分析的基础上，可以将大学生的专业背景和参加实践活动的身份背景结合起来，进行两个分类变量分析，并进而分析两个变量之间的相互关系。

(二)卡方检验

交叉列联分析中的卡方检验，用于判断两个分类变量的相关关系或者独立性。交叉列联分析通常采用皮尔逊卡方检验。检验过程包括以下几步。

1. 提出假设

零假设是两个分类变量(即行变量与列变量)相互独立，备选假设是两个分类变量相互关联。

2. 计算统计量

使用卡方统计量计算方法计算检验统计量。计算公式为：

$$\chi^2 = \sum_{i=1}^{r} \sum_{j=1}^{c} \frac{(f^0_{ij} - f^e_{ij})^2}{f^e_{ij}} \tag{10-6}$$

式中，r 为列联表的行数，c 为列联表的列数，f^0 为观察频数，f^e 为期望频数。期望频数 $f^e = (RT \cdot CT)/n$，RT 为列联表行的累计频数，CT 为列联表列的累计频数。

3. 选择显著性水平和临界值

显著性水平通常给定，含义是弃真的概率，临界值可以通过查表确定。

4. 检验结论

检验结论通过以下两种方法给出。

1) 根据统计量与临界值比较的结果进行决策

如果统计量大于临界值，可以拒绝零假设而接受备选，认为列联表的行变量和列变量关系密切，高度相关；反之，接受零假设而拒绝备选假设，认为列联表的行变量和列变量关系不密切，变量相互独立。

2) 根据统计量的相伴概率 p 与给定的显著性水平比较进行决策

如果统计量的相伴概率 p 小于给定的显著性水平，可以拒绝零假设而接受备选假设，认为列联表的行变量和列变量相关；反之，行变量与列变量独立。

在统计软件中，还可以使用以下几种检验方法检验两个分类变量的相关性或独立性。

① 基于卡方检验的 C 系数。

计算公式为：

$$C = \sqrt{\frac{\chi^2}{\chi^2 + n}} \tag{10-7}$$

② Phi 系数。

Phi 系数适用于 2×2 的列联表，是对卡方统计量的修正。计算公式为：

$$\varphi = \sqrt{\frac{\chi^2}{n}} = \frac{A_{11}A_{22} - A_{12}A_{21}}{\sqrt{R_1 R_2 C_1 C_2}} \tag{10-8}$$

φ 的取值在 -1～+1，绝对值越接近于 1，表明行列变量的相关性越强；反之，表明行列变量的相关性越弱。

③ Cramer, sv 系数。

计算公式为：

$$V = \sqrt{\frac{\chi^2}{n \min[(R-1)(C-1)]}} \tag{10-9}$$

V 系数的取值在 0～1，越接近于 1，表明变量的相关性越强。

二、交叉列联分析应用举例

某公司属机械制造行业，计划研究职工性别、文化程度及技术职称之间的关系，以便更好地制订职工培训及薪酬计划。该公司共有员工 650 人，为进行本次研究，公司以员工花名册(注：花名册等同于本公司的实际职工)作为抽样框，随机抽查 30 名员工进行调查。根据研究目标，本次调查的内容包括职工的性别、年龄、技术职称和文化程度 4 个指标。如表 10-5 所示。表中各个变量有序号、性别(其中 1 为男性，2 为女性)，技术职称(其中 1 为高级工程师，2 为工程师，3 为助理工程师，4 为无技术职称)，文化程度(其中 1 为本科，2 为专科，3 为高中，4 为初中及以下)。

表 10-5 公司职工调查表

序 号	性 别	年 龄	技术职称	文化程度
1	1	48	1	1
2	1	49	2	2
3	1	54	1	3
4	1	41	3	3
5	1	38	3	1
6	2	41	4	3
7	2	42	4	3
8	2	41	4	3
9	2	42	2	2
10	1	35	3	1
11	1	56	1	2
12	1	59	2	2
13	1	59	3	4
14	1	41	2	1
15	1	55	3	4
16	1	45	3	4
17	1	35	2	2
18	2	40	3	1
19	2	44	2	2
20	2	41	2	2
21	1	48	1	1
22	1	52	2	1
23	1	52	1	2
24	1	32	2	2
25	2	36	4	3

序　号	性　别	年　龄	技术职称	文化程度
26	1	39	2	1
27	1	45	2	3
28	2	42	3	4
29	1	40	3	4
30	2	30	3	2

运用上述资料进行文化程度和技术职称的交叉列联分析。

【研究结论】

1. 卡方检验

Pearson λ^2 值为 26.189，相伴概率为 0.002，所以拒绝零假设，认为职工文化程度和技术职称之间相关性高，如表 10-6 和表 10-7 所示。

表 10-6　卡方检验

	Value	d_f	Asymp. Sig. (2-sided)
Pearson Chi-Square	26.189(a)	9	0.002
Likelihood Ratio	25.609	9	0.002
Linear-by-Linear Association	5.776	1	0.016
N of Valid Cases	30		

a 16 cells (100.0%) have expected count less than 5.

The minimum expected count is 0.67.

表 10-7　文化程度和职称交叉列联分析

		职　称				合计
		高级工程师	工程师	助理工程师	无技术职称	
文化程度	本科	2	3	3	0	8
	专科	2	6	2	0	10
	高中	1	1	1	4	7
	初中	0	0	5	0	5
合计		5	10	11	4	30

2. 交叉列联分析

总体来说，工程师和助理工程师的人数较多，共有 21 人；本专科文化程度的人数较多，有 18 人；建议公司重视职工教育与培训，尤其是针对文化程度较低的职工。

第三节　多选项分析

在市场调查中，被调查者对调查的回答会有多种选择。例如，对客户选择旅行社的调查中，客户选择旅行社的原因有多种，如价格、信誉、服务等。鉴于此，多选项分析在SPSS统计软件是非常重要的研究方法和研究内容。

一、多选项分析概述

所谓多选项，是指针对某个调查问题，有多个备选答案。若有 n 个选项，从纯理论上讲就有 2^n 种可能的答案。所谓多选项定义，就是将调查问卷中的多项选择题的多个备选答案进行定义，为后面的统计分析奠定基础。

(一)多选项二分类法

在 SPSS 统计软件中，主要使用二分类法。这种定义方法是将每个备选答案都看成是单独的 1 个变量，再将所有备选答案组合起来成为多选项问题。例如，调查人们对某商品多个品牌的意见，设有 5 个品牌，则每个品牌都看成是 1 个变量，本题就看成是 5 个变量，相当于 5 个小题。而每个小题都只有 0、1 两种备选答案，即是与非。二分类定义法简单易懂。但是，当多选题的备选答案很多时，这种定义方法就显得过于麻烦，而应考虑使用多选项多分类法。

(二)多选项多分类法

多选项多分类法就是假设该多选题对于被访者来讲最多只有 m 个答案(注：m 小于备选答案的个数 n)，或者调查机构要求被访者只能给出 m 个答案。此时，应使用多分类法。在定义时，多分类法不是列出所有的备选答案，而是只列出 m 个答案，每个答案列出 1 至 n 之间的备选项。

多选项分析用得较多的是频数分析和交叉列联分析。所谓频数分析，就是将调查问卷中多选项的所有备选答案的选择情况进行计数统计，即将参与调查的所有人对每个备选答案的回答结果整理出来，并以频数(个数)的形式表达出来。在统计软件中，频数分析是通过多选项菜单中的Frequencies进行的。

二、多选项分析应用举例

【拟定研究问题】

如对"工商管理专业应用型人才培养模式"进行调研，设立问题"在现有课程体系中，挑选您感兴趣的专业基础课与专业课"(Q7)为例，说明多选项分析的具体操作过程和操作方法。

该多选题的备选答案有管理学、经济学、统计学、会计学、市场营销学、生产运营管理、人力资源管理、财务管理、质量管理、物流管理、企业战略管理、统计软件、税法、财务会计、成本会计、企业管理咨询、现代企业管理、薪酬管理、绩效管理、领导科学、管理沟通、人力资源选拔与测评、审计学、劳动经济学、资本运营、财政与金融、管理心理学、会计电算化、商务礼仪 29 门课程。变量编码为 q7.1～q7.29，要求被调查者根据自己的实际情况选择填写。

【统计软件操作过程】

1. 调出主菜单(Analyze/Multiple Response/Define Sets)

在多选项数据编辑窗口，依次单击 Analyze/Multiple Response/Define Sets 调出多选项分析菜单并进入多选项分析主对话框 Define Multiple Response Sets，如图 10-10 所示。

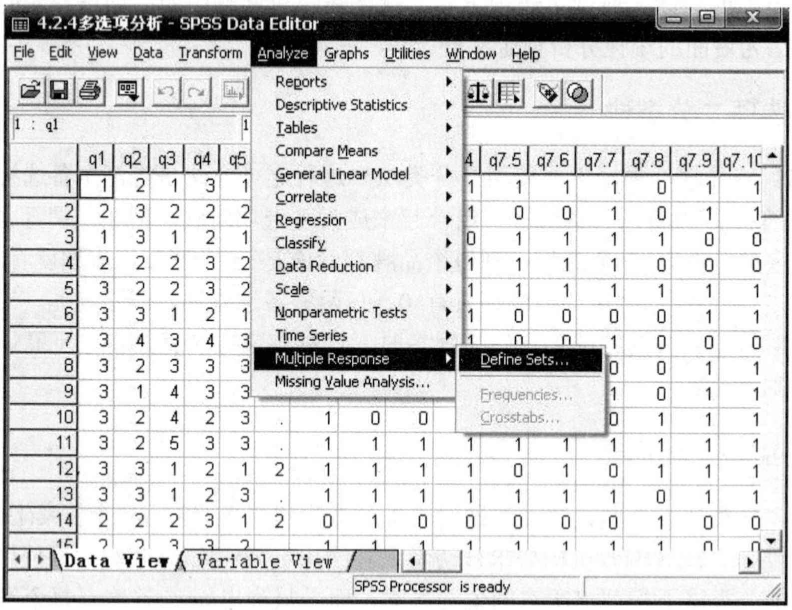

图 10-10　多选项分析菜单

2. 主对话框的设置(Define Multiple Response Sets)

在主对话框中，进行多选项分析的设置，如图 10-11 所示。

1)　选择分析变量

将主对话框左侧 Set Definition 框中的该多选题 Q7 的备选答案 Q7.1～Q7.21 调入到右上角的 Variables in Set 框中。

2)　多选题集的定义

在 Variables Are Coded As 中，选择第 1 个选项 Dichotomies Counted value:，并在其后的空白框中键入"1"，"1"为选择该备选答案，"0"为没有选择该备选答案。

3)　输入变量名

在 Name 之后的空白框中输出该多选题的原变量名，此处为"Q7"。

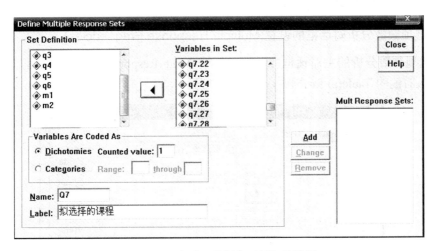

图 10-11　多选项分析主对话框的设置

4)　确定变量名标签

在 Label 之后的空白框中输出该多选题的变量名标签，此处为"拟选择的课程"。再单击右侧的 Add 按钮，调入到右侧的 Mult Response Sets:框中，之后该框中将显示 Sq7。设置完成后，单击 Close 按钮，返回到主对话框。

3. 调出多选项频数分析主菜单(Analyze/Multiple Response/Frequencies)

在多选项分析的数据编辑窗口，依次单击 Analyze/Multiple Response/Frequencies，调出多选项频数分析的菜单并进入频数分析的主对话框 Multiple Response Frequencies，如图 10-12 所示。

图 10-12　多选项频数分析的菜单

4. 多选项频数分析对话框的设置(Multiple Response Frequencies)

在多选项频数分析的主对话框中，将左侧框 Mult Response Sets:框中"拟选择的课程[Sq7]"调入右侧的 Table(s) for:框中，如图 10-13 所示。

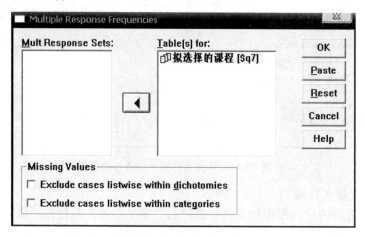

图 10-13　多选项频数分析主对话框的设置

5. 运行程序(OK)

```
MULT RESPONSE
GROUPS=$q7 '拟选择的课程' (q7.1 q7.2 q7.3 q7.4 q7.5 q7.6 q7.7 q7.8 q7.9
q7.10 q7.11 q7.12 q7.13 q7.14 q7.15 q7.16 q7.17 q7.18 q7.19 q7.20 q7.21
q7.22 q7.23 q7.24 q7.25 q7.26 q7.27 q7.28 q7.29 (1))
/FREQUENCIES=$q7 .
```

【研究结论】

通过以上步骤，计算得到多选项数据，如表 10-8 所示。

表 10-8　多选项分析结果

Group Sq7 拟选择的课程

　(Value tabulated = 1)

Dichotomy label	Name	Count	Pct of Responses	Pct of Cases
	q7.1	48	4.0	80.0
	q7.2	46	3.8	76.7
	q7.3	43	3.6	71.7
	q7.4	46	3.8	76.7
	q7.5	45	3.7	75.0

Group Sq7 拟选择的课程

(Value tabulated = 1)

Dichotomy label	Name	Count	Pct of Responses	Pct of Cases
	q7.6	41	3.4	68.3
	q7.7	38	3.1	63.3
	q7.8	40	3.3	66.7
	q7.9	43	3.6	71.7
	q7.10	43	3.6	71.7
	q7.11	47	3.9	78.3
	q7.12	43	3.6	71.7
	q7.13	40	3.3	66.7
	q7.14	36	3.0	60.0
	q7.15	40	3.3	66.7
	q7.16	47	3.9	78.3
	q7.17	44	3.6	73.3
	q7.18	37	3.1	61.7
	q7.19	38	3.1	63.3
	q7.20	46	3.8	76.7
	q7.21	36	3.0	60.0
	q7.22	36	3.0	60.0
	q7.23	42	3.5	70.0
	q7.24	37	3.1	61.7
	q7.25	42	3.5	70.0
	q7.26	40	3.3	66.7
	q7.27	38	3.1	63.3
	q7.28	39	3.2	65.0
	q7.29	46	3.8	76.7
		-------	-----	-----
Total responses		1207	100.0	2011.7

0 missing cases; 60 valid cases.

表 10-8 中，第 1 列为该多选题的备选答案名称，第 2 列为选择该答案的人数，第 3 列为选择该答案人数在所有选择答案的人中所占比重(如第 1 行的 4.0%=48/1207)，第 4 列为选择该答案人数在 60 人中所占比重(如第 1 行的 80%=48/60)。从数据来看，各个备选答案之间的差别并不太大，许多选项之间非常接近。但实际情况却并非如此。结合后面进行的 R 型聚类分析的结果，调查样本中的 60 人对该题的选择差别很大，主要体现在选择备选答案的结构上，即根据备选答案可以总结出学生对工商管理专业未来专业方向的希望，那就

是希望该专业设置成工商管理专业(即不设专业方向)、财务管理专业方向、人力资源管理专业方向 3 个类型。

第四节　相关与回归分析

社会经济现象之间存在各种类型的相互关系，其中相关关系非常普遍。利用相关分析基本理论和方法，可以分析社会经济现象之间相互影响、相互制约的相关关系，研究现象间的相关程度，结合有关理论和实践，制定相应对策。

一、相关分析的基本含义与种类

变量之间的数量关系存在着两种不同的类型，一种是函数关系，一种是统计关系，即相关关系。函数关系是指现象(变量)之间存在着一种固定的、严格的数量依存关系，如银行存款中本金与利息之间的关系，数学中角度与函数值之间的关系。相关关系是指现象之间存在着一种非确定性的数量依存关系，即一个现象发生数量变化时，另一个现象也相应地发生数量变化，但其关系值是不固定的，往往同时出现一系列不同的数值，在一定的范围内变动着，这些数值分布在它们的平均数周围。相关关系的分类主要包括：按相关关系涉及的变量(或因素)的多少，可分为单相关与复相关；按相关关系的表现形式，可分为线性相关和非线性相关；按相关的方向，可分为正相关和负相关；按变量之间的相关程度，可分为完全相关、不完全相关和不相关，其中不完全相关包括高相关、中相关、低相关。

在进行相关分析时，主要任务是确定现象之间有无相关关系存在，以及相关关系呈现的形态；确定相关关系的密切程度。判断相关关系密切程度的主要方法是绘制散点图和计算相关系数。

相关关系的考察与计量有多种方法，最常用的是相关图表和相关系数。所谓相关图表，就是在定性分析的基础上，为样本资料编制相关表和绘制相关图，以直观地判断现象之间大致上呈现何种关系，粗略地研究变量间是否存在相关关系及相关关系的方向和密切程度。

(一)单相关系数的含义与计算

各种相关中，单相关是基本的相关关系，它是复相关、偏相关的基础。单相关有线性相关和非线性相关两种表现形式。测定线性相关系数的方法是最基本的相关分析，是测定其他相关系数的基础。线性的单相关系数即直线相关系数，简称单相关系数。

单相关系数最基本的计算方法称为积差法。积差法的计算公式为：

$$r_{ij} = \frac{\sum(x - \bar{x})(y - \bar{y})}{\sqrt{\sum(x - \bar{x})^2(y - \bar{y})^2}} \tag{10-10}$$

实践中，应用较多的是简捷计算法。用简捷计算法计算单相关系数的公式为：

$$r = \frac{n\sum xy - \sum x \sum y}{\sqrt{n\sum x^2 - \left(\sum x\right)^2}\sqrt{n\sum y^2 - \left(\sum y\right)^2}} \tag{10-11}$$

以上公式中，r 为单相关系数，n 为样本规模，x、y 为两个变量的取值。

相关系数是根据样本数据计算出来的，两个不相关的变量，其样本相关系数也可能较高，这在统计上称为虚假相关。要从样本相关系数判断总体是否也具有这样的关系，则需要对相关系数进行统计检验后才能得出结论，只有通过检验的单相关系数才是有效的相关系数。检验过程包括以下几步。

1. 提出假设

$$H_0: r = 0，备选假设 H_1: r \neq 0$$

2. 构造单相关系数统计量

$$t = \frac{r}{\sqrt{1 - r^2}}\sqrt{n - 2} \tag{10-12}$$

式中，t 服从自由度为 $n-2$ 的 t 分布。

3. 给出临界值

给定一个小概率(显著性水平)α 作为检验的判断标准。显著性水平一般取值 0.01、0.05、0.10。

4. 统计决策

依据统计量与临界值或者直接根据 Sig 相伴概率得出检验结论。若相伴概率大于或等于显著性水平，则不能拒绝零假设，认为相关系数与 0 无显著差异，即相关系数不显著；若相伴概率小于显著性水平，则不能接受零假设，认为偏相关系数与 0 有显著差异，即相关系数显著。

(二)偏相关分析概述

在相关分析中，时常要研究两个变量之间的关联程度，这是单相关分析。但在社会经济发展实践中，两个变量之间"纯净"的单相关关系是非常少见的，因为"它们"都存在于复杂多变的环境之中。所以，仅仅进行变量之间的关联程度分析时，还需要研究在多个变量条件下两个变量之间的相关关系，这就是偏相关。反映偏相关程度的指标就是偏相关系数。

设有 3 个变量，两两之间的单相关系数用 r 表示，则偏相关系数的计算公式为：

$$r_{12.3} = \frac{r_{12} - r_{13}r_{23}}{\sqrt{1 - r_{13}^2}\sqrt{1 - r_{23}^2}} \tag{10-13}$$

式中，左侧是偏相关系数，右侧的 r 是任意两个变量之间的单相关系数。

偏相关系数的检验过程与单相关系数的检验过程类似，包括以下 4 个阶段。

1. 提出假设

$$H_0 : r_{12.3} = 0，备选假设 H_1 : r_{12.3} \neq 0$$

即零假设为偏相关系数与 0 无显著差异，备选假设与 0 有显著差异。

2. 构造偏相关系数统计量

$$t = r \sqrt{\frac{1 - r_{12.3}^2}{n - 3}} \tag{10-14}$$

式中，t 服从自由度为 $n-3$ 的 t 分布，r 为偏相关系数，n 为样本规模。

3. 给出临界值

给定一个小概率(显著性水平)α 作为检验的判断标准。显著性水平一般取值 0.05。

4. 统计决策

依据统计量与临界值或者直接根据 Sig 相伴概率得出检验结论。若相伴概率大于或等于显著性水平，则不能拒绝零假设，认为偏相关系数与 0 无显著差异；若相伴概率小于显著性水平，则不能接受零假设，认为偏相关系数与 0 有显著差异。

(三)等级相关分析概述

当研究两个分类变量，或顺序变量之间的关系时，需要计算 Spearman 等级相关系数或者 Kendall's tua-b 等级相关系数。如在白酒评级中，将各个品牌白酒匿名，用序号代替表示，选择一些评酒专家对各个序号的白酒进行品尝并打分排序。在这个过程中，为保证评价结果的准确、可靠，可以事先将评酒专家分为两组，分别进行评价，然后将两次评价结果按照白酒序号列出评价结果。现在的问题是，要考察两次评价之间的相关性。此时，可以使用等级相关分析。

Spearman 等级相关系数的计算公式如下：

$$R = 1 - \frac{6 \sum d^2}{n(n^2 - 1)} \tag{10-15}$$

式中，R 为 Spearman 等级相关系数，d 为两次评价的秩的差，n 为样本规模。

Spearman 等级相关系数的有效性检验分为以下两种情形。

1) 小样本

当样本规模小于 30 时，统计软件直接给出相伴概率，用户使用相伴概率与显著性水平进行比较得出检验结论。

2) 大样本

当样本规模大于 30 时，用 Z 统计量进行检验。检验时，统计软件直接计算出 Z 的相伴概率，用户据此得出检验结论。Z 的计算公式为：

$$Z = R \sqrt{n - 1} \tag{10-16}$$

二、回归分析概述

社会经济现象之间存在各种类型的相互关系，其中回归关系也非常普遍。例如，经济发展与经济效益之间的关系，能源消耗与经济发展之间的关系，粮食产量与化肥施肥量之间的关系，居民消费与收入之间的关系等。利用现象间的相关关系，可以研究自变量(解释变量)对因变量(被解释变量)的影响方向和影响程度。

回归分析的主要对象是社会经济发展中现象之间的相关关系及其相互影响。这种分析和研究建立在社会经济现象的大量观察和相应的理论之上。回归分析方法是通过建立有效的回归模型模拟现象之间的关系，揭示现象的特点和发展规律。

回归分析按照研究变量的多少，可分为一元线性回归分析和多元线性回归分析；按照回归模型参数的确定方法，可分为最小二乘估计分析和其他估计分析；按照模型参数估计方法的改进，可分为岭回归分析、主成分回归分析和偏最小二乘估计分析；按照模型趋势，可分为线性回归分析和曲线回归分析。

多元线性回归分析依据多元线性回归分析理论要求，针对研究问题，确定样本并收集数据，建立多元线性回归模型并进行多元线性回归分析模型有效性检验，利用该模型进行相应的预测。所以多元线性回归分析的基本过程是：建立模型——模型有效性检验——模型的使用。

(一)多元线性回归分析模型

如果被解释变量(因变量)y 与 k 个解释变量(自变量) x_1、x_2、$\cdots$、x_k 之间有线性相关关系，那么它们之间的多元线性总体回归模型可以表示为：

$$y = \beta_0 + \beta_1 x_1 + \beta_2 x_2 + \cdots + \beta_i x_k + \varepsilon \tag{10-17}$$

式中，β_0、β_1、β_2、$\cdots$、β_i 是 $k+1$ 个未知参数，又称为模型参数，x_1、x_2、$\cdots$、x_k 称为回归系数；ε 是随机误差项。

如果将 n 组实际观测数据 $y_i, x_{i1}, x_{i2}, \cdots, x_{ik}$，以及 $i = 1, 2, \cdots, n$ 代入式中，可得到下列简化的模型形式：

$$Y = XB + U$$

$$\text{其中，} Y = \begin{bmatrix} y_1 \\ y_2 \\ \vdots \\ y_n \end{bmatrix} \quad X = \begin{bmatrix} 1 & x_{11} & x_{12} & \cdots & x_{1k} \\ 1 & x_{21} & x_{22} & \cdots & x_{2k} \\ \vdots & \vdots & \vdots & \vdots & \vdots \\ 1 & x_{n1} & x_{n1} & \cdots & x_{nk} \end{bmatrix} \quad B = \begin{bmatrix} \beta_0 \\ \beta_1 \\ \vdots \\ \beta_k \end{bmatrix} \quad U = \begin{bmatrix} u_1 \\ u_2 \\ \vdots \\ u_n \end{bmatrix}$$

在研究实践中，由于总体数据很难取得，所以多数情况是通过样本进行多元线性回归分析。此时，基于样本数据的多元线性回归模型为：

$$y = \beta_0 + \beta_1 x_1 + \beta_2 x_2 + \cdots + \beta_i x_k \tag{10-18}$$

在多元线性回归分析中，自变量 x 的个数 k 要少于数据文件中个案的个数 n。除此之外，还有以下多元线性回归模型的重要假定。

1. 高度相关

自变量与因变量之间存在较高的线性相关，这是进行多元线性回归分析的基本条件。

2. 正态分布

随机误差项 μ_i 服从正态分布。

3. 方差齐

随机误差项 μ_i 的方差相同，即方差齐。

多元线性回归分析的参数一般参与最小二乘估计(OLS)。根据微分极值原理，直接整理得到多元线性回归模型的参数估计公式：

$$\hat{B} = \left(X^T X \right)^{-1} X^T Y \tag{10-21}$$

式中，$\hat{\beta}$ 为参数的最小二乘估计量。利用式(10-19)可以得到模型参数，多元线性回归模型就建立起来了。模型建立后，需要经过有效性检验。

(二)自变量(解释变量)的选择

拟定变量是多元线性回归分析中极其重要的问题。在研究社会经济问题时，正确拟定自变量是进行多元线性回归研究的重要环节。一般情况下，根据研究目的、研究对象的特点和有关经济及统计理论选择自变量。选择自变量应"不重不漏"，不重要的自变量不应引入，重要的自变量也不能遗漏。从 20 世纪中后期开始，筛选自变量成为多元线性回归模型中的重要研究内容。

多元线性回归模型有全模型和自定义模型两种。所谓全模型，是所有影响因变量 y 的自变量都入选该模型，即 y 与所有 x_i 组成的多元线性回归模型。在某些条件下，若只选择部分 x_i 进入该模型，由 y 与部分 x_i 组成的多元线性回归模型称为自定义模型。在有些教材中，也将前者称为饱和模型，后者称为非饱和模型。全模型不涉及自变量的选择问题，自定义模型必须进行自变量的选择。

多元线性回归模型应用是指使用确切、合格、有效的多元线性回归模型模拟研究问题，对研究问题在预定范围内模拟其发展过程、发展趋势，进行点预测和区间预测。

自变量的筛选对多元线性回归模型应用的影响分为以下两方面。

1. 不利影响

自定义模型参数是全模型参数的有偏估计，若使用模型进行预测，则预测值也是有偏的。

2. 有利影响

若全模型中包括部分不是很重要的自变量，则使用全模型所做预测的精度会有所降低，相反，使用自定义模型所做预测的精度会有所上升；同时，使用自定义模型进行预测的残差的方差降低。所以，优秀的多元线性回归模型并不一定是全模型好，或者包括的自变量越多越好。在研究实践中，要实事求是地选择自变量，将切实重要的、对因变量 y 有重要影响的自变量选入模型。只有这样，多元线性回归模型才是符合要求的、具有较高效率的多元线性回归模型。所以自变量的选择在多元线性回归分析中是一个非常重要的理论和实践问题。

从理论上看，对于可供选择的 k 个自变量而言，线性回归模型的个数为 2^k，但实践上只能研究 1 个回归模型。所以自变量的选择势在必行。

描述统计是市场调查分析中最常见的分析方法。描述统计分析的关键是如何选择适当的图表或数值使数据更易于解释。不同的描述统计分析方法适用于不同的研究目的。定量数据描述统计分析包括集中趋势的分析和离散程度的分析。集中趋势是反映研究问题特征的重要指标。通过集中趋势的计算和分析，反映研究问题的平均水平。依据平均水平可以刻画研究问题的发展水平，进行横向和纵向发展水平的比较，实现对研究问题的一般认识。集中趋势的度量主要包括均值水平(Mean)，中位数(Median)，众数(Mode)，总和(Sun)等几个指标。离散程度是反映研究问题特征的重要指标。通过离散程度的计算和分析，反映研究问题的离散状况。离散程度的测量常与集中趋势的分析结合使用。依据离散程度可以刻画研究问题的差异，进行横向和纵向差异程度的比较，反映研究问题的均衡性和稳定性，实现对研究问题的一般认识。离散程度的度量主要包括标准差(S.D)、方差(Variance)、全距(Range)、最小值(Minimum)、最大值(Maximum)、均值的标准误差(S.E.mean)等。

交叉列联分析属于频数分析，并且是两个甚至是多个分类变量的频数分析。所谓频数分析，就是将调查问卷中该多选项的所有备选答案的选择情况进行计数统计，即将参与调查的所有人对每个备选答案的回答的结果整理出来，并以频数(个数)的形式表达出来。交叉列联分析可以实现以下功能：分类变量下的频数分析，数值型变量的频数分析，变量间关系分析。交叉列联分析中的卡方检验，用于判断两个分类变量的相关关系或者独立性。交叉列联分析通常采用皮尔逊卡方检验。在市场调查中，被调查者对调查的回答很可能有多种选择，如在进行的客户选择旅行社的调查中，客户选择旅行社的原因有多种，比如价格、信誉、服务等。鉴于此，多选项分析在 SPSS 统计软件中成了非常重要的研究方法和研究内容。多选项分析用得较多的是频数分析和交叉列联分析。

相关关系的划分：按相关关系涉及的变量(或因素)的多少，可分为单相关与复相关；按相关关系的表现形式，可分为线性相关和非线性相关；按相关的方向，线性相关可分为正相关和负相关；按变量之间的相关程度，可分为完全相关、不完全相关和不相关，其中不完全相关包括高相关、中相关、低相关。在进行相关分析时，主要任务是确定现象之间有无相关关系存在，以及相关关系呈现的形态；确定相关关系的密切程度。判断相关关系密切程度的主要方法是绘制散点图和计算相关系数。

回归分析的主要对象是社会经济发展中现象之间的相关关系及其相互影响。这种分析和研究建立在社会经济现象的大量观察和相应的理论之上。回归分析方法是通过建立有效的回归模型来模拟现象之间的关系，揭示现象的特点和发展规律。回归分析的划分：按照研究变量的多少，可划分为一元线性回归分析和多元线性回归分析；按照回归模型参数的确定方法，可划分为最小二乘估计分析和其他估计分析；按照模型参数估计方法的改进，可划分为岭回归分析、主成分回归分析和偏最小二乘估计分析；按照模型趋势，可划分为线性回归分析和曲线回归分析。

思考讨论题

1. 简要说明描述统计分析的基本理论和方法。
2. 什么是交叉列联分析？
3. 选择某类上市公司，利用统计软件对该公司的经营能力进行描述统计分析。
4. 什么是多选项分析？多选项分析的内容有哪些？
5. 简述多选项分析的过程。
6. 在统计软件中，怎样进行多选项分析？
7. 什么是相关分析？相关分析有哪些类型？
8. 相关分析通过哪些方法计量和反映？
9. 回归模型的类型有哪些？
10. 怎样计算多元线性回归模型的参数？

调研报告的撰写.mp4

统计分析方法.mp4

统计分析方法.ppt

第十一章　消费者购买行为调研

引导案例

李维斯(Levi's)牛仔裤为什么会吸引消费者

李维斯(Levi's)是著名的牛仔裤品牌，由犹太商人 Levi Strauss(李维·斯特劳斯)创立。19 世纪 50 年代，美国向西部拓荒时期，Levi Strauss(李维·斯特劳斯)无意间将帐篷的帆布拿来改制成结实的工作裤，由于方便、实用、耐穿兼帅气，让许多同行的牛仔十分羡慕，也跟着模仿。这引起了李维生产帆布工作服的念头，牛仔裤就这样在众多牛仔间流行起来。最先，牛仔裤只被视为农牧场、矿山、工厂等生产工人的工作服，是一种难登大雅之堂的非正式穿着。但经过多次的社会运动以后，人们的思想更加开放和活跃，等级观念淡化，牛仔裤从专属于蓝领阶层工作服的定位一跃成为大众化、年轻化的魅力象征，不但美国年轻人喜爱，在世界各地也风行起来。到 20 世纪 70 年代，白领阶层、富豪名流、绅士淑女也将牛仔裤当作休闲服来穿。牛仔服已变成消费者表现个性、肯定自我的代表性商品。

牛仔裤风行全球与李维善于运用影片或影星、歌星创造市场息息相关。利用外在因素影响消费者的消费习惯与购买行为，在李维身上体现得淋漓尽致。现在，牛仔装在式样、质料、颜色上都已朝着多样化、个性化、品位化的方向发展，成为经久不衰的商品。

第一节　消费者购买行为模式

企业要想在市场竞争中适应市场、驾驭市场，就必须了解消费者购买行为的基本特征。消费者购买行为涉及每一个人和每个家庭，购买者多而分散。因此，消费者市场是一个人数众多、幅员广阔的市场。由于消费者所处的地理位置各不相同，闲暇时间不一致，具有购买地点和购买时间的分散性。

一、消费者购买行为的含义

消费者购买行为是指消费者为满足其个人或家庭生活需要而发生的购买商品的决策过程。消费者购买行为是复杂的，其购买行为的产生是受其内在因素和外在因素相互影响的。企业营销通过对消费者购买行为的研究，来掌握其购买行为的规律，从而制定有效的市场营销策略，实现企业营销目标。消费者购买商品时通常会慎重选择，加之在市场经济比较发达的今天，人口在地区间的流动性较大，导致消费者的流动性很大，消费者经常在不同产品、不同地区及不同企业之间流动。

消费者因受年龄、性别、职业、收入、文化程度、民族、宗教等影响，其需求有很大的差异性，对商品的要求也各不相同，而且随着社会经济的发展，消费者消费习惯、消费观念、消费心理不断发生变化，从而导致消费者购买行为差异性大。

绝大多数消费者缺乏相应的专业知识、价格知识和市场知识，尤其是对某些技术性较强、操作比较复杂的商品，更是如此。消费者购买行为受感情因素的影响较大。因此，消费者很容易受广告宣传、商品包装、装潢以及其他促销方式的影响，产生购买冲动。

二、消费者购买行为模式

现实中的消费者是多种多样的，不同的消费者在购买动机及行为方面有着很大差别。受购买动机、经济条件、生活方式、社会文化、年龄和个性等因素的影响，消费者购买行为模式主要有以下六种类型。

(一)价格型购买行为模式

具有这种购买行为模式的客户对商品价格比较敏感。其中，有些客户总喜欢购买廉价商品，甚至在没有购买意向的情况下，见到廉价商品也会有购买行为。还有些消费者特别信任高级商品，认为这类商品用料上乘，质量可靠，即所谓"一分钱，一分货"，所以常乐于购买高价商品，认为这样可以使自己的需求达到更好的满足。

(二)理智型购买行为模式

有些客户习惯在反复考虑、认真分析、多方选择的基础上采取购买行为。他们购买商品时比较慎重，不轻易受广告宣传、商品外观以及其他购买行为的影响，而是对商品质量、性能、价格和服务等认真比较。接待这类客户要实事求是，详细地介绍商品，努力促成交易。

(三)冲动型购买行为模式

具有这种行为模式的消费者经常在广告、商品陈列和使用示范等因素刺激下购买商品。他们在挑选商品时主要凭直观感受，而很少进行理智思考，不大讲究商品实际效用和价格等，因为喜爱或看到他人争相购买，就会迅速采取购买行为。生动的广告、美观的商品包装、引人注目的商品陈列等，对于吸引这类消费者效果十分显著。

(四)想象型购买行为模式

有些人往往根据自己对商品的想象、评价或联想进行选购。该类消费者在购买商品时，比较重视商品名称、造型、图案、色彩、寓意等，这是一种比较复杂的购买行为。具有这种购买行为的消费者通常对商品有很高的鉴赏力，他们的选择对相关群体的影响比较大。

(五)习惯型购买行为模式

有些消费者通常根据自己过去的使用习惯和爱好购买商品，或总是到自己熟悉的地点去购买商品。他们一般比较忠于自己熟悉的商品、商标和经销商，选择商品和购买地点具有定向性、重复性，他们见到自己习惯的商品就会果断采取购买行为，不需要进行反复比较。

(六)随意型购买行为模式

有些消费者对商品没有固定偏好，不讲究商品的商标和外观，往往是随机购买，这被称为随意型购买。它有两种表现：一种表现是不愿为购买商品多费精力，需要时遇到什么就买什么，图方便和省事；另一种表现是购买者缺乏主见或经验，不知道怎样选择，乐于效仿他人，卖方的建议对其影响也很大。

人们的购买行为模式并不是一成不变的。在现实生活中，人们的购买行为模式与产品特性有直接关系。人们在购买不同类别的商品时，往往会采取不同的行为模式。例如，购买一般生活用品，属于随意型、习惯型的较多；而对于高档消费品，多数人属于理智型；对于服装、礼品等，则以冲动型或价格型购买占多数。因此，掌握了各种类型的消费者，就能深入地了解其需求，更好地提供服务，从而赢得消费者。

第二节　影响消费者购买的内部因素

一、个人因素

消费者购买行为首先受其自身因素的影响，这些因素主要包括以下几个方面。

(一)消费者的经济状况

消费者的经济状况即消费者的收入、存款与资产、借贷能力等。消费者的经济状况会强烈影响消费者的消费水平和消费范围，并决定着消费者的需求层次和购买能力。消费者经济状况较好，就可能产生较高层次的需求，购买较高档次的商品，享受较为高级的消费。相反，消费者经济状况较差，通常只能优先满足衣食住行等基本生活需求。

(二)消费者的职业和地位

不同职业的消费者，对于商品的需求与爱好往往不一致。一个从事教师职业的消费者，一般会较多地购买报纸、杂志等文化商品；而对于时装模特儿来说，则更为需要漂亮的服饰和高雅的化妆品。消费者的地位也影响着其对商品的购买行为。身在高位的消费者，将会购买能够显示其身份与地位的较高级的商品。

(三)消费者的年龄与性别

消费者对产品的需求会随着年龄的增长而变化，在生命周期的不同阶段，相应需要各种不同的商品。如在幼年期，需要婴儿食品、玩具等；而在老年期，则更多需要保健和延年益寿产品。不同性别的消费者，其购买行为也有很大差异。烟酒类产品较多为男性消费者购买，而女性消费者则喜欢购买时装、首饰和化妆品等。

(四)消费者的性格与自我观念

性格是指一个人特有的心理素质，通常用刚强或懦弱、热情或孤僻、外向或内向、激进或保守等去描述。不同性格的消费者具有不同的购买行为。刚强的消费者在购买时表现出大胆自信，而懦弱的消费者在挑选商品中往往缩手缩脚。

二、心理因素

一个人的购买选择也受四种心理因素的影响，即动机、知觉、学习及信念和态度。

(一)动机

每个人总有许多需要，有些需要是由生理状况引起的，有些需要是心理性的，即由心理状况而引起的，如认识、尊重和归属。其中大部分需要在一定时间内不会发展到激发人采取行为的程度。只有当需要升华到足够的强度时，这种需要才会变为动机。动机也是一种需要，它能够及时引导人们去探求满足需要的目标，一旦需要满足之后，紧张感随即消除。马斯洛理论可以帮助营销人员了解各种产品如何才能适应潜在消费者的计划、目标与生活。

(二)知觉

一个被激励的人随时准备行动。然而，他如何行动则受他对情况的知觉程度的影响。两个人在处于相同的激励状态和目标情况下，其行为却可能大不一样，这是由于他们对情况的知觉各异。人们会对同一刺激物产生不同的知觉，这是因为人们会经历三种知觉过程，那就是：选择性注意、选择性扭曲和选择性保留过程。知觉过程对消费行为有相当大的影响。

(三)学习

人们要进行实践活动就得学习。学习指的是人们由于经验、教训而导致的个人行为习惯的改变，人类行为大部分都来源于学习。强调学习论者坚信，一个人的学习是通过驱动力、刺激物、诱因、反应以及强化的相互影响和作用而产生的。对营销人员来说，关于学习的理论实际价值在于，他们可以通过把学习与强烈的驱动力联系起来，运用刺激性暗示和积极强化等手段来建立消费者对产品的需求。

(四)信念和态度

通过行为和学习，人们获得了自己的信念和态度，它们又反过来影响人们的购买行为。信念是指一个人对某些事物所持有的描述性思想。制造商非常关注购买者头脑中对其产品或服务所持有的信念，这些信念树立起产品和品牌的形象。购买者根据自己的信念作出行动，如果一些信念是错误的，并阻碍了他的购买行为，制造商就要发动一场促销活动去纠正这些错误信念。态度是指一个人对某些事物或观念长期持有的好与坏认识上的评价、情感上的感受和行动倾向。人们几乎对所有事物都持有态度，态度能使人们对相似的事物产生相当一致的行为。人们没有必要对每一事物都用新的方式作出解释和反应。态度可以节省精力和脑筋，正因为如此，态度是难以改变的。因此，销售人员要分析消费者对其产品的态度和评价，以引导消费者购买其产品。马斯洛认为，人类的需要可按层次排列，先满足最迫切的需要，然后再满足其他需要。这些需要按其重要程度排列，分别为生理需要、安全需要、情感和归属需要、尊重需要和自我实现需要。

第三节　影响消费者购买的外部因素

一、文化因素

文化因素对消费者的购买行为具有最广泛和最深远的影响。文化是人类欲望和行为最基本的决定因素。在社会中成长的儿童通过其家庭和其他主要机构的社会化过程学到了基本的一套价值、知觉、偏好和行为的整体观念。在美国长大的儿童的价值观包括：成就与功名、活跃、效率与实践、上进心、物质享受、自我、自由、形式美等。文化及价值观对人的消费行为有着潜在的、决定性的影响。

(一)价值观念

价值观念是指人们对社会生活中各种事物的态度和看法。不同的文化背景，人们的价值观念相差很大。市场的流行趋势都会受到价值观念的影响。企业在制定促销策略时应将产品与目标市场的文化传统尤其是价值观念联系起来。例如，美国人希望得到个人最大限度的自由，追求超前享受，人们在购买住房、汽车等时，既可分期付款，又可向银行贷款支付。而在我国，人们则习惯攒钱买东西，人们购买商品往往局限于货币支付能力的范围内。

(二)物质文化

物质文化由技术和经济构成，它影响需求水平，产品的质量、种类、款式，也影响着这些产品的生产与销售方式。一个国家的物质文化对市场营销具有多种意义。例如，电动剃须刀、多功能食品加工机等小电器，在发达国家已经完全被接受，而在某些贫困国家不仅看不到或没人要，而且往往被视为一种奢侈与浪费。

(三)审美标准

审美标准通常指人们对事物的好坏、美丑、善恶的评价标准。由于审美标准对理解某一特定文化艺术的不同表现方式、色彩等象征意义具有很大作用，所以市场营销人员尤其要把握和重视审美标准。如果对一个社会的审美标准缺乏文化上的正确理解，产品设计、广告创意就很难取得成功，如果对审美标准感觉迟钝，不但产品的款式与包装不能发挥效力，而且还会冒犯潜在的消费者，或者留下不良印象。

(四)亚文化群

各文化之间有巨大的差异，在同一种文化的内部，也会因民族、宗教等诸多因素的影响，使人们的价值观念、风俗习惯和审美标准表现出不同的特征。亚文化通常按民族、宗教、种族、地理、职业、性别、年龄、语言、文化与教育水平等标准进行划分。在同一个亚文化群中人们必然有某些相似特点，以区别于其他的亚文化群。熟悉目标市场的亚文化特点，有助于企业制定相应的营销策略。

民族亚文化群。如我国除了占较大比例的汉族外，还有几十个民族，其在食品、服饰、娱乐等方面仍保留着各自民族的许多传统喜好。

宗教亚文化群。以我国来说，就同时存在着伊斯兰教、佛教、天主教等教徒。他们特有的信仰、偏好和禁忌在购买行为和购买种类上表现出许多特征。

地理亚文化群。如我国华南地区与西北地区，沿海地区与内地偏远地区，具有不同的生活方式和时尚追求，商品购买的行为模式就会有不同。

企业和市场营销人员必须加强对文化的研究，因为文化渗透于产品的设计、定价、质量、款式、种类、包装等整个营销活动之中。营销人员的活动，实际上成了文化结构的有机组成部分。因此，他们必须不断调整自己的活动，使之适应国际市场的文化需求。各国之间的文化交流、渗透、借用乃至文化变革，要求市场营销人员应具有理解和鉴别不同文化特点和不同文化模式之间的细微差别的能力，并要对消费行为进行跨文化分析，从而真正把握不同文化背景下消费者的需求及行为发展趋势。

二、社会因素

消费者行为亦受到社会因素的影响，它包括消费者的家庭、参考群体和社会阶层等。

(一)家庭

家庭是消费者个人所归属的最基本团体。每个人都会受父母亲消费行为的影响。即使在长大离家后，父母的影响仍然存在。现在大多数市场营销人员都很注意研究家庭成员，如丈夫、妻子、子女在商品购买中的相互影响。一般来说，夫妻购买的参与程度会因产品的不同而有所区别。家庭主妇通常是一家的采购者，特别是在食物、服饰和日用杂品方面。但随着知识女性事业心的增强，生产基本生活消费品的企业如果仍然认为妇女是其产品唯一的或主要的购买者，那将在市场营销决策中造成重大失误。在家庭的购买活动中，其决策并不总是由丈夫或妻子单方面做出，有些价值昂贵或是不常购买的产品，往往是由夫妻双方包括已长大的孩子共同作出购买决定的。消费者行为深受家庭生命周期的影响，每一个生命周期阶段都有不同的购买行为模式，销售者就需要根据生命周期阶段界定其目标市场，并针对不同的生命周期阶段制定不同的营销策略。

(二)参考群体

一个人的消费行为受到许多参考群体的影响。直接影响的群体称为会员群体，包括家庭、朋友、邻居、同事等主要群体以及宗教组织、专业组织和同业工会等次级群体。崇拜群体是另一种参考群体。有些产品和品牌深受参考群体的影响，有些产品和品牌则很少受到参考群体的影响。消费者在购买商品时，往往受到参考群体对商品评价的影响，有时甚至是决定性影响。

(三)社会阶层

社会阶层是指按照一定的社会标准，如收入、受教育程度、职业、社会地位及名望等，将社会成员划分成若干社会等级。同一社会阶层的人往往有着共同的价值观、生活方式、思维方式和生活目标，并影响着他们的购买行为，美国市场营销学家和社会学家华纳(W. L. Warner)从商品营销的角度，将美国社会分成六个阶层。既然每个社会都有不同的阶层，其需求也具有相应的层次。即使收入水平相同的人，其所属阶层不同，生活习惯、思维方式、购买动机和消费行为也有着明显的差别。因此，企业和营销人员可以根据社会阶层进行市场细分，进而选择自己的目标市场。

此外，影响消费者购买行为的社会因素还包括一定的社会政治、法律、军事、经济等因素。

第四节　消费者购买决策过程

一、消费者购买决策的含义

消费者购买决策是指消费者为了满足某种需求，在一定购买动机的支配下，在可供选择的两个或者两个以上的购买方案中，经过分析、评价、选择并且实施最佳的购买方案，以及购后评价的活动过程。它是一个系统的决策活动过程，包括需求的确定、购买动机的形成、购买方案的抉择和实施、购后评价等环节。

二、消费者购买决策的基本过程

消费者的购买决策过程可以明显地分为五个阶段，它们是：认识需要、信息搜索、评估选择、购买决定与购后评估。

(一)认识需要

消费者首先要认识到自己需要某种商品的功能后，才会去选择和购买，因此，认识需要是消费者购买决策过程中的第一个阶段。在这个阶段，消费者认识到自己的即时状态与理想中状态的差距，所以就想消除这个差距。许多因素都可以使人们认识到自己的需要。当人们看到冰箱里空了，就会去买蔬菜、水果、饮料等来补充它，甚至空了的酱油瓶和醋瓶也会引起人们认识到需要一瓶新的酱油和一瓶醋。正是因为许多因素都可以激发人们的认识需要，因此进行市场营销的企业可以通过广告来激发人们对新产品的需要，从而使其放弃那些老的产品或者是在市场上已经没有竞争力的产品。

(二)信息搜索

消费者认识到自己的需要以后，便会自动地进入购买决策过程中的下一个阶段——信息搜索。当然，对于反复购买的商品，消费者会越过信息搜索阶段，因为所需信息已被消费者通过过去的搜索而掌握。另外，越贵的商品越能使消费者重视信息搜索。信息的外部来源有以下三种。

一是个人来源。亲戚和朋友是典型的外部信息来源，在与亲朋好友的交谈中，人们会获得关于商品的知识和信息，并且有相当一部分的消费者喜欢接受别人的建议及购物指南，尽管介绍商品的人的认识或消息来源有时也不十分准确。

二是公共来源。公共来源的范围较广，可以是政府或其他组织的评奖，也可以是报纸或杂志中关于产品的评论与介绍，还可以是广播电台或电视台组织的有关商品的节目。

三是商品来源。商品来源包括产品广告、推销员的介绍、商店的陈列或产品包装上的说明等，不过这些途径的信息对消费者来讲有时会有先天性的偏差，消费者可以同意或相信，也可以提出问题或根据自己的经验作出其他评论。

(三)评估选择

评估选择只在消费者的品牌子集中进行，所谓品牌子集，是指消费者根据某种标准所选择的限定范围内的商品品牌。这个子集并不包括该类产品的所有品牌。

在消费者评价与选择的标准中，通常会有一项是促成消费者决策的主要因素，这项因素被称为决定性因素。决定性因素依商品的种类和消费者的感觉、生活方式、态度、需要等诸多方面的因素而变化。例如，当一位公司高级职员要买一块与他的地位相称的手表时，他一般会去买欧米茄牌(OMEGA)的，这时的品牌就是他评价与选择的决定性因素。又如，一位爱吃辣椒的消费者买零食，那么带辣味儿的食品就是他的首选，至于品牌，则不是他关注的要点。有时决定性因素并不止一个，可以是两个同样重要的因素。

对企业来说，使某种商品具有独一无二的特色并不是工作的全部，重要的是将这个特色与消费者眼里的决定性因素结合起来，这样才能吸引消费者并满足其迫切需要。实际上这种思想已经被许多企业利用，并在广告中不断地宣传产品可以迎合消费者决定性因素的功能。洗涤剂的去污能力、卫生巾的防侧漏、电视录像一体机的便利、抗过敏药的无嗜睡性等，都是这方面的例子。

(四)购买决定

消费者经过搜索信息对产品进行评价与选择后就会作出购买决定。当然，消费者也可能因为评价与选择过程中的问题推迟或取消购买的决定，这时消费者购买的决策过程处于停滞状态。参与营销的企业不可能对消费者的购买决定做任何工作，因为消费者一旦做出购买决定，余下的只是在商店或其他什么地方完成交易，也就是付款、提货或安排交货地点等事宜。

(五)购后评估

将商品买回家以后，消费者的购买决策过程还没有终止，因为在最初使用商品的过程中，消费者会以购前的期望为标准来检查与衡量商品，是否符合自己的要求。

消费者的期望与消费者所购买产品间的差异被称为双向差异。双向差异的校正主要由进行营销的企业方面执行，如检查产品说明有无给予消费者正确的指导，广告内容有无超现实的方面，产品制造方面是否存在缺陷等。另外，技术含量较高的产品，企业应对消费者进行专门的指导和培训，这一做法已被许多计算机公司和软件公司采用。

作为参与市场营销的企业来说，了解整个消费者的购买决策过程是很重要的，它可以让企业产品更具竞争力。

三、消费者购买决策的特点

许多学者对于消费者购买决策有着不同的描述过程，为了指导读者对消费者购买决策模式有一个较深的认识，本文作者通过查阅文献总结出消费者购买决策的一些特点，为消费者购买决策模型的分析与构建提供评价参照系和理论依据。

(一)消费者购买决策的目的性

消费者进行决策，就是要促进一个或若干个消费目标的实现，这本身就带有目的性。在决策过程中，要围绕目标进行筹划、选择、安排，就是实现活动的目的性。

(二)消费者购买决策的过程性

消费者购买决策是指消费者在受到内、外部因素刺激，产生需求，形成购买动机，抉择和实施购买方案，购后经验又会反馈回去影响下一次的消费者购买决策，从而形成一个完整的循环过程。

(三)消费者购买决策主体的需求个性

由于购买商品行为是消费者主观需求、意愿的外在体现，受许多客观因素的影响。除集体消费之外，个体消费者的购买决策一般都是由消费者个人单独做出的。随着消费者支付水平的提高，购买行为中独立决策的特点将越来越明显。

(四)消费者购买决策的复杂性

心理活动和购买决策过程具有复杂性。决策是人大脑复杂思维活动的产物。消费者在做决策时不仅要开展感觉、知觉、注意、记忆等一系列心理活动，还必须进行分析、推理、判断等一系列思维活动，并且要计算费用支出与可能带来的各种利益。因此，消费者的购买决策过程一般是比较复杂的。

决策内容具有复杂性。消费者通过分析，确定在何时、何地、以何种方式、何种价格购买何种品牌商品等一系列复杂的购买决策内容。

影响购买决策因素具有复杂性。消费者的购买决策受到多方面因素的影响和制约，具体包括消费者个人的性格、气质、兴趣、生活习惯与收入水平等主体相关因素；消费者所处的空间环境、社会文化环境和经济环境等各种刺激因素，如产品本身的属性、价格和企业的信誉、服务水平、各种促销形式等。这些因素之间存在着复杂的交互作用，它们会对消费者的决策内容、方式及结果产生不确定的影响。

(五)消费者购买决策的情境性

影响决策的各种因素不是一成不变的，而是随着时间、地点、环境的变化不断发生变化，其具体决策方式因所处情境不同而不同。由于不同消费者的收入水平、购买传统、消费心理、家庭环境等影响因素存在着差异性，因此，其对于同一种商品的购买决策也可能存在着差异。

本章小结

消费者购买行为是指消费者为满足其个人或家庭生活需要而发生的购买商品的决策过程。消费者购买行为是复杂的，其购买行为的产生受到其内在因素和外在因素的影响。消费者购买行为模式主要有以下六种类型：价格型购买行为、理智型购买行为、冲动型购买行为、想象型购买行为、习惯型购买行为和随意型购买行为。

影响消费者购买的外部因素包括文化因素和社会因素。文化因素对消费者的行为具有最广泛和最深远的影响，是人类欲望和行为最基本的决定因素，包括价值观念、物质文化、审美标准、亚文化群。社会因素包括消费者的家庭、参考群体和社会阶层。

影响消费者购买的内部因素包括个人因素和心理因素。个人因素包括消费者的经济状况、消费者的职业和地位、消费者的年龄与性别和消费者的性格与自我观念。心理因素包括动机、知觉、学习及信念和态度。

消费者购买决策过程包括五个阶段，认识需要、信息搜索、评估选择、购买决定与购后评估。

思考讨论题

1. 消费者的购买行为模式有几种？
2. 简述影响消费者购买的外部因素。
3. 简述影响消费者购买的内部因素。
4. 简述消费者购买决策的基本过程。
5. 简述消费者购买决策的特点有哪些？

消费者购买行为调研.mp4　　　消费者购买行为调研.ppt

第十二章 消费者满意度调查

 引导案例

中国消费者满意度大调查：华为新获手机行业第一

2017 年 10 月 11 日，中国品牌评级权威机构发布了 2017 年中国顾客满意度指数(C-CSI)品牌排名和分析报告，华为凭借 80.2 的得分荣获"2017 年 C-CSI 中国手机行业顾客最满意品牌"。

中国顾客满意度指数(China Customer Satisfaction Index，简称 C-CSI)是中国首个全品类顾客满意度评价体系，C-CSI 凭借独立、科学、即时的调查结果真实地传递了消费者心声，成为当下中国消费风向标。2017 年度 C-CSI 调查涉及 145 个品类、近 6000 个品牌，令人欣喜的是，中国品牌正在更多领域赢得越来越多消费者的认可，在各品类取得满意度第一的品牌中，中国品牌占到 60%，相比 2016 年显著提升。华为赢得手机行业消费者满意度第一，成为其中的典型代表。

华为荣获 2017 年 C-CSI 中国手机行业顾客最满意品牌，一方面，展现了华为近年不断攀升的品牌影响力；另一方面，也得益于始终坚持严苛的质量价值观。华为消费者业务相关负责人表示："质量是品牌的基石，华为有着'质量高于一切'的质量文化，正是拥有这种深入血液的质量观和贯穿全流程的质量管理体系，才能够打造出拥有卓越品质的产品和服务，不断获得消费者的认可。"

在很多人眼中，质量是华为产品的第一标签，也构筑了华为品牌的核心竞争力，从打通全球标准到引入"零缺陷"质量管理体系再到如今用质量和体验捍卫品牌，华为在不断追赶标准的过程中一点点蜕变，最终成就了今天备受消费者青睐的品牌。

第一节　消费者满意度调查的含义、特点和原则

一、消费者满意度调查的含义

消费者满意度调查，又称顾客满意度调查(Consumer Satisfaction Research，CSR)。它通过研究消费者满意度指数、影响消费者满意度因素及顾客消费行为三者间的关系，进而达到帮助企业实现成本最小化、提升消费者重复购买率和企业盈利能力的目的，是近年来新兴的一种调查技术。这个概念最早起源于美国(J.D.Power 汽车销售调查)，1965年，美国学者 Cardozo 首次将"顾客满意"概念引入商业领域，服务质量研究在西方国家逐渐兴起，国家企事业单位认识到服务质量的重要性，开始接受和应用服务质量方面的市场调查。

随着中国经济的飞速发展，我们已迅速跨越了"物质缺乏时代""追求数量的时代"乃至"追求品质的时代"，商品的设计与形象的好坏已成为企业间竞争的焦点，越来越多的企业开始重视 CI(corporate identity)，在努力提升产品质量之外，大幅度改善商品的设计与品味，以及企业的形象。同时，随着中国的日益开放，美、日、欧等发达国家的企业如"麦当劳""摩托罗拉"等大举进入中国，它们带来了以"心的满足感与充实感"为诉求的高附加价值的商品，成为国内企业强有力的竞争对手。可以预见，竞争不可避免地把中国带入"顾客满意"的时代。

二、消费者满意度的特点

消费者满意度反映的是顾客的一种心理状态，它来源于顾客对企业某种产品或服务消费所产生的感受与自己的期望所进行的对比。满意度调查作为服务质量的测评工具，最初关注的是对服务过程的调查，检查工作人员是否按照服务规范操作，所以也被称为"服务落实度调查"。日本武田哲男认为，就顾客中的主要群体——消费者需求而言，已从"战后物质缺乏时代""追求数量的时代""追求品质的时代""追求感性的时代"，转变为今天"追求高附加值所附带的满足感、充实感"的时代。现代消费者的需求，往往是"舒适、便利、安全、安心、速度、跃动、开朗、清洁、愉快、有趣"等，而很少出现对商品本身的需求。换句话说，今天人们所追求的是具有"心的满足感与充实感"的商品，是高附加价值的商品，追求无形的满足感的时代已经来临。因此消费者满意度的特点包括个性化、普遍化、整体化和相对化。

(一)个性化

消费者是否满意取决于他们的经济地位、文化背景、需求和期望、评价动机、个人好恶、价格、心理情绪等因素。即使是同一件产品，不同的消费者对其满意度也会因主观或客观因素的差异而产生不同的评价。一般而言，经济地位高、需求和期望高的消费者对产品的要求也较高，他们往往想得到高质量的产品和服务。

(二)普遍化

消费者满意的心理感受属于广泛的客观存在，一旦接受了企业的产品或服务，就会有满意与否的问题，消费者评价客观存在。消费者的心理感受是感性的存在，每位消费者对于自己所购买的产品或所得到的服务质量在心里都有一个或好或坏的评价。因此，消费者满意的心理感受是普遍存在的。

(三)整体化

消费者对产品或服务的心里评价是全面的，不是针对某一质量特性。产品或服务质量、企业形象、管理，甚至企业所在国家或地区以及内部员工的生存状况等都可能会影响消费者满意状况。

(四)相对化

消费者的需求和期望是随着客观条件，特别是社会经济和文化的发展变化而变化的，消费者满意度随之发生变化。

三、消费者满意度测评的价值

消费者满意度调查可以帮助企业达成以下目的：发现影响用户满意度和忠诚度的主要因素；发现提升产品或服务的机会；发现产品或服务中的缺陷，根据顾客的意见和建议，寻找解决的方法；把有限的资源集中到消费者最看重的属性方面，维系营销资源的正确投入；预测消费者未来的需求，引发新产品、新业务的开发思路；对需要改进的因素区分轻重缓急，维系营销资源的正确投入；建立企业满意度标准体系，使持续跟进的满意度研究成为可能；作为附加产品，可以作为企业绩效评估的依据。

据美国《财富》杂志对"全球 500 强企业"的跟踪调查，企业的消费者满意度指数同"经济增值"和"市场增值"呈明显的正比关系：企业的消费者满意度指数若每年提升 1 个点，则 5 年后该企业的平均资产收益率将提高 11.33%。对企业而言，"满足顾客的要求和期望"将取代追求质量合格或服务达标而成为企业所追求的最高目标。消费者满意度指数测评对企业的意义表现在以下几个方面。

(1) 调整企业经营战略，提高经营绩效。通过消费者满意度指数测评，可以使企业尽快适应从"卖方"市场向"买方"市场的转变，意识到消费者处于主导地位，确立"以消费者为关注焦点"的经营战略。在提高消费者满意度、追求消费者忠诚的过程中显著提高经营绩效。

(2) 塑造新型企业文化，提升员工整体素质。外部消费者满意度测评使员工了解消费者对产品的需求和期望，了解竞争对手与本企业所处的地位，感受到消费者对产品或服务的不满和抱怨，这将使员工更能融入企业文化氛围，增强责任感。内部消费者满意度测评使员工的需求和期望被企业管理层了解，可以建立更科学完善的激励机制和管理机制，最大限度发挥员工的积极性和创造性。

(3) 促进产品创新，有利于产品服务的持续改进。顾客满意度测评使企业明确产品或服务存在的急需解决的问题，并识别顾客隐含的、潜在的需求，利于产品创新和持续改进。

(4) 增强企业竞争力。经营战略、企业文化和员工队伍的改善，创新机制的推进，可显著增强企业的适应能力和应变能力，提高市场经济体制下的竞争能力。

消费者满意是企业经营的根本，对企业而言，消费者满意意味着通过全员共同努力最大限度地满足消费者需求，使企业获得消费者的支持，从而促进企业发展。没有消费者的满意，绝不可能达到企业的永续经营。调查表明：只有 15%的消费者是因为"其他公司有更好的商品"，另有 15%的消费者是因为发现"还有其他比较便宜的商品"，但是 70%的消费者并不是因为产品因素而转向竞争者。其中 20%是"不被公司重视"，45%是"公司服务质量差"。所以重视消费者满意对企业的发展至关重要。

四、消费者满意度调查的原则

消费者满意度调查，就是以消费者第一的理念为主导，并由三原则构筑而成。消费者满意度调查的基点是真正地确立"消费者第一"的理念，同时必须清晰准确地把握消费者的需要，这样才有可能围绕消费者需要开展经营活动，并超越其期望。

(一)重视与消费者的接触点

消费者随时随地都可以通过面对面(face to face)及电话接触(online)对所得到的服务进行默默评价，即 moment of truth。超过消费者期望，则产生正面评价(positive)；低于消费者期望，则产生负面评价(negative)。消费者满意度调查要求以企业与消费者的"接触点"为经营的出发点。

企业一线与消费者的所有"接触点"，包含了影响消费者满意程度的一切因素：回答电话询问、柜台服务、产品说明、答复申诉、处理产品问题、收款送货等，消费者正是从这些"接触点"，形成对公司的产品功能、内部设施与气氛、环境、设备好坏的印象，可以说，与消费者的"接触点"是消费者满意度调查的关键点，是经营活动的出发点。企业须站在消费者立场考察一线员工的活动，努力使这些"接触点"的工作达到最优状态。生产、技术开发，乃至总经理、决策者，应全力支援一线员工，作好消费者"接触点"的工作。

(二)定期、定量综合测定

要想使消费者满意观念转化为切实可行的经营方式，必须定期、定量地对消费者满意度进行综合测定，只有在对现有真实情况准确把握的基础上，才有可能客观地确定企业经营中与"消费者满意"目标有差距的重点领域，从而进一步完善企业经营。指数，就是一个很好的"定期、定量、综合测定"的指标。并且由于这个指标的系统性、客观性和权威性，非常有利于企业进行横向(与同行业不同企业)和纵向(与自己的不同时期)比较，从而改进经营绩效。

(三)经营管理主导，全公司共同推行

消费者满意度调查，须由掌握决定权的经营管理者以身作则，采取行动。因为要使消费者满意真正成为企业经营的主线，企业经营管理者必须把握企业产品或服务的问题症结所在，并采取有效对策。产品或服务的改善与改革，与企业内部许多部门都有关系，其中错综复杂的利害关系，使仅由某部门层次提出的改革方案很难取得显著效果，必须由上层经营管理者来主导。例如，日本丰田(TOYOTA)汽车公司决定在 3 年内推行消费者满意度调查方式时，其活动的委员长便由公司社长担任，以社长无所不在的权威作为支持，大大提高了活动的成效。

此外，消费者满意度调查不应该只是个别部门的事，上至董事长、总经理，下至供应部、开发部、生产部、销售部、公关部等各部门及一线员工，都应共同采取行动，推动消费者满意度调查。

第二节　消费者满意度测评指标

一、建立消费者满意度测评指标体系的原则和意义

(一)建立消费者满意度测评指标体系的原则

(1) 测评指标是消费者认可的："由消费者来确定测评指标体系"是设定测评指标体系最基本的要求。要准确把握消费者的需求，选择消费者认为最关键的测评指标。

(2) 测评指标必须能够控制：消费者满意度测评会使消费者产生新的期望，促使企业采取改进措施。但如果企业在某一领域无条件或无能力采取行动加以改进，则暂不采用这方面的测评指标。

(3) 测评指标必须是可测量的：消费者满意度测评的结果是一个量化的值，因此设定的测评指标必须是可以进行统计、计算和分析的。

(4) 测评指标体系是可对比的：设定测评指标时要考虑到竞争者的特性及与竞争者的比较。

盖洛特市场调查研究公司把消费者满意度测评指标体系分为四层，形成层层向下细分的递推结构，如图 12-1 所示。

盖洛特市场调查研究公司秉承"用数据说话，用事实证明"的经营理念为消费者提供服务。其专注于通信、金融、快速消费品、汽车、广告营销等行业。在全国范围内执行大规模样本调查研究项目，形成了覆盖中国大中型城市的数据采集网络。

(二)建立消费者满意度测评指标体系的意义

(1) 测定企业过去与目前经营管理水平的变化，分析竞争对手与本企业之间的差距。

(2) 了解消费者的想法，发现其潜在要求，明确需求和期望。

(3) 检查企业的期望，以达到消费者满意和提高消费者满意度，有利于制定新的质量或服务的改进措施，以及新的经营发展战略与目标。

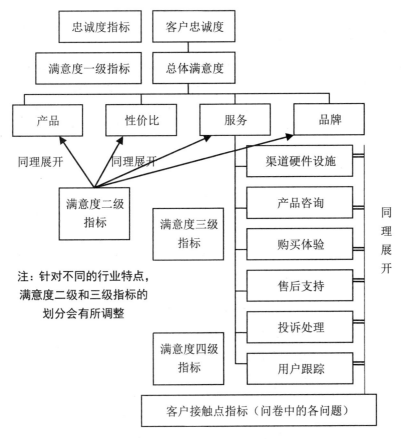

图 12-1 四层消费者满意度测评指标体系

(4) 为达到消费者满意，企业在今后应该做什么；是否应该转变经营战略或经营方向，从而紧随市场的变化而变化。

(5) 增强企业的市场竞争能力和营利能力。顾客忠诚度越高，说明顾客对产品越信赖，重复购买的次数越多，企业越容易取得可观的利润。

二、消费者满意度研究模型

消费者满意度指数(Customer Satisfaction Index，CSI)是目前许多国家使用的一种新经济指标，主要用于对经济产出质量进行评价。它也是目前国内质量领域和经济领域一个非常热门而又非常前沿的课题，要衡量它就必须建立模型，将消费者满意度与一些相关变量(价值、质量、投诉行为、忠诚度等)联系起来。20 世纪 90 年代以来，许多国家都开展了全国性的消费者满意度指数测评工作，以此提高本国企业的竞争力。瑞典率先于 1989 年建立了全国性的消费者满意度指数模型，即瑞典消费者满意度指数(SCSB)模型。此后，美国和欧盟相继建立了各自的消费者满意度指数——美国消费者满意度指数(ACSI，1994)模型和欧洲消费者满意度指数(ECSI，1999)模型。另外，新西兰、加拿大等国家和台湾地区也在几个重要的行业建立了消费者满意度指数模型。

(一)瑞典消费者满意度指数(SCSB)模型

从世界范围来看，瑞典 SCSB(Sweden Customer Satisfaction Barometer)模型是最早建立的全国性消费者满意度指数模型，如图 12-2 所示。该模型的前导变量有两个：消费者对产品/服务的期望；消费者对产品/服务的价值感知。满意度的结果变量是消费者抱怨和消费者忠诚度，忠诚度是模型中最终的因变量，因为它可以作为消费者留存度和企业利润的指示器。

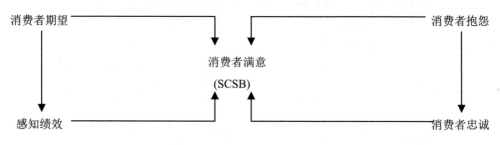

图 12-2　SCSB 模型

SCSB 模型可用以下两个函数关系式表示：

消费者满意度=f(购前期望，感知表现)

消费者忠诚度=f(满意度，转移障碍，消费者意见)

SCSB 模型推出后在实践中也受到了质疑：价值感知对满意度的影响是必然的，但是价值因素和质量因素相比，哪一个更重要呢？由于消费者对不同产品和服务的质量感知是有差别的，如果在模型中加入质量感知变量，如何来衡量呢？

(二)美国消费者满意度指数(ACSI)模型

ACSI(American Customer Satisfaction Index)模型是由美国密歇根大学商学院国家质量研究中心费耐尔(Fornell)博士等人在 SCSB 模型的基础上创建的，1994 年首次在美国应用，如图 12-3 所示。

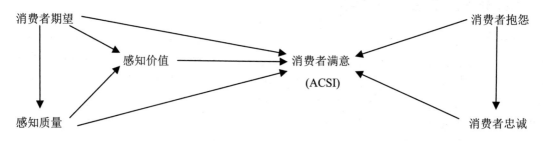

图 12-3　ACSI 模型

目前 ACSI 已成为影响最为广泛的模型，为新西兰、中国台湾、奥地利等所采用，也是挪威和欧盟模型的基础。该模型表明，消费者的满意程度是由消费者对服务质量的期望、对质量的感知以及价值感知共同决定的。如果消费者对服务质量不满意，则会产生抱怨；消费者的忠诚取决于其满意程度和事后抱怨的处理。与其他模型相比，该模型科学地利用了消费者的消费认知过程，能客观反映出消费者对服务质量的评价，综合地反映消费者的满意程度；同时，该模型所得出的结果可以在不同行业进行比较，有利于企业服务质量的不断提高，但是对于服务质量中具体因素的分析不够深入。ACSI 模型的主要创新之处在于增加了一个潜在变量——感知质量，增加感知质量这一概念和相关的路径有两大优势：一是通过质量的三个标示变量，可以清楚地知道定制化和可靠性在决定消费者的感知质量中所起的不同作用；二是感知质量侧重于单纯的质量评判，而感知价值偏重于价格因素方面的评判，通过比较它们对消费者满意的影响，可以比较明确地分辨出消费者满意的源头，是质量制胜还是成本领先，以使管理者采取相应的管理措施。1996 年，ACSI 模型又针对耐用消费品，将质量感知进一步分为产品质量感知和服务质量感知。

(三)欧洲消费者满意度指数(ECSI)模型

ECSI 模型继承了 ACSI 模型的基本架构和一些核心概念，如消费者期望、感知质量、感知价值、消费者满意以及消费者忠诚，同时又对 ACSI 进行了修正：去掉了 ACSI 模型中消费者抱怨这个潜在变量，因为许多国家的消费者投诉系统已经比较完备，如图 12-4 所示。

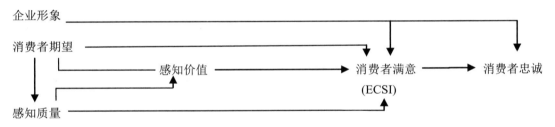

图 12-4　ECSI 模型

ECSI 模型增加了另一个潜在变量——企业形象。它是指消费者记忆中和组织有关的联想，这些联想会影响人们的期望值以及满意度的判别。ECSI 模型在针对所有行业的测评中，均将感知质量统一地拆分为针对产品的质量评判和针对服务的质量评判。

以上模型虽然具有很强的可操作性，但随着实践的深入，也必然会出现许多问题和分歧。因为模型变量的加入及变量间的关系，在不同国家和不同行业是具有不同强度的。对于我国来说，也需要在此基础上继续研究。

第三节　消费者满意度调查方法和测评方法

目前，越来越多的企业认识到市场竞争的核心是消费者满意，只有赢得消费者，才能赢得市场，获得利润。在 2000 版 ISO 9000 族标准中，"以消费者为关注焦点"被列为质量管理八项原则之首，强调了对消费者满意度的测评与监控，并将其作为质量管理体系业绩的一项测量指标。可见，如何提高消费者满意度进而提高消费者的忠诚度，是我国各个商业企业应极其关注的问题。

一、消费者满意度调查方法

消费者满意度的研究目的在于服务于企业市场竞争，通过满意度的调查把握消费者需求、改进产品和服务质量水平、评估消费者关系。研究消费者满意度的方法主要有定性研究和定量研究。在研究中，定性研究和定量研究不是相互替代的关系，应结合使用，使其各自优点得到更大程度的发挥，克服单一方法的缺点。定性研究：通过文字、言论、行为、表情等多种途径了解用户对产品和服务的看法。从比较少的样本中尽可能深入地了解信息，其结果一般不能推断总体，但是结果经常给调研人员以启发，对制定完善和准确的定量研究方案有着重要作用；定性研究主要用于探索性的分析中，与定量研究结合使用。常用的满意度调查方法包括设立投诉和建议系统、消费者满意度量表、神秘顾客检测和流失消费者分析。

(一)设立投诉和建议系统

企业应当建立便捷的消费者投诉和建议系统，这样可以搜集到消费者对于企业的一些意见与建议，有助于改善企业产品及服务质量。这些信息流有助于企业更迅速地解决问题，并为企业提供更多开发新产品的创意，如 IBM 企业声称，它的产品改进主意有三分之二是来自消费者的意见。

(二)消费者满意度量表

有调查数据表明，当消费者对劣质服务不满意时，会有以下反应：70%的消费者将到别处购买；39%的人认为投诉太麻烦；24%的人会告诉其他人不要到提供劣质服务的商店购物；17%的人将写信投诉劣质服务；9%的人会因为劣质服务责备销售人员。因此企业不能只被动地接收从投诉系统搜集来的意见，还需要积极主动地了解消费者对企业的认可程度——消费者满意度调查。

(三)神秘顾客检测

由神秘顾客装作潜在消费者，以报告在购买企业和竞争者产品的过程中所发现的优点和缺陷。这些神秘顾客甚至可以故意找些麻烦以考察企业的销售人员能否将事情处理好。同时，企业管理者本人也应该不时地离开办公室，微服出访，到企业和竞争者那里从事购物活动，亲自体验一下消费者的经历。或以消费者的身份给自己的企业打电话提出各种问题和抱怨，了解企业员工是如何处理这些问题的。

(四)流失消费者分析

企业应当同停止购买或转向其他供应商的消费者进行接触，了解为什么会发生这种情况。IBM 企业每当失去一个消费者时，就会竭尽全力探讨分析失败的原因：是价格太高，服务有缺陷，还是产品不可靠等。进行"退出调查"和控制"消费者损失率"是十分重要的。因为消费者损失率上升，就表明企业在使消费者满意方面不尽如人意。

二、消费者满意度测评的基本方法

消费者满意度调查中一种常规做法是设计一个模型，用来估计或得到产品或服务的不同要素的满意状况在决定对于该产品或服务的整体满意状况时的重要程度。这一概念模型如下：

$$S = f(x_1, x_2, x_3, \cdots, x_n) \tag{12-1}$$

式中：S——对产品或服务的整体满意度；

x_n——对产品或服务单个属性的满意度。

这一模型可以使用回归分析进行估计。使用回归方法时，采用的模型可以是：

$$S = a + b_1 X_1 + b_2 X_2 + b_3 X_3 + \cdots + b_n X_n \tag{12-2}$$

式中：a——估计常数。

与单个预测变量相关的回归系数表明特定因素的每一单位变动对整体满意程度的影响。

调查者是否在测量的过程中使用一种差距分析或更传统的方法。在传统的方法中，调查者只要求消费者按关键满意因素来评价产品或服务。对于公司来说，这些要素可能包括诸如服务质量、雇员的友好、食品质量等。消费者可能被要求用 1～10 的量表来指出他们对每一方面的满意程度，10 代表最好，1 代表最差；或者表示出他们对诸如"温迪的雇员有礼貌而且友好"这些陈述的赞同程度(完全同意、同意、不同意、完全不同意)。

本章小结

满意度调查的原则：重视与消费者的接触点；定期、定量综合测定；经营管理主导，全公司共同推行。

建立消费者满意度指标体系的原则：(1)测评指标是消费者认可的；(2)测评指标必须能够控制；(3)测评指标必须是可测量的；(4)测评指标体系是可对比的。

消费者满意度指标体系建立的意义：(1)测定企业过去与目前经营管理水平的变化，分析竞争对手与本企业之间的差距；(2)了解消费者的想法，发现其潜在要求，明确需要、需求和期望；(3)检查企业的期望，以达到消费者满意和提高消费者满意度；(4)明确为达到消费者满意，企业在今后应该做什么，是否应该转变经营战略或经营方向，从而紧随市场的变化而变化；(5)增强企业的市场竞争能力和营利能力。

思考讨论题

1. 什么是消费者满意度调查？
2. 消费者满意度的特点有哪些？

3. 简述消费者满意度指数测评对企业的意义。

4. 建立消费者满意度指标体系的原则是什么？

5. 简述消费者满意度指标体系建立的意义。

6. 简述不同的测评消费者满意度指数的区别。

7. 研究消费者满意度的调查方法有哪些？

8. 在实践中运用满意度调查应怎样把理论与实践结合起来？

9. 如以"'淘宝网'大学生消费者满意度调查"为主题，详细分析影响满意度因素有哪些？

消费者满意度调查.mp4

消费者满意度调查.ppt

第十三章　竞争者调研

 引导案例

微信、支付宝和银行的支付竞争

一、微信、支付宝让纸币销声匿迹

微信、支付宝的盛行推动了手机支付热潮，取代了纸币，如何做到的？

支付宝：网购——第三方支付平台——保障交易——业务拓展——线下支付；

微信：聊天——社交升级——红包互动——业务拓展——线下支付。

支付如此便捷，纸币竟已成为过去。这是时代进步的表现，手机支付让人们的生活变得便捷，以后出门再也无须钱包鼓鼓，甚至让扒手失了业，同时纸币的减少还为环保事业做出了贡献。微信、支付宝的盛行推动了手机支付热潮，取代了纸币，如何做到的？

支付宝：网购——第三方支付平台——保障交易——业务拓展——线下支付；

微信：聊天——社交升级——红包互动——业务拓展——线下支付。

二、再次升级后多种支付方式出现

首先，支付宝和微信都开始跟高速合作，推出了自动识别车牌付费，如今上高速无须停车领卡，更不需要复杂的程序办理 ETC 了。此外，一些餐馆推出了人脸支付，通过在支付宝认证过的人脸，即可实现"刷脸"付款。支付宝、微信的无人超市已经在很多城市开业，逛超市变成了"拿完就走"。随着支付宝、微信的不断升级，可能未来的某一天你会发现，已不再需要手机支付。

三、银行也积极推出手机客户端

再来看看传统银行的境遇，多年来一直因办事效率低、服务态度差而遭人诟病，复杂

的业务流程也极为不便，这也让很多人极为伤心、失望。所以当支付宝、微信涉足支付、转账等传统银行的业务后，迅速吸引了大量的用户，让银行的个人业务量大大减少。

微信、支付宝在多年的支付大战中难解难分，但银行也仍在努力反击中，采用多种策略想要挽回失去的人心、挽回败势，如各大银行积极推出手机客户端，也想在移动支付界分一杯羹。此外，农行正全国推行刷脸取款，建行正商用刷脸支付……

第一节　竞争者调研的含义和价值

一、竞争者调研的含义

竞争者调研是指企业通过某种分析方法识别出竞争者，并对其目标、资源、市场力量和当前战略等要素进行分析，准确判断竞争者的战略定位和发展方向，并在此基础上预测竞争者未来的战略，准确评价竞争者对本组织的战略行为的反应，估计竞争者在实现可持续竞争优势方面的能力，从而帮助企业制定自身的竞争策略。竞争者是指对本市场(产业)的发展造成或可能造成威胁的任何企业(产业)，竞争者可能通过争夺资源、破坏竞争规则、改变产业方向等手段赢得利润，从而阻碍本企业(产业)的发展。

竞争者调研主要包括调查竞争企业的基本信息、生产经营状况以及财务状况等。随着经济全球化和市场竞争的加剧，竞争情报调研的重要性日益突显。当前，我国大部分大中型企业均设立了企业信息情报中心或企业发展战略部等类似或相关部门，专门负责竞争者信息调研工作。

二、竞争者调研的价值

竞争者调研的价值在于企业根据自身情况与竞争者之间的差距，结合企业自身特点制定有效的企业战略，进而提高企业核心竞争力和快速反应能力，这有利于企业深入了解竞争者的现实状况和发展状况，并结合客户的实际情况制定出相应的竞争发展战略。核心目标在于帮助企业识别现有竞争者，发现潜在竞争者，深入了解竞争者的竞争实力，掌握竞争者的动向，为客户制订有效的竞争战略和策略提供重要的信息支持和参考依据。竞争者调研的价值最终体现在以下几个方面。

(一)提高核心竞争力

根据企业自身与竞争者之间的差距，制定有效的企业战略。

(二)提高快速反应能力

通过竞争者调研，了解竞争对手的营销战略、营销模式和营销目标，从而利于企业快速提高自身对市场动态的反应能力，及时调整自身策略，使其最大程度地处于有利位置。

(三)准确进行市场定位

通过竞争者调研，能寻求更佳的市场，进行市场细分，强化市场控制，从而对产品和市场进行精确定位。

(四)增强市场掌控能力

通过竞争者调研，分析市场表现，充分认识市场竞争情况，对市场表现与计划进行合理比对分析，以实现市场策略纠偏，提高市场掌控能力，扩大市场影响力。

三、竞争者调研的内容

竞争者调研的主要内容包括：竞争者基本状况及企业概况、产品结构、生产状况、营销战略、价格、销售渠道、人力资源、财务状况、原材料采购价格及成本状况等。竞争者调研不仅可以针对目标企业实施全方位的年度综合调研，还可以针对目标企业实施月度、季度调研。

(一)竞争者概况

竞争者概况包括：注册信息、企业背景、股东情况、内部组织架构、协调方式；人力资源(数量、结构、规模及构成)；子公司或相关联公司情况；固定资产和投资总额；机械和设备状况；库存情况(原料、半成品和成品)；产品名称，是否有自己的专利产品；质量监控体系；短期、中期和长期发展战略目标、重要策略导向以及目前所面临的问题、解决思路。

(二)竞争者产品及生产状况

它包括：产品范围、产品结构、产品的主要用途、产品的辅助用途、产品的优缺点、产品的质量认证、产品的价格、主要产品的产量(月/年)、产品近几年来的变化(改进)状况；生产线及生产能力、技术引进及采用新技术情况、新产品研发情况、主要原材料供应商情况、主要原材料价格变动承受能力情况、产品包装、产品运输(物流)。

(三)竞争者财务状况对比分析

竞争者财务状况对比分析涉及竞争者的基本财务制度、财务部门组织构架、财务部门在公司中的地位、财务部门主要负责人、财务部门人力资源介绍、公司成本核算制度、公司货款结算制度、公司近年来的资产增长情况、营业收入及利润增长情况、目标企业的资金周转运营情况、企业资产负债情况；企业的成本费用分析，主要包括销售成本、销售费用、销售税金及附加、管理费用、财务费用。

第二节　竞争者情报收集

确定竞争对手之后，进入竞争者情报收集阶段。信息搜集是竞争情报工作的基础，知己知彼，方能百战不殆，知彼的前提就是成功地获取竞争对手的信息。因此，第一步是分析企业情报信息需求，制订情报信息搜集计划，其中最重要的工作内容就是确定竞争对手信息搜集的内容和范围，据此制定竞争对手信息搜集大纲。这是整个信息搜集工作开展的依据，也是竞争对手研究的基本框架体系。

一、竞争情报收集的过程

竞争者情报收集是通过合法手段收集企业竞争中有关商业行为的各类信息，收集竞争对手的信息，整合企业内部信息资源，为企业的决策部门和管理部门提供多途径、方便快捷的情报信息服务，为企业最高领导层提供战略决策依据的过程。竞争者情报收集的成败决定竞争者情报分析的成败。竞争者情报收集越丰富，信息量越大，有效信息越多，信息越真实、可靠，越接近市场实际，越有助于做出正确的市场判断。

(一)设计竞争情报系统

竞争情报系统是企业确定竞争情报收集的目标后，制定的适合本企业需求的竞争情报系统，一般包括竞争者情报分析目标、竞争者情报信息内部来源、竞争者情报信息外部来源、竞争者情报信息网络来源等。要制定和完善合理的信息收集体系，定期定量完成竞争情报的收集和汇总工作。

(二)建立情报收集系统

竞争情报系统的建立有助于建立连贯有序的情报管理体系，规范情报收集工作，提升竞争者情报收集质量，提高竞争情报收集效率，避免竞争情报收集中的信息分散不连贯、内容不全、质量不足、信息孤岛等问题。竞争情报系统的建立原则要具有针对性、客观性、经济性、及时性和全局性。

(三)收集竞争情报资料

竞争情报资料的收集按照来源分为竞争情报内部来源，竞争情报外部来源，具体可以分为一手信息和二手信息。按照行业和背景可以分为宏观经济情报、竞争者情报、竞争行为、重点竞争对手情况以及潜在竞争者，行业情报及其他情报等。

(四)竞争情报估计与分析

竞争情报的估计与分析分为三个层次：宏观、中观和微观。宏观环境包括政治、经济、社会和技术四大环境；中观环境即产业环境、行业环境；微观环境包括客户、战略联盟等小市场环境。依据本企业的技术和市场信息进行关联性分析，并长期跟踪技术的发展变化，从而准确预测未来市场走向，实施恰当的竞争战略。竞争情报估计与分析是情报收集工作的重点，也是情报收集工作的核心。

(五)竞争情报传播与反应

通过情报传播最终实现情报规划所确定的情报需求，把相关决策信息在合适的时间传递给相关决策人员。企业竞争情报具有对抗性和保密性，往往要依靠特定的组织机制进行传播，从制度上保证情报流转的安全性和可靠性。依托社会网络进行情报传播具有一定的特殊性，需要结合社会网络分析和行为科学对发布的内容、对象、时间、环境、渠道进行规划和设计。从人际情报网络出发研究竞争情报传播模式，利用社会"嵌入性"理论以及行为科学理论分析竞争情报传播机制是对现有情报传播理论的重要补充。

二、竞争情报的来源与收集方法

竞争情报的来源包括从企业内部和企业外部获取。竞争情报的收集方法有以下几种。

(一)文献调查法

通过对搜集公开出版物、灰色文献信息以及保密文献信息，获取竞争对手情报。

(1) 从公共图书馆、档案馆、情报信息中心等公共信息服务机构查询与借阅相关书籍、杂志、报纸、政府出版物、行业出版物、行业年鉴、研究报告等文献信息，摘取、复制有关竞争对手信息；一般商业出版物是关于产品和企业的一个重要信息来源。要从这些出版物里得到有用的信息，企业可订购剪报服务、电子数据库，或自己剪贴适用的文章；行业出版物一般只注重某一行业或产品大类，实际上每个产品大类都有自己的一套出版物。这类出版物是了解新产品、产品广告、有关销售和市场份额等行业数据或产品数据的信息来源。另外，地方报纸是一个既方便又经济的信息来源。例如，一个重要的竞争者在小镇上设厂生产，那么订阅当地报纸就是了解其产品、销售等情况的好方法。

(2) 通过采购、索取本行业相关的正式出版物与非正式出版物，订阅与浏览相关的报纸、杂志、行业协会出版物获取竞争对手信息。

(3) 到相关部门数据库查阅对外公开档案、工商企业的注册资料、上市公司的业绩报表、竞争对手的产品介绍、企业招聘广告。数据库产业在世界各国不断被开发利用，仅美国就有上千种数据库可用。闻名于世的 Dialog 数据库系统，其商业数据库部分就可以提供企业和产品目录、市场行情资讯分析、投资可行性分析、竞争对手分析等各种信息。数据库通过检索来获取信息资源。上市企业的各种数据在证券交易所的资料里都可以查询。

(4) 通过购买第三方机构生产的资信调查报告、行业研究报告、竞争情报研究报告等获取竞争对手信息。提供信息服务的信息中心或商业机构专门从事信息搜集，加工处理和分析研究工作。比如，行业协会、政府信息中心、科技信息中心(情报研究所)、商业化情报机构等，有些机构还通过网络销售各行业的行业报告。

(5) 通过参加展览会、招聘会、研讨会等方式获取有关竞争对手的宣传资料、产品介绍、广告资料等各类信息；如果想获取竞争对手的销售量情况，可留意其包装箱，在上面会有包装箱供应商的名称和地址，从供应商那里就可得知竞争对手购买的包装箱数量，以此估算对方近来的销售量。另外，还可采取研究竞争对手的促销资料、参观竞争对手的工厂、行业展示会和逆向工程等方法获取资料。

(6) 通过查询有关政府主管部门(如市场监管局)、金融证券市场统计资料、公开信息披露资料获取竞争对手情报。

(7) 通过专利文献检索获取竞争对手技术研发信息。

(二)搜索引擎和网络数据库

互联网情报搜集是获取竞争对手信息的最为方便有效的途径之一，互联网信息搜集一般首选搜索引擎，运用科学的搜索策略、方法与技术，借助于网络提供的各种搜索服务，从信息海洋中找到有价值的信息，方便快捷，且覆盖面广，信息量大。网络情报搜集的另一种重要方法是网络数据库的使用。企业充分利用互联网或局域网资源进行内部竞争情报的收集工作，生成内部竞争情报手册。例如，美国电话电报公司是第一家利用计算机竞争情报工作网络进行该项工作的公司，它使用了一个叫作 AT&T 分析家入门的系统，使公司可以从其成千上万的职员那里获得关于竞争对手的各种信息。一个较好的做法是将公司的情报收集计划公布给所有员工，你会发现，也许本来需要花费你数周时间才能解答的问题某些员工几个小时就解决了。

(三)竞争对手网站跟踪监测法

竞争对手网站是竞争对手信息最重要的来源，可通过经常浏览竞争对手网站信息获取其情报信息。还可以运用各种网站信息跟踪与监测软件，自动对网站进行监测。

(四)实地调查与现场采集法

实地调查与现场采集是竞争情报最主要的搜集方法，很多情报信息通过公开的信息源无法获得，需要针对具体的情报需求进行专项调查。调查方法主要有：现场调查、访问、发放调查表、样品搜集等。

(五)人际情报交流法

通过人际关系网络往往能得到公开渠道所无法获得的信息，例如，通过亲戚、朋友、同学、老师、老乡等各种人际关系及时了解竞争对手或潜在竞争对手的信息，及时了解潜在竞争对手的价格策略、销售策略和推广策略等。这种方法发挥巨大效力的关键在于人际关系网的构建与积累，广泛地与本行业相关部门、机构、人员建立起良好的关系是获取大量高质人际情报的前提与基础。

(六)专家与顾问咨询法

专家是在某个学科或领域具有广博知识的人。他们通晓专业技术、熟知内部消息，竞争情报工作人员同他们打交道可获得从其他途径无法获得的详细资料。向业内的资深人士、相关媒体撰稿人、专栏作家等人群咨询，他们往往对本行业的情况非常熟悉，会有很高明的见解。更重要的是企业的竞争对手也非常愿意与他们接触，以期获得专家学者、媒体人士在话语权与宣传上的支持。因此，这些资深人士能够准确分析企业当前和潜在的竞争对手有哪些，以及这些竞争对手对本企业构成的竞争和挑战。因此，这是一种非常重要的情报信息获取方法。顾问的作用是向企业的总经理、管理者或董事会提供信息、劝告和建议。顾问公司或咨询公司还可提供关于行业竞争及特定竞争对手的信息。有些公司还提供一种"多用户报告"服务，主要是通过二手资料编制的各种行业研究报告，这类报告可作为竞争情报的一个外部来源。

(七)委托咨询法

委托市场调查公司、资信调查公司、信息咨询公司、剪报服务机构等专业的情报搜集与分析机构帮助搜集与分析竞争对手情报，购买他们的情报产品。当前从事市场调查、竞争情报研究与服务的咨询公司越来越多，有的提供媒体监测服务、媒体信息分析服务，有的提供市场调查、资信调查、用户调查、企业安全调查、竞争对手调查、产业调查与研究等各种服务。

(八)反求工程

通过购买竞争对手的产品或服务，对产品或服务进行研究，获取竞争对手产品信息，这是一种非常有效的方法。只要不违反有关法律规定，就可以无偿地通过反求工程获得信息。现在反求工程方法已扩大到对竞争对手服务的了解。如了解投资工具、通过购买保险合同以了解对手服务政策、报价等。一些分析人员发现，定期购买同一来源的某种产品，通过产品序列号的抽样分析可以得知对手的生产能力。

利用反求工程要注意其合法性：产品是在公开市场自由购买的；厂家采用合同供货、合同租借或租购保护其商业秘密，则应履行合同规定。

第三节　竞争者的识别

一、竞争者识别的定义

企业参与市场竞争，不仅要了解谁是自己的顾客，还要弄清谁是自己的竞争对手。从表面上看，识别竞争者是一项简单的工作，但是由于市场需求的复杂性、层次性、易变性，技术和产业快速发展，使得企业面临更复杂的竞争形势，企业可能会被新的竞争对手打败，或由于新技术的出现和需求的变化而被淘汰。企业应密切关注竞争环境的变化，了解自身和竞争者的优劣势。

竞争者的识别是竞争者调研的第一步，识别竞争者看似是一件简单的工作，例如，美国的百事可乐公司知道可口可乐公司是它的主要竞争者，通用汽车公司把福特汽车公司作为其主要竞争者。然而，企业现实的和潜在的竞争者的范围往往是很广泛的，并不是那么容易就能找到的。一个企业有可能被当前表面上的竞争者打败，但更有可能被潜在的、未知的或者新出现的对手所击败。

二、竞争者市场的驱动力量

竞争者市场的驱动力量分析是市场外部环境分析方法中的微观分析。竞争者市场驱动力量分析用于竞争战略的分析，可以有效地分析客户的竞争环境，是对一个产业盈利能力和吸引力的静态分析，说明的是该产业中的企业平均具有的盈利空间。通常，这种分析法也可用于创业能力分析，以揭示本企业在本产业或行业中具有何种盈利空间。

(一)供应商的议价能力

供应商主要通过其提高投入要素价格与降低单位价值质量的能力，来影响行业中现有企业的盈利能力与产品竞争力。供应商力量的强弱主要取决于他们所提供给买方的是什么投入要素，当供方所提供的投入要素其价值构成了买方产品总成本的较大比例、对买主产品生产过程非常重要或者严重影响买方产品的质量时，供方对于买方的潜在讨价还价能力就大大增强。一般来说，满足如下条件的供方会具有比较强大的讨价还价力量：受市场激烈竞争困扰的企业所控制，其产品的买方很多，导致每一单个买方都不可能成为供应商的重要客户；企业的产品具有一定特色，导致买主难以转换或转换成本太高，或者很难找到可与供方企业产品相竞争的替代品；能够方便地实行前向联合或一体化，而买主难以进行后向联合或一体化。

(二)购买者的议价能力

购买者主要通过压价产品或服务质量的能力，来影响行业中现有企业的盈利能力。购买者议价能力影响主要有以下原因。①购买者的总数较少，而每个购买者的购买量较大，占了卖方销售量的很大比例。②卖方行业由大量相对来说规模较小的企业所组成。③购买者所购买的基本上是一种标准化产品，同时向多个卖方(供应商)购买产品在经济上也完全可行。④购买者有能力实现后向一体化，而卖主不可能前向一体化。

(三)新进入者的威胁

新进入者在给行业带来新生产能力、新资源的同时，会与现有企业发生原材料与市场份额的竞争，最终导致行业中现有企业盈利水平降低，严重的话还有可能危及这些企业的生存。新进入者威胁的严重程度取决于两方面因素，即进入新领域的障碍大小与预期现有企业对于进入者的反应情况。进入障碍主要包括规模经济、产品差异、资本需要、转换成本、销售渠道开拓、政府行为与政策、不受规模支配的成本劣势、自然资源、地理环境等方面，其中有些障碍是很难借助复制或仿造的方式来突破的。预期现有企业对进入者的反应情况，主要是采取报复行动的可能性大小，取决于有关厂商的财力情况、报复记录、固定资产规模、行业增长速度等。

(四)替代品的威胁

处于同行业或不同行业中的两个企业，可能会由于所生产的产品互为替代品，造成它们之间相互竞争，这种源自于替代品的竞争会以各种形式影响行业中现有企业的竞争战略。①现有企业产品售价以及获利潜力的提高，将由于存在着能被用户方便接受的替代品而受到限制。②由于替代品生产者的侵入，使得现有企业必须提高产品质量，或者通过降低成本来降低售价，或者使产品具有特色，否则销量与利润增长的目标就有可能受挫。③源自替代品生产者的竞争强度，主要受产品买主转换成本高低的影响。

总之，替代品价格越低、质量越好、用户转换成本越低，其所能产生的竞争压力就越强。这种来自替代品生产者竞争压力的强度，可以具体通过考察替代品销售增长率、替代品厂家生产能力与盈利扩张情况加以描述。

(五)同业竞争者的竞争程度

大部分行业中的企业相互之间的利益都是紧密联系在一起的，作为企业整体战略一部分的各企业竞争战略，其目标都在于使得自己的企业获得相对于竞争对手的优势。所以，在实施其目标过程中就必然产生冲突与对抗现象，这些冲突与对抗就构成了现有企业之间的竞争。现有企业之间的竞争常常表现在价格、广告、产品介绍、售后服务等方面，其竞争强度与许多因素有关。

一般来说，出现下述情况将意味着行业中现有企业之间竞争的加剧，也就是行业进入障碍较低，势均力敌竞争对手较多，竞争参与者范围广泛：市场趋于成熟，产品需求增长缓慢；竞争者企图采用降价等手段促销；竞争者提供几乎相同的产品或服务，用户转换成本很低；一个战略行动如果取得成功，其收入相当可观；行业外部实力强大的公司在接收了行业中实力薄弱企业后，发起进攻性行动，结果使得刚被接收的企业成为市场的主要竞争者；退出障碍较高，即退出竞争要比继续参与竞争代价更高。在这里，退出障碍主要受经济、战略、感情以及社会政治关系等方面的影响，具体包括：资产的专用性、退出的固定费用、战略上的相互牵制、情绪上的难以接受、政府和社会的各种限制等。

三、竞争者识别的角度

竞争者识别的首要问题是确定某一细分市场上特定的竞争对手。竞争者一般是指那些与本企业提供的产品或服务相似，并有相似目标顾客的企业。通常可以从行业和市场两个角度识别企业的竞争者。

(一)从行业角度分析

提供同一类产品或者可相互替代产品的企业，构成一种行业，如汽车行业、医药行业等。一种产品价格上涨，就会引起另一种替代产品的需求增加。企业要想在整个行业中处于有利地位，就必须全面了解本行业的竞争模式，以确定竞争者的范围。一般来说，首先要对供给和需求的基本条件进行分析，供求状况又影响行业结构(如销售商的数量、产品差异、进入和退出障碍、成本结构等)，行业结构进一步影响行业行为(包括定价、产品战略、广告战略、研发等)，行业行为又影响行业绩效(包括效率、技术进步、盈利能力、就业状况等)。从行业角度看，企业的竞争者可以划分如下。

(1) 现有厂商。指本行业内现有的与企业生产同样产品的其他厂家，这些厂家是企业的直接竞争者。

(2) 潜在加入者。当某一行业前景乐观、有利可图时，会引来新的竞争企业，使该行业增加新的生产能力，并要求重新瓜分市场份额和主要资源。另外，某些多元化经营的大型企业还经常利用其资源优势从一个行业进入另一个行业。新企业的加入，将可能导致产品价格下降，利润减少。

(3) 替代品厂商。与某一产品具有相同功能、能满足同一需求的不同性质的其他产品，属于替代品。随着科学技术的发展，替代品将越来越多，某一行业的所有企业都将面临与生产替代品的其他行业的企业进行竞争。

(二)从市场角度分析

竞争者是那些满足相同市场需求或服务于同一目标市场的企业。一家汽车制造商的竞争者是汽车行业的其他公司，这是从产业角度来看的；如果从市场角度来看，这家汽车制造商可能面临更加广泛的竞争对手，例如，劳斯莱斯公司的主席宣称，劳斯莱斯并不是与普通的汽车品牌进行竞争，而是与第二或第三处别墅、游艇或私人飞机进行竞争。也就是说，这些产品的潜在消费者一旦决定购买一辆汽车而不是其他商品时，那么显而易见，他们选择的汽车品牌肯定就是劳斯莱斯。在实践中，应充分认识到这种多层次竞争的可能性。从市场角度看，企业的竞争者可以划分为以下几种。

(1) 品牌竞争者。企业把同一行业中以相同的价格向相同的消费者提供类似产品或服务的其他企业称为品牌竞争者。如在家用空调市场中，格力空调、海尔空调、三菱空调等厂家之间的关系。品牌竞争者之间的产品相互替代性较高，因而竞争非常激烈，各企业均以培养消费者品牌忠诚度作为争夺消费者的重要手段。

(2) 行业竞争者。企业把提供同种或同类产品，但规格、型号、款式不同的企业称为行业竞争者。所有同行业的企业之间均存在彼此争夺市场的竞争关系。如生产家用空调与生产中央空调的厂家之间、生产高档汽车与生产中档汽车的厂家之间的竞争。

(3) 需要竞争者。提供不同种类的产品，但满足和实现消费者同种需要的企业称为需要竞争者。如航空公司、铁路客运、长途客运汽车公司都可以满足消费者外出旅行的需要，当火车票价上涨时，乘飞机、坐汽车的消费者就可能增加。

(4) 消费竞争者。提供不同产品，以满足消费者的不同愿望，但目标消费相同的企业称为消费竞争者。如很多消费者收入水平提高后，可以把钱用于旅游，也可用于购买汽车，或购置房产，因而这些企业间存在相互争夺消费者购买力的竞争关系，消费支出结构的变化，对企业的竞争会有很大影响。

四、竞争者识别的应用

(一)识别竞争者的策略

竞争者的策略可以通过竞争者的市场行为反映出来。在大多数产业中，可以根据竞争者采用的不同策略，把竞争者分为不同的策略群体。采取相同或相似策略的竞争者属于同一策略群体。如果企业决定进入某一群体，该群体成员就成为企业的主要竞争对手。竞争者之间采用的策略越相似，竞争就越激烈。但群体之间也存在着竞争，因为不同策略群体可能以同一市场为营销目标，或者属于某个群体的企业可能改变策略进入另一群体。

(二)判断竞争者目标

竞争者通常会有多个目标，如追求利润、投资报酬率、市场占有率、技术领先、服务领先、低成本领先、信誉领先等，对于这些目标，不同企业在不同时期有不同的侧重点，形成不同的目标组合。对于企业而言，了解竞争者的侧重点非常关键，因为了解到竞争者的侧重点，就可以预知竞争者的反应，进而采取适当对策进行防御或进攻。

第四节 竞争者分析

竞争者分析在于了解竞争对手的经营状况、目标客户的未来需求以及发现新的消费点和新的客户群，最终达到在未来市场竞争活动中占据主导位置，为企业提供一个安全的成长环境，同时提升企业的核心竞争力。当企业确定了竞争对手并收集到相应的竞争情报之后，就可以对竞争对手进行分析。竞争者分析的内容很多，这里主要介绍竞争者战略和目标分析、竞争者市场份额分析以及竞争者营销活动分析。

一、竞争者战略和目标分析

一个企业必须不断地观测竞争者的战略。富有活力的竞争者会不断地修订其战略。企业对其主要竞争者及其战略进行识别和了解后，还要进一步确定竞争者的市场目标是什么。竞争者虽然都有利润最大化的目标，但是不同竞争者侧重的目标组合不同，包括获利能力、市场份额、现金流量、技术领先、产品和企业形象等。了解竞争者的重点目标是什么，有助于推断竞争者对其目前所处市场地位和利润状况的满意程度，并由此推断竞争者改变战略的可能性及对于外部事件(如经济周期)或其他厂商的行动作出反应的程度。例如，以"低成本领先"为主要目标的企业，对其竞争者在降低成本方面取得技术突破的反应，比对其增加广告预算的反应强烈得多。

对竞争者未来目标的分析主要包括以下几个方面。

(1) 竞争者的财务目标是什么？在确定目标时，竞争者如何作出权衡，如长期经营活动与短期经营活动之间的权衡、利润与收益增长之间的权衡等。

(2) 竞争者对风险持什么态度？如果财务目标基本上是由获利能力、市场地位、增长率和适当的风险水平组成，那么竞争者如何平衡这些因素？

(3) 竞争者是否拥有广泛分享或由高层管理部门掌握的组织准则或信条？这些组织准则或信条是否大大影响其目标？

(4) 竞争者的组织结构如何？对于像资源分配、定价和产品变化之类的关键决策，该组织是如何分配责任和权利的？

(5) 控制和奖励制度是否适当？其包括如何对高层管理者给予报酬，经理人员是否拥有股份，是否有适当的分期付酬制度，经货活动定期跟踪的措施是什么等。

(6) 是否有适当的会计制度和惯例？竞争者如何看待存货？如何分配成本？这类涉及会计政策的问题会强烈地影响竞争者对其活动的理解力以及对其成本的看法和定价方法。

二、竞争者市场份额分析

美国波士顿咨询组织提出的相对市场份额指数(Relative Share of Market Index，RSOM)可以用来分析产品层次或细分层次竞争结构中各个品牌的市场地位。在定义该指数时，将竞争结构中市场占有率处于第一名的品牌称为领导品牌，其他品牌称为跟随品牌。

竞争者市场份额分析中最重要的一个指标是市场占有率。通常，企业的销售业绩并不能反映出其经营状况如何，如果企业销售额增加了，可能是由于企业所处的整个经济环境的发展，或可能是因为其市场营销工作较之竞争者有相对改善。市场占有率是评价企业业绩、反映企业竞争能力的重要指标，也是企业战略环境分析的一个非常重要的因素。某一时期某一品牌产品在某地区的市场占有率是指这一时期内该品牌在该地区的实际销售占整个行业实际销售的百分比，通常可用销售量或销售额计算。但需要注意的是，市场占有率降低并不一定表示企业经营效益的下降。如果有新企业加入或旧企业退出，那么市场占有率必然会发生变化，而这种变化并非来自企业经营效益的变化。计算竞争结构中各品牌的RSOM 指数，就可以分析它们在市场中的相对地位。从数字上来说，哪一个品牌的RSOM>1，它就是冠军品牌，但波士顿组织提出只有 RSOM>1.5 的品牌，才算是真正的领导品牌。

三、竞争者营销活动分析

竞争者营销活动分析包括竞争者经营方针分析、竞争者广告活动分析和竞争者分销服务分析。

(一)竞争者经营方针分析

在对竞争者的产品经营方针进行考察时，应有目的地收集信息。竞争者是否在系统地开发新产品，新产品开发活动是如何组织的，是否依据产品经营方针策划开发战略；竞争者计划推出的是各种不同的产品，还是同属于一类的系列产品；竞争者的产品设计和产品包装有何特点；竞争者的产品质量是否会出现某些变化；产品品种增多还是减少；质量水平提高还是降低等。

(二)竞争者广告活动分析

竞争者广告活动分析涉及以下方面。竞争者在报刊、电视和电台上所做的宣传广告是否定期推出、版面有多大、具体内容是什么；竞争者采用何种广告媒体，广告宣传时间长短、覆盖面大小、成本高低；跟踪观察和分析竞争对手所选择的各种广告媒体组合，如广告牌、宣传画等各占多少广告预算比例；观察竞争者如何利用广告引导消费群体；观察和分析竞争者采取的公关措施；竞争者广告措施的实施效果。

(三)竞争者分销服务分析

竞争者分销服务分析涉及竞争者对产品分销的重视和依赖程度、竞争者拥有多大市场份额、竞争者实施的分销方针是什么、依靠何种销售渠道、有何促销活动、分销成本如何、销售渠道的形象如何等。

　　以上这些都要作出具体的分析，才能做到胸有成竹，成功应对。通过分析可为管理者提供当前及今后市场竞争环境的信息，以提高决策效率和经济效益。当企业确定了其竞争对手并收集到相应的竞争情报之后，就可以对竞争对手进行分析。

本章小结

　　竞争者调研是指企业通过某种分析方法识别出竞争者，并对其目标、资源、市场力量和当前战略等要素进行分析，准确判断竞争者的战略定位和发展方向，并在此基础上预测竞争者未来的战略，准确评价竞争者对本组织的战略行为的反应，估计竞争者在实现可持续竞争优势方面的能力，从而帮助企业制定自身的竞争策略。竞争者调研的价值在于提高企业核心竞争力，提高企业快速反应能力，准确进行市场定位，增强市场掌控能力。

　　竞争者调研的内容包括：竞争者概况、产品及生产状况、财务状况。竞争者调研不仅可以针对目标企业实施全方位的年度综合调查，还可以针对目标企业实施月度/季度调研。

　　竞争情报可以从企业内部和企业外部获取。竞争情报的收集方法包括文献调查法、搜索引擎和网络数据库、竞争对手网站跟踪监测法、实地调查与现场采集法、人际情报交流法、专家与顾问咨询法、委托咨询法和反求工程。

　　竞争者分析在于了解竞争对手的经营状况、目标客户的未来需求以及发现新的消费点和新的客户群，最终达到在未来市场竞争活动中占据主导位置，为企业提供一个安全的成长环境，同时提升企业的核心竞争力。竞争者分析主要包括竞争者战略和目标分析、竞争者市场份额分析以及竞争者营销活动分析。

思考讨论题

1. 简述竞争者调研的含义。
2. 简述竞争者调研的价值。
3. 竞争者调研的内容有哪些？
4. 简述竞争情报的来源与收集方法。
5. 如何识别竞争者？
6. 简述竞争者分析的主要内容。
7. 在竞争者调研中怎样把理论与实践结合起来？

竞争者调研.mp4　　市场细分调研.mp4　　产品定位调研.mp4　　竞争者调研.ppt

第十四章 市场预测概述

兰德公司的预测

1944 年，美军陆军航空队(即空军前身)首任司令亨利·阿诺德提出了"战后和下次大战时美国研究与发展计划"，要求成立一个"独立的、介于官民之间进行客观分析的研究机构"。这被称为"兰德计划"。

冷战时期，兰德公司特别注意与国家安全有关的地区研究，主要对象是苏联。兰德公司研究苏联公开发表的空间技术文献之后，预言苏联将于 1957 年发射人造地球卫星，提出政府当年的战略措施应是加速研制人造卫星，结果 1957 年 10 月 4 日苏联人造卫星真的飞上天空，与兰德公司的预言相差无几。

美国国防部长麦克纳马拉说："美国空军对兰德公司的投资已经收回了 10 倍以上的价值，它分担了五角大楼的将军们和白宫官员们在国防计划方面的一大部分责任。"

第一节　市场预测的概念、内容及分类

一、预测与市场预测

(一)预测

1. 预测的概念

预测是指根据客观事物的发展趋势和变化规律，对特定事物的未来趋势或状态做出的科学推断。

2. 预测的三个要点

1) 预测基础是客观事物的发展和变化趋势

客观事物的发展和变化趋势可能遵循某种规律，若能找到这种规律，是成功预测的前提和基础。举例来说，要对某产品价格进行预测，首先要了解之前该产品价格的变化趋势，如果该产品价格变化趋势一直处于上升状态，且上升速度呈现递减规律，可以预测未来价格上升速度将会放缓，甚至有可能出现下降的趋势。

2) 预测对象是一种特定事物的未来趋势和状态

提前了解到这种事物的未来趋势或状态，以便做出科学的决策和策略调整。如果能够预测产品未来销量可能出现下降趋势，那么企业决策者就会考虑开发新产品或制定新的营销策略，来保证企业的未来收入稳定。

3) 预测过程是一种科学推断

预测既不是"未卜先知"的唯心主义，也不是"赌徒式"的抛硬币行为，而是一种科学推断，原因在于各种预测方法是基于预测实践工作中总结出来的规律或经验，并获得再次实践检验，同时，以成熟的相关理论作为指导，并运用科学的预测方法得出事物发展的一般规律，这种预测具有一定的普遍性和适用性，即在当前的假设条件和环境下，是可以重复出现这种预测结果的。如产品的弹性大小决定企业的价格策略，当产品价格弹性大于1 时，企业选择降价会提高产品销售收入；反之，企业选择涨价，会增加产品销售收入，这种现象既是经验的总结，又是产品需求价格弹性理论的支持。

预测概念中包括三个要点，如图 14-1 所示。

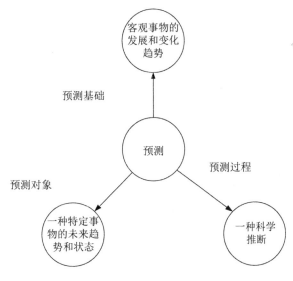

图 14-1　预测定义的要点

(二)市场预测

1. 市场预测的概念

市场预测是对产品在原材料采购、研发、生产、流通和销售过程中出现的变化趋势或状态，以及影响这些变化的外部因素，如国家政策、法律法规、消费时尚等，进行科学的推断。市场预测是适应市场经济发展的需求逐步成熟的一门独立科学，相比市场营销体系中的其他课程，市场预测更侧重于技术的研究，这也是市场预测过程科学性的一种体现。

2. 市场预测的内涵

1) 定性分析与定量分析的关系

市场预测要同时注重定性分析和定量分析的完美结合，定性分析离不开实践经验和相关理论的指导，定量分析离不开数学推导和计算机统计软件的支持。要学好市场预测，相关的数学知识必不可少，如微积分、线性代数、概率论与数理统计等，还要掌握一些统计学知识，如计量经济学、应用统计学等。

2) 市场预测的基本流程

市场预测的基本流程是定性分析和定量分析的有机统一过程，如图 14-2 所示。

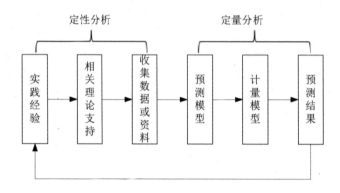

图 14-2　市场预测的基本流程

其前提是具有一定的实践经验，或者是基于某种实践经验的总结，并获得相关理论的支持，特别是经济学理论的支持，因为经济学理论的研究由众多的经济学家和学者独立进行分析和研究，研究结论比较公正、客观和科学，因此，可以把这些理论运用到市场预测中。同时还要收集大量的数据或资料，此时要注意，数据或资料的收集并非多多益善，应把数据或资料的准确性和真实性放在第一位。另外，还要注意收集数据或资料的时效性，以及处理数据所需时间长短，商场如战场，有些决策需要尽快做出预测，这可能比做出一次"完美预测"更有商业价值。

二、市场预测的特点、内容及分类

1. 市场预测的特点

1) 超前性

市场预测是对事物未来发展趋势或变化的一种推断，要超前于事物出现的结果，以便做出科学决策，这才是市场预测的价值所在。市场预测是对市场信息(市场信息包括市场中的数据和资料等信息，本书中若无特指，则为此意)的收集、整理和加工，市场调查是一种非常有效的市场信息收集手段，预测模型是一种科学的预测未来信息的工具，二者有机结合起来，才能准确预测事物未来发展的方向或变化趋势，如图 14-3 所示。

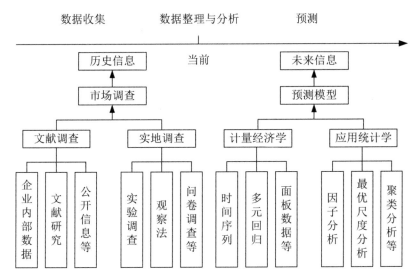

图 14-3 历史数据与预测方法的选择

在预测未来的信息中，要建立两类预测模型，一是计量经济学模型，如时间序列模型、多元回归(特别是协整回归模型)、面板数据模型等，二是应用统计学模型，如因子分析、最优尺度分析(也包括对应分析)、聚类分析等。

市场预测的超前性是将未来不明确的信息，通过数据收集、整理和统计分析过程后变得更加明确，辅助决策者进行科学决策。

2) 可测性

市场预测是解决市场信息不对称对决策的影响问题，即让未来不明确的信息更加明确，因此，预测结果应该较为准确和可进行测量，一种模糊的、定性的、难以测量的预测结果是不被决策者所接受的。如若要预测某种产品未来销量的变化，仅仅给出销量可能会增加的预测是不可信的，因为概率只有 50%，即使不进行预测也可以得出这一结论，因此，若用时间序列数据或百分比展示增长的变化趋势或规律，可信度会更高一些。

3) 概率性

在预测过程中，预测结果应运用概率性的数据进行展示，最好得出高于 50%的概率结果，才能让预测变得有意义。从统计学角度来看，起码应保持 90%以上的置信度，才能有助于决策者进行推断和决策。如预测未来产品销量的变化，运用 60%的可能性会增加，30%的可能性会保持不变，10%的可能性会下降等语言描述预测结果会更好。

2. 市场预测的内容

市场预测的内容主要包括市场人口预测、市场需求预测、市场购买力预测以及产品价格预测等。

1) 市场人口预测

市场人口预测是指与企业所面临的市场有关的人口数量、结构及其发展趋势预测，人口数量主要是指整体人口未来的数量变化及发展趋势情况，人口结构预测是指不同细分市场(结构)中的人口数量变化及其发展趋势情况，当然，也包括地理位置的人口分布(即人口密度)等预测。

2) 市场需求预测

市场需求预测是指目标市场的消费偏好,如花色、款式、口味、品牌及包装等具体产品属性的需求数量预测,这些属性可能包含在某些细分市场中,因此,一定要注意预测结果的独立性,避免产生交叉,影响预测结果的准确性。

3) 市场购买力预测

市场购买力预测是指目标市场人群的购买能力预测,即目标市场人群针对不同的产品愿意支付的价格区间,这个指标与其收入水平和产品类型有较大关系。一般而言,对于正常产品来说,若该产品能够给目标市场消费者带来更多满足感,那么当这些消费者收入水平增加时,就会接受更高价格的产品;对于非正常产品来说,若该产品不能够给目标市场消费者带来更多满足感,那么他们即使收入增加也不会增加对这些产品的支出,也就是不愿意支付更高的价格,这种现象也就是经济学上所说的"低档品"和"吉芬商品"等产品。

4) 产品价格预测

产品价格预测是指企业某一产品价格、同类产品(直接竞争对手产品)平均价格、相关产品价格(包括替代品和互补品)等价格变化趋势预测。价格预测是企业预测内容中非常重要的一类,如果能够准确预测竞争对手价格变化,则可以自由选择竞争对策,避免陷入价格战的尴尬境地。

3. 市场预测的分类

市场预测实际上是对企业某一产品在一定时间、一定地理范围内市场规模(市场需求量或销售量乘以价格)的预测,因此,可以从预测时间、空间、对象和方法上进行划分。

1) 从预测时间上划分

(1) 长期预测。

一般而言,长期预测是指 5 年以上的市场预测,这种预测不是很准确,往往是预测未来发展变化的趋势。

(2) 中期预测。

中期预测是指 3～5 年的预测,这种预测较为准确,可为企业中期战略规划提供必要的信息。

(3) 短期预测。

短期预测一般是指 3 年以内的预测,这种预测比较准确,主要是为企业战略决策提供信息支持服务。

(4) 近期预测。

近期预测尤其是指 1 年内的预测,如预测下一周、月、季度,其目的是为及时调整促销决策方式提供信息支持,如发现未来几周内产品销量可能下降,而历史正常销量应保持销量增长,此时建议决策者及时查找原因,是竞争导致销量下降,还是消费者偏好改变的原因,甚至是自身产品质量或服务出现问题?以便及时做出促销或营销调整,以尽快挽回销量下降的损失。

2) 从预测空间上划分

(1) 国际市场预测。

国际市场预测是指对一些国家的市场规模进行预测,这种预测应将这些国家进行目标市场细分,并有针对性地进行预测,而后加总成为国际市场整体规模。

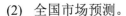

(2) 全国市场预测。

全国市场预测是指对全国所有的省份进行预测，并加总后构成全国市场规模，同时，应对企业优先进入的市场区域进行分析和判断，即通过进入难度和效益比等指标进行深入分析，为企业规划全国市场提供决策支持。

(3) 地区市场预测。

地区市场预测是指对企业要进入的目标市场相关产品进行预测，包括产品整体规模、竞争品牌销量情况等，为企业制定目标市场竞争策略提供决策信息。

3) 从预测产品对象上划分

(1) 产品预测。

产品预测即对某种产品进行预测，包括需求量、销量等情况。

(2) 竞争产品预测。

竞争产品预测即对同类具有竞争关系的产品进行预测，目的是了解这些产品的未来销量、市场占有率以及竞争优势等，为企业未来制定相应的竞争策略提供决策信息。

(3) 目标市场预测。

目标市场预测即对企业要进入的目标市场相关产品进行预测，包括产品整体规模、竞争品牌销量情况等，为企业制定目标市场竞争策略提供决策信息。

4) 从预测方法上划分

(1) 定性预测。

定性预测是指根据一定的经济理论与实践经验，对市场未来的状态与趋势做出初步判断，如可根据需求价格弹性理论，预测弹性较大的产品，应该通过降价来增加产品收入，反之，弹性较小的产品，应该通过涨价增加产品收入。

(2) 定量预测。

定量预测是基于一定的经济理论和统计学方法，建立相应的预测模型，对未来市场变化进行定量描述，如对销量进行时间序列模型预测或回归预测等。

在预测实践工作中，有时需要将两种预测方法有效结合起来，即先进行定性预测，把握事物大体的发展规律，若有必要，进一步进行定量预测，以确定事物发展的具体规律。

第二节　市场预测的基本原理

一、系统性原理

系统性原理是指在市场预测中，必须具有全局意识和系统思维，仅靠只言片语或部分数据，可能会得到不太准确的预测结果。如通过时间序列模型可能得到下一期的市场销量是上升的，但从全国经济发展角度来看，经济增长率是下降的，且将成为一种常态，因此，应足够重视销量上升的预测结果。

(一)预测在市场工作中的作用

市场工作包括 STP 营销(市场细分、目标市场策略和市场定位)、消费者研究(消费者心理和行为研究)、竞争者分析(竞争者类型及行为分析)，在这个过程中，需要对每一个环节进行准确预测，才能做出较为准确的营销决策。只有对市场进行深入细分，且能够准确把握未来市场的变化，才能够确定进入哪个市场，即确定目标市场，只有准确了解消费者需求和竞争状况，才能在目标市场中进行准确定位，如图14-4所示。

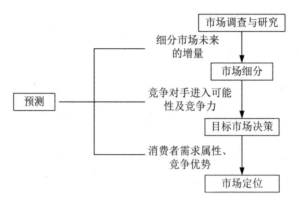

图 14-4　预测在 STP 营销中的作用

由此可见，在预测过程中，不能仅靠一个环节或一个方面的预测，需要进行系统的思考，才能准确把握事物发展的方向，进而为营销决策提供较为准确的信息支持。

(二)预测在营销工作中的作用

营销工作主要指 4P 策略的制定，即产品、价格、渠道与促销。合理制定这些策略，需要对市场进行准确预测，若能准确预测目标市场的需求，则可以将这些需求转化为相应产品，这些产品就会成为具有销售力的产品。制定目标市场能够接受的价格，通过目标市场常用的渠道卖给消费者，就会减少产品人员推销和广告宣传方面的费用，而且能够规避竞争对手的竞争，增强市场核心竞争力，如图14-5所示。

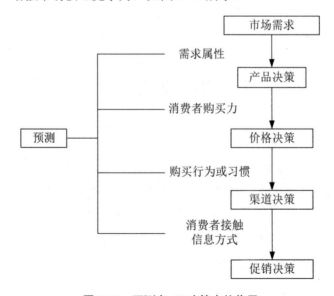

图 14-5　预测在 4P 决策中的作用

另外，若能够准确预测产品生命周期中的价格变化，就能较为轻松地制定这些阶段的价格策略，不会陷入价格体系紊乱的尴尬境地。

(三)预测在其他市场营销工具中的作用

预测在其他市场营销工具的使用中也起到非常重要的作用，如在使用市场增长率/占有率矩阵的过程中，即必须预测未来一段时间内，一般为 3～5 年期间，产品的市场增长率和占有率情况，才能确定应该对哪些产品进行投资，对哪些产品实施退出战略，如图 14-6 所示。

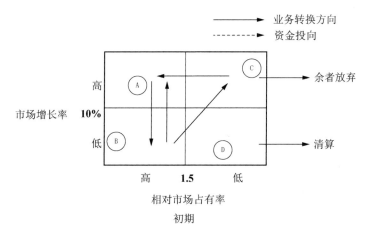

图 14-6 市场占有率/市场增长率矩阵

从静态来看，根据市场占有率/增长率矩阵，可以做出以下决策：A 产品需要保持现状，但其增长率可能会下降；在未来市场增长率增长的前提下，B 产品需要加大投资；C 产品需要进一步进行研究，确定是否进行投资；D 产品需要进行清算。这是基于现有信息进行的决策，没有考虑未来市场信息的变化，若能够对这 4 种产品进行未来市场增长率和占有率预测，则可能会改变这些决策，如图 14-7 所示。

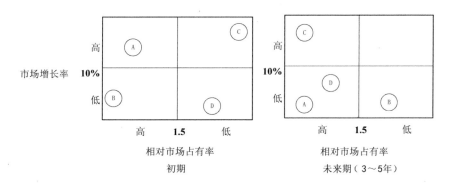

图 14-7 市场增长率/市场占有率矩阵变化

经过市场预测，未来 4 类产品的市场占有率/增长率变化情况是 A 类和 D 类产品进入成熟期，C 类产品进入成长期，B 类产品进入衰退期，那么未来决策方向是增加 C 类和 D 类产品资源投入，保持 A 类产品资源投入，减少 B 类产品资源投入，以顺应市场的变化。

二、惯性原理

事物都存在一定的惯性，如消费习惯存在"由俭入奢易，由奢入俭难"的惯性，改革开放以来，我国的 GDP 总量呈上升趋势，但增长率随着经济总量的增加，会呈下降趋势，并在某一个合理区间内波动。因此，可以根据这些规律进行预测。

(一)利用惯性原理进行预测的条件

1. 事物发展的内在规律是预测的基础

在进行预测时，应确定事物发展的规律，并利用历史数据验证这些规律后，才能进行预测。如人们的边际消费偏好会随着收入的增加而降低，这是经济学上的一种规律，但在现实生活中，是否可以用来预测，必须利用相应数据，并建立相应的计量模型，进行相关检验和实证后，才能得出这种规律，之后才能进行预测，否则，有可能会得到不正确的结论。

2. 惯性原理的前提条件是其他条件不变

在利用事物惯性原理进行预测之前，必须了解事物发展规律的其他条件，如春节晚会收视率会保持在较高的水平，但前提条件是除夕夜的其他娱乐方式较少，然而，随着各地卫视的崛起，互联网娱乐方式的盛行，除夕晚上可供欣赏的娱乐节目越来越多，因此，即使春晚节目纵向比较越来越好看，但收视率可能不会随着节目质量的提高而上升，其原因不在于产品质量(节目娱乐性等指标)没有提高，是因为竞争性产品(其他娱乐节目)增加了。

因此，在进行市场预测时，一定要了解其他条件是否发生变化，如在人们收入增加时，产品质量提高能否提高产品价格，答案可能是否定的，因为人们的偏好改变了，或者选择多了，如诺基亚退出市场，不是诺基亚手机本身质量存在问题，是人们对手机的需求从通话质量转向了娱乐功能，而诺基亚却未能满足这种需求偏好的改变。

(二)利用惯性原理进行预测的程序

在利用惯性原理进行市场预测时，首先，要找到事物发展的规律，或者找到相应的理论作为支撑；其次，利用历史数据，建立计量模型进行实证分析，得到量的估计，若缺乏历史数据，则应找到相应的专家或学者进行德尔菲法预测；再者，确定市场预测的条件，即在最终预测时，应该进行灵敏度分析，在某些条件改变时，预测结果可能会在某一个范围内波动；最后，才能利用这种规律进行预测，并详细阐述各种预测结果对应的条件和规律，如图 14-8 所示。

图 14-8　利用惯性原理进行预测的程序

三、因果原理

因果关系是客观事物之间存在的一种普遍关系，是第一个事件(即"因")和第二个事件(即"果")之间的作用关系，其中后一事件被认为是前一事件的结果。如对于正常品来说，当产品价格下降时，其需求量就会上升，手机便宜了，买手机的人就多了，人们手头富裕了，出行方便了，那么出行的人次就会增加，这些事物之间存在一种普遍联系。因此，可以利用这些联系进行市场预测，但需要注意，预测时应该找到谁是因，谁是果。

(一)利用因果关系进行预测应注意的问题

1. 确定谁是"因"，谁是"果"的问题

在利用因果关系进行市场预测时，必须确定谁是因，谁是果，否则就会导致预测错误，单纯从数据拟合效果来看，或许两种事物之间存在一种因果关系，但二者未必真正有因果关系，如美国的人口增长与我国的 GDP 增长数据之间或许存在一种因果关系，但二者实际意义上的因果关系是不存在的，或是非常微弱的。

2. 因果关系需要进行理论和实证研究进行论证

要确定两个事物之间是否存在因果关系，必须进行理论和实证角度的验证，不能凭感觉和想象，如很多人把"蝴蝶效应"应用到各种领域。举例来说，2003 年，美国发现一宗疑似疯牛病案例，这个事件对美国经济产生了冲击，受到冲击的是近 2000 亿美元的美国牛肉产业和 140 万个左右工作岗位。其原因在于，消费者担心所有的牛肉都存在疯牛病，因此，他们拒绝购买这类产品，导致这类产品产量下降，进而使得产品原材料产量下降，生产者和销售者减少，影响了整个产业链和美国经济。

(二)利用因果关系进行预测时的基本形式

1. 以经济理论为基础建立函数关系

如将产品价格和其销量建立函数关系，利用历史数据验证这种关系，从而确定价格是影响产品销量的重要因素。另外，也可以利用需求的价格弹性理论确定价格和需求量(也可以看作是销量)之间的关系，且这种关系经济学家已经确立。

2. 利用数据验证变量间的因果关系

在有些研究中，经济理论也无法对一些变量之间的关系进行严格定义，因此，可能不知道哪些变量是因，哪些变量是果。为了解决这类问题，1980 年，Sims 提出了向量自回归模型，即多方程联立的方式，在模型中的每一个方程中，内生变量对模型全部内生变量的滞后项进行回归，从而估计全部内生变量的动态关系。

向量自回归模型通常预测相互联系的时间序列系统以及分析随机扰动项对变量系统的动态影响，由于本书技术要求所限，对这部分内容感兴趣的读者可以在计量经济学中找到相应的知识进一步阅读。

第三节　市场预测程序

市场预测的程序包括：①确定市场预测目标；②确定影响市场预测的因素；③收集相关材料；④提出预测模型；⑤评价和修正市场预测结果；⑥编写市场预测报告。

一、确定市场预测目标

市场预测目标是市场预测要实现的目的、要求，以及要解决的问题。包括定性目标和定量目标。

(一)市场预测目标要求

1. 市场预测目标必须明确

市场预测目标必须具备以下几点要素，时间、区域及达到的量的目标。无论是定性市场预测还是定量市场预测，预测的目标必须明确，否则无法评估预测效果。如预测未来产品销量，应该明确在未来半年内，全国市场范围内，会增加 20%的销量。反之，如果泛泛而谈，仅作出未来半年内，产品销量会增加，这种预测目标就是不明确的，且难以考核。

2. 市场预测目标应该基于客观条件

一旦决定了预测目标，就要搜集相关材料或资料去实现这个目标，因此，预测目标应与企业或环境实际情况相一致，且必须基于足够的预测资料，才能做出的预测目标。举例来说，不能看到当前产品市场销量增长就简单做出未来市场销量一定是增长的目标，应该认真研究当前市场销量增长的原因，是不是暂时性的，或者与消费者收入有关，未来是否存在强大的竞争对手等，只有确定这些因素后，才能做出相应的预测目标判断。

(二)市场预测目标分类

1. 整体市场预测目标和个别市场预测目标

在确认市场预测目标时，可以是整体市场预测目标，也可以是某个细分市场目标，具体情况具体分析。

2. 长期市场预测目标和短期市场预测目标

长期市场预测目标往往是与企业营销战略保持一致的，预测的精确性可能较差一些，只能预测未来事物发展的方向。短期市场预测目标则是与企业营销战术保持一致的，预测的精度较高一些，需要有量的描述或结果。

长期市场预测可以预测产品的生命周期所处的时间及销量，甚至价格和渠道策略，以及未来的竞争对手数量、市场需求和市场规模等。短期市场预测可以预测下一个月销量是多少，调整价格后对销量的影响百分比、广告的促销效果等。

二、确定影响市场预测的因素

在确定了市场预测目标后，必须分析影响市场预测的因素有哪些。在确定这些因素时，应注意以下两个问题。

(一)根据预测目标确定影响因素

预测目标不同，影响因素必有差异。如预测未来产品价格的变化情况，其影响因素可能有产品价格、消费者收入、消费者偏好、竞争对手的产品及价格，以及广告或促销等因素。若预测未来市场规模，则应考虑消费者数量、消费者收入及消费者偏好或欲望等因素。

(二)找到所有具有较强影响力的因素

在进行市场预测时，影响因素直接关系到预测效果，若是丢失重要影响因素，必然会影响最终预测精度。因此，应对重要影响因素进行认真分析，且还要考虑这些因素之间的交互关系，对于不明确的影响因素可以暂时不考虑，避免影响最终预测结果。

在寻找这些影响因素时，可能会遇到以下几个问题：一是预测者认识和经验所限，每个预测者找到的因素会有不同，经验丰富的预测者可能会找到更多更准确的因素；二是有些影响因素比较隐蔽，无法单独确定，可能会被归纳到其他因素中；三是有些因素理论上可能比较重要，但缺少数据支持，无法进行量的研究；四是利用一些计量模型进行预测时，无法允许太多的变量进入模型，导致实际预测效果不理想。

三、收集相关材料

收集与整理相关数据是市场预测的基础工作，这部分工作质量直接决定市场预测精度，市场相关数据包括外部市场情报、内部企业数据两方面。

(一)建立企业营销信息系统

企业营销信息系统是指营销管理人员了解有关市场营销环境发展趋势的各种信息来源与程序，主要是为营销决策者提供企业内外部相关信息和数据，并借助于一些决策模型，帮助营销决策者进行日常或重大问题决策。一般可通过销售代表、分销商、情报供应商等来源获取情报信息。

1. 外部情报系统

1)　消费者调查

从消费者的角度收集，客观真实地收集消费者的欲望需求，不要经过任何加工和整理，防止信息失真。

2)　行业市场调查

收集本行业的发展、现状、趋势，以及行业生存条件等方面内容，密切注意新技术在本行业的运用，同时也要关注与本行业相关的行业动向，如医保政策对制药行业的影响。

3) 竞争调查

对竞争者的信息收集，特别是主要竞争者的变动及其他动向。应利用波特竞争模型进行分析，即行业内的竞争对手、潜在进入者和产品替代者三方面的竞争对手。

4) 营销渠道调查

对供应商、分销商及终端客户进行信息收集，对他们所在地区、数量、规模、性质、营销能力、信用等级，及其产品情况、合作情况、主要经营者的情况等做专案记录，并做动态的调查，定期(如半年)更新一次。

5) 宏观环境调查

时刻保持对经济环境、相关法律法规的关注，我国经济仍处于转型期，各项法规政策及政府主管部门职能都在转变之中，要注意收集，并注意产业发展趋势的要求与政府行为的力度，如环保的要求决定了很多行业企业(如小化工企业)的去留。

2. 内部情报系统

内部情报系统收集的信息包括客户订单、销售预测表、销售汇总报表(月、季分地区)、销售价格水平表、存货统计表、应收账款统计表。

客户订单要按照行业、地区、交货期、产品规格进行归类；销售汇总报表需进行详细统计，分产品，分时间段，分地区，分人员；销售价格水平表要能够从中看出大类产品的价格状况、营利能力及分地区、分人员的营利能力；存货统计表要将企业内部产品供应情况做详细统计，注意要与销售预测表配合来看，同时注意存货的动态变化，如果产品规格复杂、交货频繁，存货期的统计周期要短，最好借助计算机系统每日进行统计。应收账款统计表要区分账龄，并结合客户信用分析使用。

这些信息的提交、整理和分析，应该形成制度化，定期统计，一切数据只有在经过集合、归纳后，才能挖掘其背后隐藏的价值。内部情报系统的核心部分是订单收款循环，这个流程不仅是收集市场情报，也是评估企业内部营运状况的重要数据来源，是市场预测的基础数据之一。

(二)外部信息的收集

(1) 企业可安排相关人员收集相关书报(经济类)、行业出版物，并形成定期市场简报，提炼有价值的信息，定期交由决策层阅读。

(2) 由一线员工收集相关情报，如销售人员与市场相关人员的重要谈话，包括供应商、顾客、经销商等，同本公司内部人员交谈获得的重要信息，如采购人员、送货人员、销售助理等。这些谈话信息可以定期收集。

(3) 考虑将经销商情报收集纳入年度评定指标之中，并给予适当奖励。当经销商认为他参与到企业的发展之中，他的积极性就会高涨。

(4) 购买情报。一是向权威专业情报机构购买；二是向行业资深人士购买。

(5) 购买专业新闻简报、国家经济统计年鉴、行业统计年鉴，这些信息或许有一定的参考价值。

(6) 装扮成顾客去访问竞争者，既可以学习竞争者的优势，也可以发现竞争者的劣势，这些劣势或许正是企业进入市场的机会所在。

四、提出预测模型

(一)数据理解

此阶段是对数据进行理解和判断的过程，要理解预测的目标，明确数据含义，明晰数据的各种差异，必要时可以通过技术手段实现数据的一致化和集成化。

(二)预测方法选择

综合考虑预测结果精度、时间和数据要求，从而选择合适的预测方法，若时间要求较为紧迫、预测结果精度不高，且数据较少，可以选择定性预测方法，反之，选择定量预测方法。

五、评价和修正市场预测结果

将预测结果和实际情况进行对比，计算二者偏差大小，寻找二者偏差原因，主要是从预测数据和模型选择两个角度进行分析，同时也要注意预测环境是否发生变化，把这些变化进行如实记录，作为后期预测模型的重要参照依据。

第四节 市场预测误差

一、预测误差基本概念

(一)预测误差概念

预测误差是指预测模型的理论估计值与历史观察值之间的差额。预测误差是必然存在的，因为在预测过程中是依据历史数据建立预测模型，然后用预测模型预测事物未来变化的过程，一般情况下，预测模型均是某些函数关系，常见的有直线趋势和曲线趋势，这些函数图形均是平滑的，但实际观察值未必如此，所以，未必能够完全按照函数曲线的变化而变化，二者之间的差异便构成了预测误差。

(二)预测误差产生的原因

1. 偶然事件对预测模型的影响

在建立预测模型时，一般不会考虑偶然事件的影响，而是按照某种函数变化的趋势建立，然而，在历史数据变化中，偶然事件又是必然的，如国家出台相关的宏观经济政策、行业法律法规、消费者消费行为的变化等。

2018 年 6 月份上市的电影《我不是药神》引起了极大的社会反响，豆瓣网评分一直保持在 9.0 分，此时，李克强总理 6 月主持召开国务院常务会议，决定对进口抗癌药实施零关税，并鼓励创新药进口，加快已在境外上市新药的审批，落实抗癌药降价措施，强化短缺药供应保障。会议决定，较大幅度降低抗癌药生产、进口环节增值税税负，采取政府集中采购、将进口创新药特别是急需的抗癌药及时纳入医保报销目录等方式，并研究利用跨境电商渠道，多措并举消除流通环节各种不合理加价，对创新化学药加强知识产权保护，强化质量监管。这种突发事件，可能会对抗癌药物价格水平产生一定的影响。

2. 历史数据失真的影响

历史数据的失真原因可能是收集失真、抽样失真、计算误差和时滞误差等。

1）　收集失真

由于在收集历史数据时，可能出现的录入错误，统计口径不统一，数据缺失等，导致用来建立预测模型的数据本身存在问题，从而导致预测模型出现误差。

2）　抽样失真

在实际抽样过程中可能存在一定的抽样失真问题，如为了尽快获取数据，可能采取了非随机抽样方法，导致样本数据无法推断总体。

3）　计算误差

在建模过程中会有计算，而在计算过程中可能会出现一定的计算误差。

4）　时滞误差

在调查过程中，原有数据与预测数据间存在一定的时间间隔，导致建立的模型难以准确预测未来事物的变化。

3. 预测模型的近似性

一般情况下，预测模型无法完美地拟合历史数据，只能在各类预测模型中尽可能找到近似的模型，也就是说，无法找到百分百与历史数据吻合的模型，所以利用这些模型进行预测，可能会产生误差。

4. 心理因素的影响

预测模型主要是预测市场变量的未来变化趋势，而这些变量往往与消费者行为有一定的关系，消费者行为往往又可能被消费者心理影响，所以消费者心理出现变化时，即使历史数据准确无误，预测模型也非常吻合，也可能无法准确预测未来事物的变化，因为未来事物的发展趋势会受到消费者心理作用的影响，这种心理作用可能是之前历史数据所不具备的。

二、预测误差公式

(一)绝对误差

绝对误差可定义为预测理论估计值同历史观察值内同一时期实际值之间的偏差，公式如下：

$$e_i = y_i - \hat{y}_i, \quad i = 1, 2, 3, \cdots$$

式中：e_i——预测值绝对误差；

y_i——观察值；

$\hat{y}_i$——预测值。

(二)相对误差

相对误差是指用百分比表示的预测值与观察值之间的误差百分比，公式如下：

$$E(\%)=\frac{y_i-\hat{y}_i}{y_i}\times100\%\text{，即 }E(\%)=\frac{e_i}{y_i}\times100\%$$

式中：$E(\%)$——预测值的相对误差。

本章小结

预测是指根据客观事物的发展趋势和变化规律，对特定事物的未来趋势或状态做出的科学推断。预测有三个要点：一是预测基础是客观事物的发展和变化趋势；二是预测对象是一种特定事物未来趋势和状态；三是预测过程是一种科学推断。

市场预测具有超前性、可测性、概率性等特点。市场预测内容包括市场人口预测、市场需求预测、市场购买力预测以及产品价格预测等。

市场预测的基本原理包括：系统性原理、惯性原理、因果原理。

市场预测的基本程序：确定市场预测目标；搜集、整理市场资料；选择市场预测方法，包括定性预测和定量预测方法；提出市场预测模型；评价和修正市场预测结果；编写市场预测报告。

预测误差是指预测模型的理论估计值与历史观察值之间的差额，预测误差是必然存在的。

预测误差产生的原因包括：偶然事件对预测模型的影响、历史数据失真的影响、预测模型的近似性、心理因素的影响。

思考讨论题

1. 什么是市场预测？
2. 简述市场预测的分类和特点。
3. 简述市场预测的基本原理。
4. 简述市场预测的基本程序。
5. 简述预测误差概念及其产生原因。

市场预测概述.pptx

第十五章 市场预测方法

引导案例

日本制造商的市场预测

在 20 世纪 60 年代有两个因素影响汽车工业：一是第三世界的石油生产被工业发达国家控制，石油价格低廉；二是轿车制造业发展很快，豪华车、大型车盛行。但是擅长市场调查和预测的日本汽车制造商，透过表面经济繁荣，看到产油国与跨国公司之间暗中正酝酿着斗争，以及发达国家能量消耗的增加，预见到石油价格会很快上涨。因此，必须改产耗油小的轿车来适应能源短缺的环境。随着汽车数量的增多，停车场就会紧张，只有生产小型车才能适应拥挤的马路和停车场。日本制造商分析了发达国家家庭成员的用车情况。去超级市场，上班，孩子上下学，一个家庭只有一辆汽车显然不能满足需要。这样，小巧玲珑的轿车便得到了消费者的宠爱。于是日本在调研的基础之上做出正确的决策。在 70 年代世界石油危机中，日本物美价廉的小型节油轿车横扫欧美市场，市场占有率不断提高，而欧美各国生产的传统豪华车因耗油大，成本高，销路大受影响。

启示： 一个企业要想取得成功，只有在广泛的市场调研的基础上才能透过表面看到商机，从而做出正确的决策，获得成功。

第一节 一次移动平均法

一、一次移动平均法原理

(一)移动平均法的概念

移动平均法是将观察期的数据按照时间先后顺序排列，然后由远及近，以一定的跨越期进行移动平均，求得平均值法。移动平均值总是在上次移动平均的基础上，去掉一个最远期的数据，增加一个最近的数据，但要始终保持跨越期不变，每次只向前移动一个数据，逐项移动，"吐故纳新"，采用这种方法求得平均值，称之为移动平均值。

(二)移动平均法的特点

1. 求平均值

移动平均法的特点是求平均值，在确定跨越期后，要对每一个跨越期的数据求得平均值，作为移动平均值。

2. 修正数据

由于移动平均值是将跨越期的数据求平均值，因此，将某些差异较大的数据利用移动平均值进行部分修正，消除了这些数据对预测值的较大影响。

3. "吐故纳新"

由于近期数据对预测期数据影响较大，因此，应对近期数据给予足够重视。

(三)一次移动平均法概念

一次移动平均法是计算一组观察值的均值，用这一均值作为下一期的预测值，同时还要确定跨越期，将时间序列数据按一定跨越期进行移动，逐个计算其移动平均值，取最后一个移动平均值作为预测值的方法。公式为：

$$M_t^{(1)} = \frac{x_t + x_{t-1} + x_{t-n+1}}{n} = M_{t-1}^{(1)} = \frac{x_t - x_{t-n+1}}{n} \tag{15-1}$$

其中：$M_t^{(1)}$ 是一次移动平均值，M 右下角 t 值表示移动平均值对应的序号，初始值 $t = n$，右上角的(1)表示是一次移动平均值。n 表示跨越期的期数。

从计算公式角度来看，$M_t^{(1)}$ 是计算跨越期 n 内观察值的平均值，因此，移动平均值应放在跨越期的中间位置，但其右下角的 t 则表示和跨越期中最后一期数据相对应，因此，考虑到一次移动平均法是利用趋势变动值进行预测，因此，建议将每一个移动平均值放在对应的跨越期中间位置，即若 n 为奇数，则放在 $(n+1)/2$ 位置，若 n 为偶数，则放在中间两位数的中间位置，若 $n = 10$，$(10+1)/2=5.5$，即放在 x_5 和 x_6 中间位置，在实际操作时，这种位置比较尴尬，因此，建议把最远期数据去掉一期，按照奇数序列计算移动平均值，这样不但不影响后期的移动平均值，还能把移动平均值放在合适的位置。

(四)一次移动平均值的两种极端情况

1. 当 n=1 时

跨越期的选择应视具体情况而定，当数据较多时，应选择稍长一些，当数据较少时，应选择稍短一些，最短可以为1，此时，移动平均值等于观察值。

2. 当 *n*=N 时

如果跨越期足够长，等于全部数据，那么一次移动平均值只有一个，即所有数据的算术平均值。

(五)一次移动平均法的不足

一次移动平均值在预测时，未能考虑到观察期数据之间的重要性，在实践中，远期数据对于预测值影响较小，由于企业所处环境变化和内部经营管理的惯性，近期数据与预测期的企业内外部环境基本类似，因此，重要性相对高一些，但一次移动平均法却未能体现这种差异。

二、一次移动平均法预测过程

(一)案例数据

1994—2017 年我国人口数如表 15-1 所示，要求对 2018—2020 年人口数进行预测。

表 15-1 1994—2017 年我国人口数一次移动平均法预测数据

年份	总人口(年末) x_t	$M_t^{(1)}$	C_t	E_t	$\overline{C_t}$	$M_t^{(1)}$	C_t	E_t	$\overline{C_t}$
		n=7				n=9			
1994	119850.0								
1995	121121.0								
1996	122389.0								
1997	123626.0	123468.0		158.0					
1998	124761.0	124579.0	1111.0	182.0		124484.0			
1999	125786.0	125626.4	1047.4	159.6		125525.9	1041.9	260.1	
2000	126743.0	126603.3	976.9	139.7		126511.1	985.2	231.9	
2001	127627.0	127512.1	908.9	114.9		127440.8	929.7	186.2	
2002	128453.0	128368.6	856.4	84.4		128309.9	869.1	143.1	
2003	129227.0	129177.4	808.9	49.6		129128.6	818.7	98.4	
2004	129988.0	129946.9	769.4	41.1		129908.1	779.6	79.9	
2005	130756.0	130686.1	739.3	69.9		130653.3	745.2	102.7	
2006	131448.0	131400.0	713.9	48.0		131371.6	718.2	76.4	
2007	132129.0	132094.9	694.9	34.1		132069.6	698.0	59.4	
2008	132802.0	132773.0	678.1	29.0		132755.9	686.3	46.1	
2009	133450.0	133437.0	664.0	13.0		133431.9	676.0	18.1	
2010	134091.0	134097.6	660.6	6.6		134101.4	669.6	10.4	
2011	134735.0	134762.3	664.7	27.3		134769.7	668.2	34.7	
2012	135404.0	135428.0	665.7	24.0		135452.1	682.4	48.1	

续表

年份	总人口 (年末) x_t	n=7				n=9			
		$M_t^{(1)}$	C_t			$M_t^{(1)}$	C_t		
2013	136072.0	136116.7	688.7	44.7		136141.7	689.6	69.7	777.2
2014	136782.0	136819.1	702.4	37.1	785.4				
2015	137462.0								
2016	138271.0								
2017	139008.0								

(二)预测过程

1. 画折线图

画出时间序列数据的折线图，如图 15-1 所示。

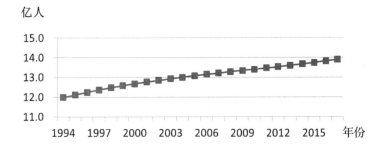

亿人

图 15-1 1994—2017 年中国人口数变化情况

由图 15-1 可知，时间序列数据大体呈上升趋势，可以运用一次移动平均法进行预测。

2. 确定跨越期

由一次移动平均法的预测过程可知，跨越期 n 越长，移动平均值越接近时间序列的平均值，具有较强的修正效果，越短则越接近观察期数据。极端情况是跨越期取 1 时，预测值与观察值相等，不具有修正效果。

一般而言，时间序列数据数目小于 10 时，则选择跨越期 3 或 5 为宜，若超过 10 个数据，则可以选择更长的跨越期，由于本例数据大于 10，则选择 $n = 7$ 或 9 为宜。

3. 计算移动平均值

当 $n = 7$ 时：

$M_7^{(1)} = (119850.0 + 121121.0 + 122389.0 + 123626.0 + 124761.0 + 125786.0 + 126743.0) / 7$
$\quad = 123468.0$

$M_8^{(1)} = (121121.0 + 122389.0 + 123626.0 + 124761.0 + 125786.0 + 126743.0 + 127627.0) / 7$
$\quad = 124579.0$

$M_9^{(1)} = (122389.0 + 123626.0 + 124761.0 + 125786.0 + 126743.0 + 127627.0 + 128453.0) / 7$
$\quad = 125626.4$

......

以此类推，可求得所有一次移动平均值。

注意：一次移动平均值要放在对应跨越期的中间位置，如 $M_7^{(1)}$ 应放在最前面 7 个观察期数据中间位置，即中位数位置(1997 年数据对应位置)，最后一项一次移动平均值 $M_7^{(1)}$ 应放在最后 7 个观察期数据的中间位置，即 2014 年数据对应位置。

4. 计算趋势变动值

由于一次移动平均法适合预测具有一定直线趋势的数据，因此，在预测公式中，需要计算趋势变动值，趋势变动值计算公式如下：

$$C_{t+1} = M_{t+1}^1 - M_t^1 \tag{15-2}$$

之后，计算平均趋势变动值，公式如下：

$$\overline{C}_t = \frac{1}{N-n}\sum_{t=n}^{N} C_{t+1}$$

其中：$\overline{C}_t$ 为平均趋势变动值。

当跨越期 $n=7$ 时：

$C_{7+1} = M_{7+1}^{(1)} - M_7^{(1)} = 124579.0 - 123468.0 = 1111.0$

$C_{8+1} = M_{8+1}^{(1)} - M_8^{(1)} = 125626.4 - 124579.0 = 1047.4$

...

$C_{23+1} = M_{23+1}^{(1)} - M_{23}^{(1)} = 136819.1 - 136116.7 = 702.4$

$\overline{C}_t = \dfrac{1}{N-n}\sum_{t=n}^{N} C_{t+1} = \dfrac{1}{24-7} \times (1111.0 + 1047.4 + \cdots + 702.4) = 785.4$

5. 计算绝对误差和平均绝对误差

为评价一次移动平均值的预测精度，要计算移动平均值与观察值的绝对值，称之为绝对误差，计算公式如下：

绝对误差=|一次移动平均值-观察值|：

$$E_t = |M_t^{(1)} - x_t| \tag{15-3}$$

当 $n=7$ 时：

$E_7 = |M_7^{(1)} - x_7| = |123468.0 - 123626.0| = 158.0$

$E_8 = |M_8^{(1)} - x_8| = |124579.0 - 124761.0| = 182.0$

$E_9 = |M_9^{(1)} - x_9| = |125626.4 - 125786.0| = 159.6$

...

$E_{24} = |M_{24}^{(1)} - x_{24}| = |136819.1 - 136782.0| = 37.1$

平均绝对误差是计算绝对误差的平均值，计算公式如下：

$$\overline{E}_t = \frac{1}{N-n}\sum_{t=n}^{N} E_t \tag{15-4}$$

即 $\overline{E}_t = \dfrac{1}{N-n}\sum_{t=n}^{N} E_t = \dfrac{1}{24-7} \times (158.0 + 182.0 + 159.6 + \cdots + 37.1) = 70.2$。

同理，可计算 $n=9$ 时的一次移动平均值、趋势变动值、平均趋势变动值、绝对误差、平均绝对误差等，由于篇幅有限，本书不一一计算，感兴趣的读者可自行计算。

6. 建立模型，进行预测

公式为：

$$\hat{y}_{t+T} = M_t^{(1)} + T \times \overline{C}_t \tag{15-5}$$

如上例，$n = 7$ 时，平均趋势变动值为785.4，若预测2018、2019、2020年人口数，则计算过程如下：

$$\hat{y}_{2014+4} = M_t^{(1)} + T \times \overline{C}_t = 136819.1 + 4 \times 785.4 = 139960.7(万人)$$
$$\hat{y}_{2014+5} = M_t^{(1)} + T \times \overline{C}_t = 136819.1 + 5 \times 785.4 = 140746.1(万人)$$
$$\hat{y}_{2014+6} = M_t^{(1)} + T \times \overline{C}_t = 136819.1 + 6 \times 785.4 = 141531.5(万人)$$

移动平均法是根据时间序列资料逐项推移，依次计算包含各观察值的平均数，以反映长期趋势的方法。当时间序列的数值由于受周期变动和不规则变动的影响，起伏较大，不易显示出发展趋势时，可用移动平均法消除这些因素的影响，以分析和预测序列的长期趋势。

第二节 二次移动平均法

一、二次移动平均法原理

(一)二次移动平均法的概念

二次移动平均法是对一组时间序列数据进行两次移动平均，即在一次移动平均的基础上再次进行移动平均，并根据最后两次移动平均的结果，建立预测公式并进行预测的方法。

(二)二次移动平均法的特点

1. 求两次移动平均值

由于一次移动平均法计算的移动平均值滞后于观察值$\left(\dfrac{n-1}{2}\right)$期，二次移动平均法则是求得两次移动平均值，且均放在跨越期最后位置，并建立包含两次移动平均值最后一项的预测公式。

2. 适合线性趋势模型预测

二次移动平均法的预测公式是线性函数，因此，只能适用于线性趋势模型的预测，且二次移动平均值是以一次移动平均值作为基础数据(即"观察值")进行求再次移动平均值得出的。

3. 跨越期固定不变

由于二次移动平均值是在一次移动平均值的基础上再次移动平均得出的，因此，在计算二次移动平均值时，跨越期固定不变。

二、二次移动平均法预测公式

(一)二次移动平均值计算方法

假设 $M_t^{(1)}$ 为一次移动平均值，$M_t^{(2)}$ 则为二次移动平均值，公式如下：

$$M_t^{(2)} = \frac{M_t^{(1)} + M_{t-1}^{(1)} + \cdots + M_{t-n+1}^{(1)}}{n} = M_{t-1}^{(2)} + \frac{M_t^{(1)} - M_{t-n+1}^{(1)}}{n} \tag{15-6}$$

其中：$M_t^{(1)}$ 是一次移动平均值，$M_t^{(2)}$ 是二次移动平均值，$M_t^{(1)}$ 右下角 t 值表示一次移动平均值对应的序号，初始值 $t=n$，$M_t^{(2)}$ 右下角 t 值表示二次移动平均值对应的序号，初始值 $t=2n-1$，右上角的(2)表示是二次移动平均值。

(二)预测公式

$$\hat{y}_{t+T} = a_t + b_t T \tag{15-7}$$

其中：$a_t = 2M_t^{(1)} - M_t^{(2)}$，$b_t = \dfrac{2}{n-1}(M_t^{(1)} - M_t^{(2)})$

式中：$\hat{y}_{t+T}$——第 $t+T$ 期的预测值；

$M_t^{(1)}$——一次移动平均值的最后一项；

$M_t^{(2)}$——二次移动平均值的最后一项；

T——预测期距离观察期最后一项的时间间隔；

a_t、b_t——待定参数。

三、二次移动平均法预测步骤

(一)案例数据

2002—2016 年我国综合医院平均年收入如表 15-2 所示，利用二次移动平均法进行预测。

表 15-2 2002—2016 年我国综合医院平均年收入及一次和二次移动平均值(万元)

年 份	x_t	$M_t^{(1)}$	$M_t^{(2)}$
2002	3715.1		
2003	3969.4		
2004	5111.8	4265.4	
2005	5575.6	4885.6	
2006	6163.8	5617.1	4922.7
2007	7506.5	6415.3	5639.3
2008	9283.1	7651.1	6561.2
2009	11494.9	9428.2	7831.5

续表

年 份	x_t	$M_t^{(1)}$	$M_t^{(2)}$
2010	13906.1	11561.4	9546.9
2011	16916.5	14105.8	11698.5
2012	20566.3	17129.6	14265.6
2013	23765.1	20416.0	17217.1
2014	27341.1	23890.8	20478.8
2015	31210.1	27438.8	23915.2
2016	35007.1	31186.1	27505.2

(二)预测过程

1. 画出数据趋势的散点图

如图 15-2 所示，2007 年以后，数据呈线性增长趋势，因此可以利用二次移动平均法进行预测。

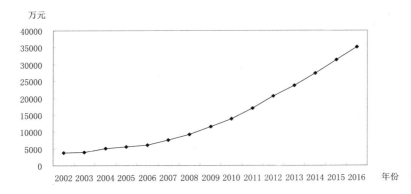

图 15-2　2002—2016 年我国综合医院平均年收入趋势

2. 选择跨越期

跨越期选择方法和一次移动平均法基本一致，此处取 $n=3$。

3. 计算一次移动平均值

$$M_3^{(1)} = \frac{3715.1 + 3969.4 + 5111.8}{3} = 4265.4$$

$$M_4^{(1)} = \frac{3969.4 + 5111.8 + 5575.6}{3} = 4885.6$$

...

$$M_{15}^{(1)} = \frac{27341.1 + 31210.1 + 35007.1}{3} = 31186.1$$

注意，一定要把一次移动平均值放在跨越期的最后位置，$M_3^{(1)}$ 放在第三个观察期的位置，$M_4^{(1)}$ 放在第四个观察期的位置，即第二组跨越期 $n=3$ 的最后位置，以此类推。

4. 计算二次移动平均值

$$M_5^{(2)} = \frac{4265.4 + 4885.6 + 5617.1}{3} = 4922.7$$

$$M_6^{(2)} = \frac{4885.6 + 5617.1 + 6415.3}{3} = 5639.3$$

$$M_7^{(2)} = \frac{5617.1 + 6415.3 + 7651.1}{3} = 6561.2$$

...

$$M_{15}^{(2)} = \frac{23890.8 + 27438.8 + 31186.1}{3} = 27505.2$$

同理，二次移动平均值也放在对应跨越期的最后位置。

5. 建立预测模型

$$a_t = 2M_t^{(1)} - M_t^{(2)} = 2 \times 31186.1 - 27505.2 = 34866.97$$

$$b_t = \frac{2}{n-1}(M_t^{(1)} - M_t^{(2)}) = \frac{2}{3-1} \times (31186.1 - 27505.2) = 3680.9$$

$$\hat{y}_{t+T} = a_t + b_t T = 34866.97 + 3680.9T$$

6. 进行预测

若预测 2017、2018、2019 年综合医院平均年收入数据，预测公式如下：

$$\hat{y}_{2016+1} = 34866.97 + 3680.9 \times 1 = 38547.87$$

$$\hat{y}_{2016+2} = 34866.97 + 3680.9 \times 2 = 42228.77$$

$$\hat{y}_{2016+3} = 34866.97 + 3680.9 \times 3 = 45909.67$$

注意，由于二次移动平均法是趋势预测，因此，比较适合前期数据呈线性趋势，且只能预测短期数据，再长时期数据的预测可能未必准确。

第三节　加权移动平均法

一、加权移动平均法原理

(一)加权移动平均法的基本思想

在简单移动平均公式中，每期数据在平均中的作用是等同的，事实上每期数据所包含的信息量可能未必相同，近期数据所包含的信息会更反映未来情况变化。因此，把各期数据等同看待是不合理的，应考虑各期数据的重要性，对近期数据给予较大的权数，这就是加权平均法的基本思想。

(二)加权移动平均法的基本原理

1. 基本概念

加权移动平均法是根据跨越期内时间序列数据重要性不同，按照数据重要性大小，给予不同的权重，再按照移动平均法原理求出移动平均值，按照一次或二次移动平均法进行预测的方法。

2. 确定权重

利用加权移动平均法进行预测的关键是确定观察值的权重，除非某些观察值有足够理由确定其重要性，否则权重的确定原则是按照"近重远轻"的原则，即接近预测值的观察值要赋予较大的权重，远离预测值的观察值要赋予较小的权重，原因是近期观察值与预测值的环境比较相似，而远期数据则与环境相差较大，具体赋予权重时，可以是百分比，如 0.83%、1.67%、2.50%…12.50%，也可以是小数，如 0.008、0.017、0.025…0.125，方便起见，甚至可以赋予权数。以权数为例，若观察期数据环境变化不大，可以以等差级数赋予权数，如各期权数为 1，2，3，…，n，权重计算公式为：

$$w_t = \frac{t}{\sum t} \tag{15-8}$$

若观察期数据环境变化较大，则可以以等比级数赋予权数，如各期权数为 1，2，4，…，$2n$，权重计算公式为：

$$w_t = \frac{2^t}{\sum 2^t} \tag{15-9}$$

3. 注意事项

加权移动平均法既可以应用于一次移动平均法，也可以应用于二次移动平均法，但应注意在计算二次移动平均值时不应赋予权重，因为，二次移动平均值是对一次移动平均值的移动平均，而一次移动平均值已经被加权过了，数据只能被加权一次。

(三)加权移动平均法预测公式

假设 x_i 为 t 期的观察值，t =1，2，3，…，n；w_i 为观察期对应的权数，t =1，2，…，n；公式如下：

$$F_t^{(1)} = \frac{w_i x_t + w_{i-1} x_{t-1} + \cdots + w_{i-n+1} x_{t-n+1}}{\sum_{i=1}^{n} w_i} \tag{15-10}$$

$F_t^{(1)}$ 为一次移动平均值，也可以采用以下公式：

$$F_t^1 = r_i x_t + r_{i-1} x_{t-1} + \cdots + r_{i-n+1} x_{t-n+1} \tag{15-11}$$

式中：r_i ——观察期数据对应的权重，即 $r_i = \dfrac{w_i}{\sum_{i=1}^{n} w_i}$。

二、加权一次移动平均法的预测步骤

2002—2016 年我国综合医院药品平均收入如表 15-3 所示。

表 15-3　2002—2016 年我国综合医院药品平均收入

年份	综合医院药品平均收入	权数	加权一次移动平均值	趋势变动值
2002	1616.2	1		
2003	1733.8	2		
2004	2045.7	3	1870.2	
2005	2383.6		2162.7	292.5
2006	2559.4		2415.2	252.5
2007	3127.6		2814.2	399.0
2008	3924.5		3431.4	617.2
2009	4846.8		4252.8	821.5
2010	5824.9		5182.1	929.3
2011	6817.3		6158.1	976.0
2012	8139.3		7312.9	1154.8
2013	9076.7		8387.7	1074.8
2014	10187.1		9475.7	1088.0
2015	11070.5		10443.7	968.1
2016	11732.4		11254.2	810.5

1. 选择跨越期

选择跨越期 $n = 3$，权数由远及近，分别为 1，2，3。

2. 计算加权一次移动平均值

$$F_3^{(1)} = \frac{w_3 x_3 + w_2 x_2 + w_1 x_1}{\sum\limits_{i=1}^{3} w_i} = \frac{2045.7 \times 3 + 1733.8 \times 2 + 1616.2 \times 1}{1 + 2 + 3} = 1870.2$$

$$F_4^{(1)} = \frac{w_3 x_4 + w_2 x_3 + w_1 x_2}{\sum\limits_{i=1}^{3} w_i} = \frac{2383.6 \times 3 + 2045.7 \times 2 + 1733.8 \times 1}{1 + 2 + 3} = 2162.7$$

$$F_5^{(1)} = \frac{w_3 x_5 + w_2 x_4 + w_1 x_3}{\sum\limits_{i=1}^{3} w_i} = \frac{2559.4 \times 3 + 2383.6 \times 2 + 2045.7 \times 1}{1 + 2 + 3} = 2415.2$$

…

$$F_{15}^{(1)} = \frac{w_3 x_{15} + w_2 x_{14} + w_1 x_{13}}{\sum\limits_{i=1}^{3} w_i} = \frac{11732.4 \times 3 + 11070.5 \times 2 + 10187.1 \times 1}{1 + 2 + 3} = 11254.2$$

3. 计算趋势变动值及平均趋势变动值

加权一次移动平均法的趋势变动值为：

$$C_{t+1}^F = F_{t+1}^{(1)} - F_t^{(1)} \tag{15-12}$$

之后，计算平均趋势变动值，公式如下：

$$\overline{C_t^F} = \frac{1}{N-n}\sum_{t=n}^{N} C_{t+1} \tag{15-13}$$

由此可求得趋势变动值，如下：

$C_4^F = 2162.7 - 1870.2 = 292.5$

$C_5^F = 2415.2 - 2162.7 = 252.5$

$C_6^F = 2814.2 - 2415.2 = 399.0$

…

$C_{15}^F = 11254.2 - 10443.7 = 810.5$

即可求得平均趋势变动值，$\overline{C_t^F} = \dfrac{1}{15-3} \times (292.5 + 252.5 + \cdots + 810.5) = 782.0$

4. 建立模型，进行预测

预测公式为：

$$\hat{y}_{t+T} = F_t^{(1)} + T \times \overline{C_t^F} \tag{15-14}$$

$\hat{y}_{2015+2} = F_{2015}^{(1)} + 2 \times 782.0 = 12818.23$

$\hat{y}_{2015+3} = F_{2015}^{(1)} + 3 \times 782.0 = 13600.23$

$\hat{y}_{2015+4} = F_{2015}^{(1)} + 4 \times 782.0 = 14382.24$

$\hat{y}_{2015+5} = F_{2015}^{(1)} + 5 \times 782.0 = 15164.24$

三、加权二次移动平均法的预测步骤

(一)案例数据

2002—2016 年我国综合医院药品平均收入具体数据如表 15-4 所示。

表 15-4　2002—2016 年我国综合医院药品平均收入

年份	综合医院药品平均收入	权数	加权一次移动平均值	加权二次移动平均值
2002	1616.2	1		
2003	1733.8	2		
2004	2045.7	3	1870.2	
2005	2383.6		2162.7	
2006	2559.4		2415.2	2149.3
2007	3127.6		2814.2	2464.0
2008	3924.5		3431.4	2886.9
2009	4846.8		4252.8	3499.5

续表

年份	综合医院药品平均收入	权数	加权一次移动平均值	加权二次移动平均值
2010	5824.9		5182.1	4288.8
2011	6817.3		6158.1	5197.7
2012	8139.3		7312.9	6217.7
2013	9076.7		8387.7	7286.2
2014	10187.1		9475.7	8392.1
2015	11070.5		10443.7	9435.7
2016	11732.4		11254.2	10391.2

(二)选择跨越期

跨越期选择方法和一次移动平均法基本一致，此处取 $n = 3$。

(三)计算加权二次移动平均值

前文已经计算出加权一次移动平均值，再利用二次加权移动平均法进行预测时，只需要把加权一次移动平均值放在观察值最后位置即可。

重点是计算加权二次移动平均值：

$$F_5^{(2)} = \frac{2415.2 + 2162.7 + 1870.2}{3} = 2149.3$$

$$F_6^{(2)} = \frac{2814.2 + 2415.2 + 2162.7}{3} = 2464.0$$

$$F_7^{(2)} = \frac{3431.4 + 2814.2 + 2415.2}{3} = 2886.9$$

...

$$F_{15}^{(2)} = \frac{11732.4 + 11070.5 + 10187.1}{3} = 10391.2$$

注意：一定要把加权一次移动平均值放在跨越期的最后位置，$F_3^{(1)}$ 放在第三个观察期的位置，$F_4^{(1)}$ 放在第四个观察期的位置，即第二组跨越期 $n = 3$ 的最后位置，以此类推。

同理，二次移动平均值也放在对应跨越期的最后位置。

(四)建立预测模型

$$a_t = 2F_t^{(1)} - F_t^{(2)} = 2 \times 11254.2 - 10391.2 = 11820.8$$

$$b_t = \frac{2}{n-1}(F_t^{(1)} - F_t^{(2)}) = \frac{2}{3-1} \times (11254.2 - 10391.2) = 566.6$$

$$\hat{y}_{t+T} = a_t + b_t T = 11820.8 + 566.6T$$

(五)进行预测

若预测 2017、2018、2019 年我国综合医院药品平均年收入数据，预测公式如下：

$$\hat{y}_{2016+1} = 11820.8 + 566.6 \times 1 = 12387.4$$

$$\hat{y}_{2016+2} = 11820.8 + 566.6 \times 2 = 12954$$

$$\hat{y}_{2016+3} = 11820.8 + 566.6 \times 3 = 13520.6$$

注意：由于二次移动平均法是趋势预测，因此，比较适合前期数据呈线性趋势，且只能预测短期数据，再长时期数据的预测可能未必准确。

本章小结

移动平均法是根据时间序列资料逐项推移，依次计算包含二定项数的序时平均数，以反映长期趋势的方法。当时间序列的数值由于受周期变动和不规则变动的影响，起伏较大，不易显示出发展趋势时，可用移动平均法消除这些因素的影响，以分析和预测序列的长期趋势。

二次移动平均法是对一组时间序列数据进行两次移动平均，即在一次移动平均的基础上再次进行移动平均，并根据最后两次移动平均的结果，建立预测公式并进行预测的方法。

二次移动平均法的特点是求两次移动平均值、适合线性趋势模型预测、跨越期固定不变。

加权移动平均法是根据跨越期内时间序列数据重要性不同，按照数据重要性大小，给予不同的权重，再按照移动平均法原理求出移动平均值，按照一次或二次移动平均法进行预测的方法。

思考讨论题

1. 简述移动平均法的基本原理。
2. 简述一次移动平均法的基本原理。
3. 简述二次移动平均法的基本原理。
4. 简述加权移动平均法的基本原理。

市场预测方法.pptx

参 考 文 献

[1] [美]麦克丹尼尔，盖茨. 当代市场调研[M]. 8 版. 北京：机械工业出版社，2012.

[2] [美]帕拉苏拉曼等著. 市场调研[M]. 2 版. 王佳芥，应斌，译. 北京：中国市场出版社，2009.

[3] 简明，金勇进等. 市场调查方法与技术[M]. 3 版. 北京：中国人民大学出版社，2013.

[4] 庄贵军. 市场调查与预测[M]. 2 版. 北京：北京大学出版社，2014.

[5] 陈启杰. 市场调研与预测[M]. 4 版. 上海：上海财经大学出版社，2014.

[6] [美]科特勒，凯勒著，营销管理[M]. 5 版. 戴维智等，译. 北京：清华大学出版社，2011.

[7] 万华，张宏志. 新编市场调查与预测[M]. 沈阳：东北大学出版社，2011.

[8] 鄢奋. 市场调查[M]. 北京：经济管理出版社，2015.

[9] 王秀娥，夏冬. 市场调查与预测[M]. 北京：清华大学出版社，2012.

[10] 李晓梅，何奎，王艳杰. 市场调查[M]. 沈阳：东北大学出版社，2017.

本书参考答案.doc